科技创新活动测度

奥斯陆手册 2018

创新数据收集、报告、使用指南

（第 4 版）

经济合作与发展组织 编著

中国科学技术发展战略研究院 译

U0833317

科学技术文献出版社
SCIENTIFIC AND TECHNICAL DOCUMENTATION PRESS
·北 京·

图书在版编目（CIP）数据

奥斯陆手册. 2018：创新数据收集、报告、使用指南：第4版 / 经济合作与发展组织编著；中国科学技术发展战略研究院译. —北京：科学技术文献出版社，2021. 8

书名原文: Oslo Manual 2018 GUIDELINES FOR COLLECTING, REPORTINGAND USING DATA ON INNOVATION

ISBN 978-7-5189-7138-1

Ⅰ. ①奥…　Ⅱ. ①经…　②中…　Ⅲ. ①科学技术统计学—手册　Ⅳ. ① G301-62

中国版本图书馆 CIP 数据核字（2021）第 173856 号

奥斯陆手册2018：创新数据收集、报告、使用指南（第4版）

策划编辑：李　蕊　　责任编辑：王　培　　责任校对：张永霞　　责任出版：张志平

出 版 者　科学技术文献出版社
地　　址　北京市复兴路15号　邮编　100038
编 务 部　（010）58882938，58882087（传真）
发 行 部　（010）58882868，58882870（传真）
邮 购 部　（010）58882873
官方网址　www.stdp.com.cn
发 行 者　科学技术文献出版社发行　全国各地新华书店经销
印 刷 者　北京时尚印佳彩色印刷有限公司
版　　次　2021 年 8 月第 1 版　2021 年 8 月第 1 次印刷
开　　本　710×1000　1/16
字　　数　315千
印　　张　20.75
书　　号　ISBN 978-7-5189-7138-1
定　　价　100.00元

译者名单

主　译：玄兆辉　叶静怡

译　者：（按姓氏笔画排序）

尹志锋　叶静怡　玄兆辉　朱迎春　刘辉锋

孙云杰　李晨乐　陈　钰　曹　琴　韩佳伟

统　校：玄兆辉　韩佳伟

序

解决当前和新出现的经济、社会、环境挑战，需要新颖的想法、创新的方法和更高水平的多边合作。创新和数字化在几乎所有部门和全世界居民的日常生活中发挥着越来越重要的作用。因此，政策制定者将“创新势在必行”放在政策议程的中心位置。

然而，政策的设计、制定和实施充满了困难——当需要进行国际协调时更是如此。创新往往被视为“过于模糊”的概念，无法被测度和解释。经济合作与发展组织（OECD）的《弗拉斯卡蒂手册》（*Frascati Manual*）为测度科学、技术和创新的一个关键维度——研究与试验发展（R&D）——开辟了道路，因此，如今 R&D 投资在全球范围内得到了系统性的鼓励和监测。然而，现在的政策制定仍主要集中在更容易测度的问题上。因此，我们迫切需要研究创新思想是如何发展的，以及如何成为改变组织、当地市场、国家、全球经济和某种社会结构的工具。

1991 年，OECD 国家科技指标专家工作组的全球工作者就如何概念化和测度企业创新这一问题，在奥斯陆首次达成了共识。这些指南就被称为《奥斯陆手册》（*Oslo Manual*），该手册在欧盟的支持下出版并投入测试。该手册的建议在 OECD 和欧盟内外的快速采用和传播，清楚地表明了这一首创方案的价值；事实上，到目前为止，开展的创新调查已经涵盖了 80 多个国家。

此外，OECD 和欧盟统计局联合指导了对该手册的进一步修订，以扩大手册的适用范围，并提高手册收集数据的稳健性。这些修订是基于 OECD 成员国和伙伴国家收集创新数据的经验进行的。

第 4 版《奥斯陆手册》考虑了目前的主要趋势，如全球价值链的普遍应用、新信息技术的出现及它们如何影响新的商业模式、知识资本日益增长的重要性及在理解创新过程和其经济影响方面取得的进展。该手册旨在为测度数字化转型过程做出贡献，从而为OECD的数字化目标提供支持。

该手册是一项真正的国际资源，受益于联合国教科文组织、世界银行和一些区域开发银行的投入，它们与OECD一样致力于建立证据基础，支持对创新的投资，促进经济和社会发展。2018年版本与全球范围内的经济体都相关，无论其经济发展水平如何，新版本还支持对可持续发展目标（SDGs）的评估。该手册对全球相关的挑战做出回应——正如二十国集团（G20）在2016年杭州（中国）峰会上所阐述的那样；持续改进测度系统，以更好地捕捉科学、技术和创新的关键特征——正如2015年在大田（韩国）举行的科技部长级会议的宣言所述。

《奥斯陆手册》首次提供了一个测度创新的共同框架，以更具包容性的方式适用于整个经济、政府、非营利组织和家户。这为实现2016年在根特(比利时)举行OECD蓝天论坛时提出的许多提案提供了途径。例如，在手册中加入了新章节，侧重于利用创新数据构建指标并进行分析和评估。

在不断发展的致力于定义、收集、分析和使用科学、技术、创新相关数据的工具中，《奥斯陆手册》占据了突出位置。作为一本统计手册，它体现了用户对创新的实用性概念、定义和证据的需求，以及专家对于什么可以被稳健测度的共识之间的交叉之处。《奥斯陆手册》被视为一个开放的、自愿的标准，旨在激发对话，鼓励新的数据收集工作和试验。

正如OECD创新战略所强调的，更好地测度创新及其对经济增长、可持续性发展和包容性的影响，是数字化时代下更好地实现协调创新政策的承诺关键。长期以来，OECD一直主张采用整体政府的方法（Whole-of-government Approach）制定创新政策，并强调了解影响创新的各种复杂因素及其影响我们社会的方式、预测和解决其意外结果的重要性。《奥斯陆手册》为全球范围内的创新专家和政策从业者提供了极为宝贵的工具。

安吉尔·古里亚

OECD秘书长

致 谢

经济合作与发展组织（OECD）和欧盟统计局（Eurostat）的这份联合出版物，是所有国家代表及OECD国家科技指标专家工作组（Working Party of National Experts on Science and Technology Indicators，NESTI）的国际组织代表共同努力的结果。

几位成员投入了大量的时间和精力，代表整个NESTI小组指导修订过程。目前第4版得以完成汇总，归功于《奥斯陆手册》修订指导小组（Oslo Manual Revision Steering Group，OMSG）成员的领导力和奉献精神。由NESTI主席Svein Olav Nås（研究理事会，挪威）主持，《奥斯陆手册》修订指导小组由OECD和欧盟统计局设立，并负责从开始到出版的整个修订过程。由Ales Capek（欧盟统计局）、Alessandra Colecchia（经济合作与发展组织）、Tomohiro Ijichi（日本科技政策研究所、成城大学，日本）、John Jankowski（美国国家科学基金会/国家科学与工程统计中心，美国）、Carsten Olsson（欧盟统计局）、Christian Rammer（欧洲经济研究中心，德国）、Monica Salazar（美洲开发银行）和Martin Schaaper（国际电信联盟，前联合国教科文组织统计研究所）组成多样化的专家团队，应对修订职权范围内出现的挑战。利用（有时过度使用）跨时区的远程在线通信，《奥斯陆手册》修订指导小组内部经常展开商讨，在工作组和起草小组之间建立起合作、有效的接口。这使得工作能够取得进展，并实现了NESTI的愿景和共识。

Anthony Arundel（马斯特里赫特大学，经济合作与发展组织秘书处顾问）、Fernando Galindo-Rueda（经济合作与发展组织）和Christian Rammer（欧洲经济研究中心）应《奥斯陆手册》修订指导小组的要求，编写了一系列章节大纲和草案以供讨论和审议。这些草案代表着本手册的主干内容。Anthony Arundel负责编辑整本手册，确保手册的一致性并及时交付，以供代表讨论和批准。Vladimir López-Bassols（经济合作与发展组织秘书处顾问）为 OECD 手稿的最终付印、样式编辑及术语表的编写提供了支持。Fred Gault（马斯特里赫特创新与技术经济研究所、特斯瓦恩理工大学经济研究所、经济合作与发展组织秘书处顾问）提供了额外的编辑支持，并协助 NESTI、国际标准化组织（ISO）等其他国际组织开展联络活动。

NESTI 进行的修订工作，获得了 OECD 科学技术与创新司（OECD Directorate for Science，Technology and Innovation）下设的经济分析和统计处（EAS）内科技指标组的帮助，该部门由 Fernando Galindo-Rueda 领导，并得到了 Michela Bello 和 Daniel Ker 的支持。在欧盟统计局科学技术与创新工作组（STI WG）秘书处，Giulio Perani 和 Gregor Kyi 在实施修订和确定最终范围方面发挥了重要作用，他们来自欧盟统计局商业和贸易统计司的 G4 创新与数字化组。G4 小组负责人 Carsten Olsson 在项目的初始阶段联合主持了《奥斯陆手册》修订指导小组的工作。他的继任者 Ales Capek，为 OECD 与欧盟统计局最终签署出版协议提供了便利。OECD 内部的监督工作，由 EAS 部门负责人 Alessandra Colecchia 担任。科学技术与创新司司长 Andrew Wyckoff 和副司长 Dirk Pilat 就草案提供了指导和意见。

以下组织也为本手册的出版提供了财力与人力资源：美国国家科学基金会/国家科学与工程统计中心、德国联邦研究和教育部、挪威研究理事会、欧盟统计局和欧盟委员会。这些组织支持了与修订直接相关的工作，以及修订前几年的准备、探索和方法性工作。

4 场修订研讨会的参与者（奥斯陆，2016 年 12 月；根特，2016 年 9 月；在巴黎举行的 NESTI 会议，2017 年 3 月；在马德里举行的 NESTI 会议，2017 年 12 月）在讨论中提供了宝贵的见解，并提供了讨论文件和演示文稿。此外，网络研讨会分别于 2016 年 6 月和 2017 年 10 月进行。2017 年 12 月的 NESTI 会议由西班牙科学技术基金会（FECYT）主办，其间，手册内容由代表们原则上通过。

由华盛顿特区的美国国家科学与工程学院（美国国家科学基金会/国家科学与工程统计中心）、曼海姆的欧洲经济研究中心、伊比利亚美洲/美洲国家间科技指标网络（RICYT），以及根特的 OECD 蓝天论坛一同组织的研讨会，为用户成员交流想法和建议提供了宝贵的机会。

我们还要感谢在线上利益相关者咨询过程中提交意见的个人和机构，感谢OECD科技政策委员会（CSTP）、统计与统计政策委员会（CSSP）的主席和代表的意见，也要感谢他们的团队，直到定稿前他们还在持续反馈。

如果没有NESTI办事处的额外投入，以及其他几个OECD和欧盟统计局的同事——包括信息技术、出版、通信和行政人员，这项工作是不可能完成的。他们都为本手册的最终出版和在线版本（http: //oe.cd/oslomanual）做出了贡献。

特别感谢最初构思本手册并为此工作近30年的专家，为提高其相关性和质量，他们克服了诸多挑战。希望随着此版本在全球范围内的发行及其激发的新测度和分析，他们将会把其视为有价值的“创新”。NESTI和STI WG工作组将与来自世界各地的专家合作，努力使《奥斯陆手册》的指导方针在不远的将来被接受和使用。

封面图

本手册的封面图片是墨西哥艺术家Rufino Tamayo壁画作品的一部分。他于1957年受联合国教科文组织国际艺术顾问委员会的委托，在巴黎教科文组织总部的丰特努瓦大楼落成后，为二号会议室的艺术装饰进行创作。壁画在原位置创作并于1958年完成。

壁画描述的主题为“普罗米修斯将火种带给人类”，内容来自古希腊神话，几个世纪以来这一直是在艺术中反复出现的主题。普罗米修斯违抗了神，赋予人类火焰和制作金属制品的技能，这一行为使得他和人类都受到了惩罚——尽管不是致命的，且最终被另一个英雄人物赫拉克勒斯所释放。

正如联合国教科文组织艺术品收藏网站所指出的那样，“Tamayo的壁画似乎通过不同的色调升华了红色：胭脂红和朱红色使火焰栩栩如生。”

我们要感谢Rufino Tamayo遗产——奥尔加和鲁菲诺塔马约基金会（Fundación Olga y Rufino Tamayo）——继承人的代表María Eugenia Bermúdez Flores de Ferrer，感谢联合国教科文组织的部门负责人Tania Fernández de Toledo女士，感谢她让我们看到这个图像，这很好地象征了本手册的精髓和创新意义。

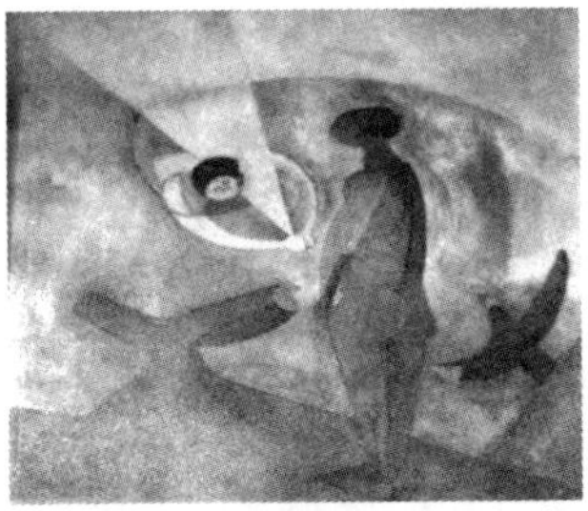

Rufino Tamayo（1899—1991年）

普罗米修斯将火种带给人类，1958年

壁画，右下角签名 “Tamayo 9-58”，500 cm×450 cm

http：//www.unesco.org/artcollection/

目　录

第二部分 测度企业创新的框架和准则

第三部分　收集、分析、报告企业创新数据的方法

缩略语

缩略语	英文名称	中文名称
AI	Artificial Intelligence	人工智能
ANZSIC	Australian and New Zealand Standard Industrial Classification	澳大利亚和新西兰标准工业分类
APSC	Australian Public Service Commission	澳大利亚公共服务委员会
CAD	Computer-Aided Design	计算机辅助设计
CAPI	Computer-Assisted Personal Interviewing	计算机辅助面访调查
CATI	Computer-Assisted Telephone Interviewing	计算机辅助电话访问
CDM	Crépon，Duguet and Mairesse	Crépon，Duguet 和 Mairesse
CIS	Community Innovation Survey（European Commission）	欧洲共同体创新调查（欧盟委员会）
CPC	Central Product Classification（United Nations）	核心产品分类（联合国）
EC	European Commission	欧盟委员会
EIS	European Innovation Scoreboard	欧洲创新记分牌
ESS	European Statistical System	欧洲统计系统
EU	European Union	欧盟
EUIPO	European Union Intellectual Property Office	欧盟知识产权局
Eurostat	European Commission's Directorate-General for Statistics	欧盟委员会统计总局（欧盟统计局）
FTE	Full-Time Equivalent	全时当量
G20	Group of Twenty	二十国集团
GDP	Gross Domestic Product	国内生产总值
HEI	Higher Education Institution	高等教育机构
ICT	Information and Communication Technology	信息通信技术
ILO	International Labour Organization	国际劳工组织

续表

缩略语	英文名称	中文名称
INSEE	Institut National de la Statistique et des Études Économiques（France）	国家统计和经济研究所（法国）
IP	Intellectual Property	知识产权
IPP	Intellectual Property Product	知识产权产品
IPRs	Intellectual Property Rights	知识产权权利
ISCED	International Standard Classification of Education	国际标准教育分类
ISIC	International Standard Industrial Classification of All Economic Activities	全部经济活动的国际标准产业分类
ISO	International Organization for Standardization	国际标准化组织
IT	Information Technology	信息技术
KAU	Kind-of-Activity Unit	活动类型单位
KBC	Knowledge-Based Capital	知识型资本
MMD	Micro-Moments Database	微矩数据库
MNE	Multinational Enterprise	跨国公司
NACE	Statistical Classification of Economic Activities in the European Community	欧洲共同体经济活动的统计分类
NAICS	North American Industry Classification System	北美工业分类系统
NEPAD	New Partnership for Africa's Development	非洲发展新伙伴计划
NESTI	Working Party of National Experts on Science and Technology Indicators	国家科技指标专家工作组
NPI	Non-Profit Institution	非营利机构
NPISHs	Non-Profit Institutions Serving Households	为家户服务的非营利机构
NSO	National Statistical Organisation	国家统计机构
NSS	National Statistical System	国家统计系统
NTF	New-to-Firm	对公司而言是新的
NTM	New-to-Market	对市场而言是新的
OECD	Organisation for Economic Co-operation and Development	经济合作与发展组织（经合组织）
OM	Oslo Manual	奥斯陆手册

续表

缩略语	英文名称	中文名称
PCT	Patent Cooperation Treaty（World Intellectual Property Organization）	专利合作条约（世界知识产权组织）
PIAAC	Programme for the International Assessment of Adult Competencies	成人能力国际评估方案
PRI	Public Research Institution	公共研究机构
RICYT	Ibero-American/Inter-American Network for Science and Technology Indicators	伊比利亚美洲 / 美洲国家间科技指标网络
R&D	Research and Experimental Development	研究与试验发展
RHG	Response Homogeneity Group	响应同质组
SIBS	Survey of Innovation and Business Strategy（Canada）	创新与商业战略调查（加拿大）
SMEs	Small and Medium-Sized Enterprises	中小型企业
SNA	System of National Accounts（United Nations）	国民账户体系（联合国）
STI	Science，Technology and Innovation	科学、技术和创新
TQM	Total Quality Management	全面质量管理
TRIPS	Trade-Related Aspects of Intellectual Property Rights	与贸易有关的知识产权问题
UIS	UNESCO Institute for Statistics	联合国教科文组织统计研究所
UN	United Nations	联合国
UPOV	International Union for the Protection of New Varieties of Plants	国际植物新品种保护联盟
WIPO	World Intellectual Property Organization	世界知识产权组织
WTO	World Trade Organization	世贸组织

摘　要

什么是《奥斯陆手册》？

《奥斯陆手册》提供了收集和解释创新数据的指南。它旨在促进国际可比性，并为测度创新的研究和实验提供平台。本手册以向国家统计机关和创新数据的其他生产者提供创新指标的设计、收集和发布方面的支持为主要指导方针，以满足一系列研究和政策需求。此外，本手册提供的指南还对创新信息的用户有直接价值。

这些指南应当被视为一个组合体，包括正式的统计标准、最佳实践的建议，以及通过使用现有的和新的工具，将创新测度标准扩展到新领域的提议。

目前，许多国家和国际组织认识到了测度创新的重要性，并已发展出收集此类数据的能力。本手册支持这种协同努力，以追求稳健的、具有国际可比性的数据、指标和分析。

为什么需要测度创新的手册？

创新对于提高生活水平至关重要，可以通过多种方式影响个人、机构、整个经济部门和国家。良好的创新测度及研究中创新数据的使用，可以帮助决策者更好地了解经济和社会变化，评估创新对社会和经济目标的贡献（正面或负面），并监测和评估其政策的有效性和效率。

本手册的目的是通过通用的用语、已达成共识的原则和实践的惯例，来指导创新数据的收集和报告工作。这样可以提高统计结果的可比性，并支持逐步发展起来的全球创新统计信息基础设施建设，这些基础设施对研究人员和决策者而言都具有相关性和实用性。

《奥斯陆手册》由经济合作与发展组织（OECD）和欧盟统计局（Eurostat）联合出版，是 OECD 以“科学、技术和创新活动测度”为主题制作的一系列测度手册的重要组成部分。作为该系列手册的一部分，它强调了反映创新系统如何运作的需要，而不仅是对投资新知识所做的努力的描述（在 OECD《弗拉斯卡蒂手册》中记录的专门用于 R&D 的资源），或者对专利发明的数量和特征的描述（如 OECD《专利统计手册》所述）。

创新具有多维且经常被隐藏的性质，《奥斯陆手册》在展示和传达这些性质方面发挥着关键作用。但是，有一些出色的研究和政策问题需要扩展的、更强大稳健的数据。

什么是创新?

《奥斯陆手册》的一个关键原则是，创新可以而且应该被测度。可测度性要求是本手册中概念、定义和分类的基本标准。这一特征将本手册与其他概念化并定义创新的文件区分开来。

创新概念的关键组成部分包括：将知识作为创新性、新颖性和实用性的基础；将价值创造或保存作为创新的假定目标。可执行性的要求，将创新与发明之类的其他概念区分开来，因为创新必须被实施，即投入使用或可供其他人使用。

“创新”一词既可以表示活动，也可以表示活动的结果。本手册为这两种情况都提供了定义。创新的一般定义如下：

创新是一种新的或改进的产品或流程（或其组合），它与该单元以前的产品或流程明显不同，并且已经提供给潜在用户，或流程已在该单位投入使用。

该定义使用通用术语“单元”（Unit）来描述负责创新的行为者。它指的是任何部门的任何机构单位，也包括家户及其个人成员。

该定义的进一步发展和可操作化，为本手册中企业部门的实践指南提供了基础。尽管创新的概念在本质上是主观的，但通过新颖性和实用性的共同参考点，其应用具有相当的客观性和可比性，要求我们重视差异。这有助于收集和报告创新与相关活动的可比较数据，数据来自不同国家和产业的企业，以及不同规模和结构的企业——从小型单一产品企业，到生产各种商品或服务的大型跨国公司。

创新活动包括企业从事的能带来创新的所有开发性、金融性和商业性活动。

企业创新[①]是企业创造一种全新的或改进的、与以前显著不同的产品或商业流程（或其组合），并且已将其引入市场或由企业使用。

与前一版相比，本手册对企业创新定义的一个主要变化在于根据认知测试

① 译者注：本书将 business innovation 译为“企业创新”，该表达更符合中文语境下的使用习惯，中文中的“企业”通常指 OECD 所用的商业企业（business enterprise）。

工作，将原来较复杂的 4 种创新类型（产品创新、流程创新、组织创新和营销创新）简化为 2 种主要类型：产品创新和商业流程创新。修订后的定义还将新的、改进后的创新与公司现有的产品或商业流程进行比较，减少了对“重大”变化要求的模糊性。产品创新和商业流程创新的基本定义如下：

产品创新是一种新的或改进的商品或服务，与企业以前的商品或服务显著不同，并且已经引入市场。

商业流程创新是针对一个或多个业务功能所开发的全新或改进的、与企业以前的流程显著不同的商业流程，并且已由企业使用。

如商业管理文献中所述，商业流程创新涉及公司的 6 种不同职能。其中，2 种职能涉及公司生产和交付销售产品的核心活动，其他职能涉及支持性活动。本手册提出的业务职能分类可以很好地对应之前版本的工艺、营销和组织创新类别。

手册为何及如何修订?

测度要求了解什么内容需要被测度，以及认识到什么内容能被可靠地测度。为响应对创新实证证据的强烈政策需求，《奥斯陆手册》解决了这两个要求，并支持进一步的试验以改进和扩展创新数据。社会对创新相关现象的认识不断提高，这也扩大了人们对新测度指标的兴趣。然而，尽管取得了这些进步，关于创新的作用及哪些政策可以对其产生影响方面，已有证据和问题之间仍存在很大差距。第 4 版《奥斯陆手册》的主要目标之一，是解决其中一些差距和悬而未决的问题。

本版《奥斯陆手册》以 20 世纪 90 年代初以来，在 OECD 和非成员国收集创新统计数据所获得的经验为基础。这是国家科技指标专家工作组（NESTI）和欧盟统计局欧洲共同体创新调查工作组集体工作的结果，涉及来自近 45 个国家和国际组织的 120 多名专家。修订工作进行了 3 年，在一开始就召开了专家咨询会，在整个修订过程中还与主要利益相关方举办了若干研讨会。OECD 与国际标准化组织（ISO）创新管理技术委员会建立了联系，以促进相关定义更加一致。

《奥斯陆手册》的此次修订和之前的修订，反映了专家对可以和应该被测度的内容的共识在不断演变。这种演变是由于经济和社会因素的不断变化、创新的性质及其发生方式的特殊性，以及测度实验的积累和专家之间的经验分享而产生。

此版本的主要新颖之处是什么?

与2005年版相比，新版本有一些新颖之处，以提高手册作为提供创新数据、指标和定量分析的概念和实践指南的针对性。本手册的特点有以下几个方面。

①提供适用于经济中所有部门（企业、政府、为家户服务的非营利机构和家户）的概念框架和创新的一般定义。正如2016年OECD蓝天论坛所建议的，这些对于未来制定企业以外部门的创新测度相关指南和最终建立适用于整个经济和社会的创新统计而言是必要的。

②更新和简化核心的定义和分类，使整个企业部门的报告和解释工作更便利，包括专门提供知识型服务的企业服务部门。

③支持对无形资产投资的测度，将无形资产（也称为知识型资本）与不同类型创新知识的产生联系起来，提供明确的测度建议。

④提供测度影响企业创新内部和外部因素的相关指导，整合以前关于测度发展中国家创新的特别指导，以及强调测度不同政府政策对创新影响的必要性。

⑤促进收集与非创新企业和创新活跃型企业相关的更广泛数据，以帮助分析创新的驱动力和直接推动因素。

⑥虽然本手册中的创新基本定义并不要求它一定是成功的，但它为测度创新成果的属性提供了建议。这旨在促进人们更好地理解多样化的创新，及其对公司、市场更广泛的影响。

⑦本手册为整个创新数据的生命周期提供扩展的方法指南，从调查的设计和测试，到数据的传播和管理。与以前的版本相比，本手册在评估问题项的方法及使用不同调查方法的影响方面提供了更多指导。讨论了观测期长度的重要性，强调了在调查实践中寻求更大的国际趋同性的重要性。

⑧扩展了将调查与其他来源（如行政记录）联系起来的指南，并提出补充性方法，以获取有关公司重点（即最重要）创新的证据。综合形成了客体法，可以显著提高调查数据的质量。

⑨通过解释如何使用创新统计数据来构建指标和进行分析，为创新数据的用户提供支持。根据前几章的建议，新章节提出了按主题领域制定创新统计指标的蓝图；还描述了分析创新数据的方法，主要侧重于创新影响的分析和创新政策的实证评估。

⑩提供关键术语表便于参考，并促进不同语言的翻译工作。

此外，本手册从产品和企业创新的角度，提供了关于数字化信息作用的指导，有助于更好地理解数字化及其与创新的联系。为实现这一目标，本手册还认为数据及软件开发是潜在的创新活动；强调数据管理能力是测度的关键潜在创新能力；建议测度外部因素，如数字平台在公司运营市场中的作用。

关于全球化及其如何形成创新的分析，本手册提供了世界其他地区进行的知识流动、跨国公司（MNEs）的作用及企业在价值链中的商业流程定位等方面信息的指导。在解释有关跨国公司作用的数据时，需要进行国际协调。

《奥斯陆手册》关于数据收集的建议仅限于商业企业部门（包括公共部门，即政府控制的企业），主要关注企业总体中代表性单位样本的统计调查方法。这些建议还包括补充数据的来源和收集方法，如管理性来源和大数据，本手册还指出应综合使用不同来源和方法，来满足用户需求。

如何使用指南?

本手册是一种统计资源，其中包含了应用概念、定义、分类、分类法和统计方法的指南，用于收集企业部门相关的创新统计数据。本手册提出了建议并确定了可能的实验方法。在 OECD 内部，这些建议不是强制性的，但仍然希望成员国能尽最大努力采纳这些建议。这是产生具有国际可比性的数据所必需的，这些数据可以构成有关创新的全球公共信息。

本手册允许不同国家或国家集团，在开展数据收集活动方面有很大的自主权。由于测度结果对调查方法的选择很敏感，如果没有统一的数据收集和报告实践，很难实现国际可比性。尽管在 OECD 或全球环境中做到统一是不可行的，但更加趋同的方法是可能的，其被作为本手册的目标。为此，OECD 与支持统计能力发展和分享创新数据收集经验的其他国际组织和网络进行了合作。

尽管设计时没有考虑到这一目的，但本手册可以为政策或监管提供参考，如将政策与特定创新活动和本手册中描述的结果联系起来。此外，创新管理者和从业者采用本手册中的概念和定义，将有助于数据的收集。

哪里可以找到其他相关资源?

作为统计标准，《奥斯陆手册》的多种格式都是免费在线提供的。沿袭 2015 年版的《弗拉斯卡蒂手册》，预计将开发和发展其他在线附件材料，以补充手册的印刷版指南。其他相关资源，包括 OECD、欧盟统计局和其他国家机构发布的与创新相关的最新分类和统计数据的链接，可在 http：//oe.cd/oslomanual 找到。

第一部分　创新测度导论

第 1 章　创新统计与《奥斯陆手册》介绍

创新不仅是提高生活标准的关键，而且可以从多个方面影响个人、组织、整个经济部门甚至是国家。在研究中对创新的良好测度和对创新数据的使用能够帮助政策制定者更好地了解经济和社会变化，评估创新对社会和经济目标的贡献，以及监测和评估其政策的有效性和效率。自 1992 年起，《奥斯陆手册》就是创新概念化和创新测度的国际参考标准，为了满足不断变化的用户需求，它已经经历了 3 次修订。本手册为讨论创新、支持创新的因素和创新成果提供了基础。本章阐述了创新测度的基本原理，总结了该版手册所力图达到的目标，概述了手册内容，着重强调了本版介绍的主要定义和主要创新之处；并总结了如今经济和社会向数字化转型的环境下实施创新测度所面临的主要挑战。

1.1　《奥斯陆手册》的目标和背景

1.1.1　《奥斯陆手册》的起源

1.1　创新不仅是提高生活标准的关键，而且可以从多个方面影响个人、组织、整个经济部门甚至是国家。政策可以直接或者间接影响创新的方向及其效果。在研究中，创新的良好测度和对创新数据的使用能够帮助政策制定者更好地理解经济和社会变化，评估创新对社会和经济目标（积极或消极）的贡献，以及监测和评估其政策的有效性和效率（OECD，2010）。

1.2　对哪些事物需要被测度及哪些事物可以被准确测度要有一个清晰的认识。为满足对创新实证证据的强烈政策需求，《奥斯陆手册》不仅达到了两个测度要求，而且支持进一步试验以改进和扩展创新数据。手册确定了创新数据收集的最佳方法，促进了国际可比性，并且提供了一个创新度量研究的平台。

手册还揭示了创新通常不需要研究与试验发展（R&D），创新也包括现有技术和实践在经济体中的扩散。

1.3 1992 年,《奥斯陆手册》第 1 版公开发行，主要包含制造业方面的创新。手册标题中的“奥斯陆”是准则首次被国家科技指标专家工作组（NESTI）通过的城市。基于 1992 年版手册的创新调查包括欧洲共同体创新调查（CIS）、澳大利亚与加拿大开展的具有可比性的调查。这些调查都表明开发与收集复杂且存在差异化的创新数据是可能的。

1.4 1997 年，《奥斯陆手册》第 2 版公开发行。基于积累的调查工作经验及对创新过程更深刻的理解，该版手册对概念、定义和方法框架进行了更新。除了制造业，手册还包含了几个服务业创新的测度指南。同时，为了开发 OECD 国家间的国际可比创新指标，手册还改进了指南，并讨论使用这些创新数据和指标可能遇到的问题。

1.5 前两版手册都把创新限制在新的或是重大改进的技术性产品与流程。这反映了对企业新产品和新生产技术的开发和扩散的关注。而非技术创新的内容只在第 2 版的附录中做了相关讨论。

1.6 第 3 版（2005 年）则吸收和借鉴了大量世界范围内由经济发展水平迥异的不同经济体迅速开展的创新调查的数据和经验，这一版也扩展了创新测度的框架：进一步强调创新过程中与其他企业和机构间相互联系的作用；认可传统的低 R&D 密集型产业创新的重要性；为更好地适用于服务业，对创新概念和创新活动进行了修订。为了包含不含有技术成分却能够显著改善用户体验的服务创新，删去了产品和流程创新定义中必须有技术变化的内容。扩展了创新的定义，新增了组织创新和营销创新。同时，第 3 版新增了有关发展中国家创新测度的附录，以反映对这个话题的广泛关注。

1.7 随着不断修订，《奥斯陆手册》体现了专家对于什么可以测度和什么应该测度的共识在不断变革。这个变革主要缘于经济和社会因素的不断改变，如创新的性质、创新是如何发生的，以及测度经验的积累和对创新测度感兴趣的专家之间的经验分享。对创新相关现象的社会意识的提高也扩大了测度的目标范围。尽管取得了一些进步，但是在创新的作用和影响创新的政策等问题和证据上仍然存在着巨大的差距。本手册第 4 版的一个重要目标便是要尽力解决这些差距和显著存在的问题。

1.1.2　第 4 版的主要目标

1.8　在第 3 版后时隔 13 年再次发行，第 4 版旨在加强其作为创新数据、指标和定量分析的概念和实践指导来源的实用性。在 2016 年 9 月中国杭州举办的 G20 峰会上，二十国领导人在二十国集团创新活动计划中肯定了《奥斯陆手册》在政策分析和讨论上发挥的重要指导作用。这些世界最大的经济体也在峰会上展现了对创新测度的高度关注。

1.9　2016 年，第三届 OECD 蓝天论坛强调了需要将创新测度扩展到更大的经济和社会范围。出于这个考虑，国家科技指标专家工作组（NESTI）提出，第 4 版需要应使用者的要求，通过更广泛地讨论一些关键的创新概念及提供一个创新的一般定义，使之成为未来实验的一个平台和指导。因此，尽管《奥斯陆手册》较侧重于企业部门的创新测度，但第 4 版提供了一个新的框架，以使用共同的定义来测度所有领域的创新。这也是第 4 版的标题没有明确提及企业创新的原因。

1.10　修订之初，参与者都同意《奥斯陆手册》第 4 版应该包括以下实质性的扩展和改进。

①涵盖更一般性的创新定义和概念，使其适用于 4 个经济部门（企业、政府、服务家户的非营利性组织和家户）。这对于制定测度企业部门外的其他部门创新的未来指导方针是非常必要的。

②确保建议与发达国家和发展中国家都相关，以便手册提供有效的全球指导。

③确保与测度 R&D 的 2015 年版《弗拉斯卡蒂手册》（*Frascati Manual*）（OECD，2015）及主要统计框架和指南[包括国民账户体系（SNA）]保持一致（EC et al.，2009）。

④体现 OECD“走向数字化”项目中（www.oecd.org/sti/goingdigital.htm）曾提到的经济和社会的“数字化”进程。手册的部分章节包含了数字视角，并提供了测度数字产品、平台和数据能力方面的创新指导。

⑤充分反映不断变化的创新模式，包括与开放式创新、全球价值链和全球创新网络相关的模式。

⑥运用过去 10 年积累的证据和经验来解决长期存在的挑战（包括主观性和国际可比性，对创新的新颖性和改进要求的解释，创新投入和产出的定量测度，非基于 R&D 的创新覆盖面等）。

⑦促进收集与非创新活跃型及创新活跃型企业相关的更广泛数据，如对知识型资本（Knowledge-based Capital，KBC）的投资和影响企业运营及是否进行创新相关活动的内外部条件。这是分析创新驱动因素和推动因素所必需的。

⑧深入讨论调查方法，以及数据收集方法对数据质量、及时性和国际可比性的影响。

⑨讨论如何利用创新的统计数据来支持研究、管理和相关政策，包括指标制定及对创新支持政策的有效性的评估。

1.1.3 第 4 版的范围和方法

1.11 除了介绍性章节，第 4 版《奥斯陆手册》将侧重于商业企业部门的创新，在很多情况下也包括国有企业。第 4 版的方法主要分为以下 3 类。

①使用企业部门中具有统计代表性的企业样本收集创新数据。尽管有一些新的数据源，如互联网，但是其中很多数据源并不具备来自感兴趣人群的代表性样本的理想特征。因此，手册建议使用代表性调查作为数据收集的首选方法。在可行的情况下，可以通过额外的代表性调查或将调查与政府数据相结合进行补充。

②注意调查方法和问卷设计对调查问题回答的影响。特别是，建议不要将创新调查与 R&D 调查相结合。

③主要使用主体法（Subject-based Approach）收集数据，尽可能涵盖一个企业的所有创新活动。可以通过企业最重要的创新（或最重要的创新活动，

或非创新型企业的变化）的额外信息来补充，也称为客体法（Object-based Approach）。

1.12 基于丰富的经验积累，第 4 版对如何支持企业创新测度方面的必要实验进行了充分的讨论和建议。第 4 版还特别提出了先进的数字工具可用于数据收集和分析，这样既可以带来新视角的新类型数据，同时可以减少调查中受访者的负担。

1.13 本手册旨在打造一个可自由访问的开放标准，提供应收集哪些创新统计数据，如何编制它们及如何使用它们的准则。遵循这些准则将提高许多不同组织收集创新数据的统一性和可比性。尽管不是特意设计，但手册可以作为政策或监管的参考，如将政策与特定创新活动和手册中描述的结果联系起来。此外，创新管理者和从业者采用其概念和定义将有助于数据收集。

1.1.4 《奥斯陆手册》和其他统计标准

科学、技术和创新（STI）统计标准

1.14 OECD 以“科学、技术和创新活动的测度”为题发行了一系列测度手册。 每本手册都提出了国际公认的收集、报告和使用有关科学、技术与创新（STI）的数据及指标的方法指南和建议。OECD 在 1963 年首次发行的《弗拉斯卡蒂手册》中开始制定 STI 统计标准。尽管《奥斯陆手册》与其他手册相比较新，但它是 OECD 科学、技术和创新（STI）统计指南中的中心部分。

1.15 随着时间的推移，手册数量不断增加，如增加了 OECD 专利统计手册（OECD，2009a）。该系列手册定期修订，以考虑新的挑战和发展。该系列手册所涉及的范围也会随着该领域的发展而不断扩展。

与一般统计标准和统计数据的联系

1.16 《奥斯陆手册》广泛使用并追求完全符合联合国的统计分类，包括《国

民账户体系（2008）》（*SNA 2008*）（EC et al.，2009）和《全部经济活动国际标准产业分类》（ISIC）（UN，2008）。

1.17 外部分类由相关负责部门定期更新。对其他统计文件的引用，本手册都采用了出版时所获取的最新版本（包括印刷版和电子版），若参考文件有所更新将会在手册电子版的附件中体现。

1.18 本手册遵循《国民账户体系（2008）》（*SNA 2008*）中的建议，将R&D支出及其他形式的知识视为资本资产投资，而非费用。这会影响国内生产总值（GDP）的衡量方式及增长核算活动如何解释创新相关活动对经济增长的贡献。

1.19 虽然国民账户体系目前尚未将许多类型的创新活动视为资本形成（R&D和软件除外），但在许多国家，创新卫星账户的发展是衡量议程的一部分，这也引起了人们对反映数字经济活动范围的卫星账户的兴趣。创新数据若想进一步纳入经济统计数据，需要持续努力改进对创新活动及企业成本和效益的测量，以及改进对创新生命周期的记录，以便更好地测量过时和折旧。

1.20 此外，国民账户体系用于定义商业企业部门（本手册的主要范围，见第2章）和研究人员、统计人员测度创新的其他部门。

与其他标准的联系

1.21 在制定第4版《奥斯陆手册》的同时，OECD与国际标准化组织（ISO）创新管理技术委员会建立合作关系，负责制定ISO 50500系列创新管理标准。OECD和ISO两个专家组之间的交流涵盖了关于创新和创新管理定义的不同观点，OECD要求定义适用于创新测度，ISO要求标准化定义。考虑到《奥斯陆手册》和ISO标准的不同目标，双方经过讨论后确定了一致定义。

1.2　《奥斯陆手册 2018》的结构和内容

1.22　2018 年版《奥斯陆手册》包括 3 个部分：创新测度导论（第一部分）、测度企业创新的框架和准则（第二部分），以及收集、分析、报告企业创新数据的方法（第三部分）。

1.2.1　创新测度导论（第一部分）

创新测度的定义（第 2 章）

1.23　第 2 章阐述了该手册的目的及创新与发明、R&D 等其他相关现象的区别。它列出了创新的基本概念，包括商业企业部门及其他部门。

1.24　本章使用国际公认的统计框架来确定商业企业部门（本手册的重点）和其他经济部门的界限。但是，其他部门的参与者也在创新体系中发挥作用，为商业企业部门的创新做出贡献。本章确定了各部门的连接要素，以便将来指导相同的潜在现象。可测性要求是本手册确定概念、定义和分类的基本标准。正是此特征将本手册与其他概念化和定义创新的文章区别开来。

1.25　本章最后概述了与所有部门相关的创新的一般性定义，并讨论了经济中其他部门创新的潜在测度标准。适用于所有单位创新的一般性定义如下：

创新是一种新的或改进的产品或流程（或其组合），它与该单元以前的产品或流程明显不同，并且已经提供给潜在用户，或流程已在该单位投入使用。

1.26　一般性定义使用通用术语“单位（Unit）”来描述负责创新的行为者。它指的是任何部门的任何机构单元，包括家户及其个人成员。该定义适用于测度个人所开发的创新，这也是 2016 年 OECD 蓝天论坛确定的关键目标。

1.2.2　测度企业创新的框架和准则（第二部分）

1.27《奥斯陆手册》第二部分描述了企业的创新过程、企业之间的关系、企业的竞争环境及其所属的创新体系。与第 3 版相比，本版对企业外部环境进行了广泛讨论，是对创新定义、创新活动测度、内部能力、基于知识的创新联系和创新成果内容等章节的补充。图 1.1 为第二部分章节之间关系示意。

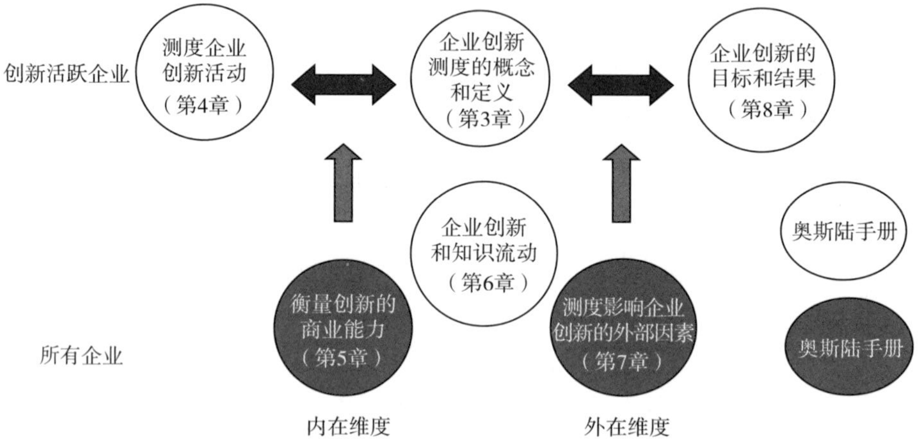

图 1.1　第二部分章节间的关系

1.28　本手册强调对所有企业收集数据的意义，无论企业的创新活动和结果如何，因为这有助于提高对创新的关键驱动因素和潜在影响的理解。

企业创新测度的概念和定义（第 3 章）

1.29　第 3 章提供了一整套指导企业部门的创新统计调查的定义。该章中的定义有助于收集和报告归属不同国家和产业的、拥有不同规模和结构的企业创新相关活动的可比数据，如从小型单一产品公司到涵盖各种商品和服务的大型跨国公司。

1.30　为解决“创新”作为“过程”或“结果”的二元性，第 3 章分别提供了两个定义：

创新活动包括企业从事的能带来创新的所有开发性、金融性和商业性活动。

企业创新是企业创造一种全新的或改进的、与以前显著不同的产品或商业流程（或其组合），并且已将其引入市场或由企业使用。

1.31 与第 3 版相比，修订企业创新定义的主要考虑是基于通过认知测试工作来降低先前列表定义的复杂性。创新的定义从 4 种类型（产品创新、流程创新、组织创新和营销创新）减少到 2 种类型：产品创新和商业流程创新。修订后的定义还降低了将创新与现有产品或商业流程相比需要有“重大”变化要求的模糊性。本章对企业创新的定义进行了详细的解释，并指出了不构成创新的内容。对产品创新和商业流程创新的基本定义如下：

产品创新是一种新的或改进的商品或服务，与企业以前的商品或服务显著不同，并且已经引入市场。

商业流程创新是针对一个或多个业务功能所开发的全新或改进的、与企业以前的流程显著不同的商业流程，并且已由企业使用。

1.32 商业流程创新涉及企业管理文献中所确定企业的 6 种不同功能。其中，2 种功能涉及企业生产和交付销售产品的核心活动，而其他功能则与支持业务相关。这 6 种主要业务功能与第 3 版的流程、市场营销和组织创新类别完全匹配。

1.33 创新和创新活动的定义确定了如何描述企业的特征。

创新型企业会在观测期内报告一项或多项创新。这同样适用于单独或共同负责创新的企业。

创新活跃型企业是指在观测期内的某个时间，为预期用途参与一种或多种活动，以便开发新产品或将改进的产品或商业流程投入使用。无论是创新型企业还是非创新型企业，都可以在观测期内成为创新活跃型企业。

1.34 “创新的”一词常用于指未来创新的潜在能力或倾向、创造力、一种产品或过程等。然而“创新的”一词在本手册中仅用于特定的含义：确定企业在给定时间段内是否有创新。对该形容词的含义进行限制只为避免误解。因此，本手册翻译成不同语言时应该精确复制定义。创新指标也理应如此，需要给出不误导用户的标签或标题。

1.35 如果一家非创新型企业有一项或多项正在进行的、停滞的、放弃的或已完成的创新活动，但在观测期内没有带来创新，它仍是创新活跃的。很多活动，如实验或共同创造活动，是可能在观测期内完成但是没有创新成果的。

测度企业创新活动（第 4 章）

1.36 第 4 章提供了测度企业创新活动的框架。该章确定了企业为追求创新可以开展的 8 种活动类型，当然其中许多知识性活动也可以用于其他更一般的目的。

①研究与试验发展活动；

②工程、设计和其他创造性活动；

③营销和品牌资产活动；

④知识产权相关活动；

⑤员工培训活动；

⑥软件开发与数据库活动；

⑦有形资产的获取或租赁活动；

⑧创新管理活动。

1.37 第 4 章建议收集有关企业是否开展这些活动，以及是否是为了追求创新而开展活动的数据。其中，收集这些活动的支出数据应先确定每项活动的所有支出及其目的，然后仅对创新活跃型企业询问其专门用于创新的支出。所有企业每项创新活动的数据都可以提供很多有用的信息，如投资于知识型资本（无形投资）对创新倾向和经济绩效的作用，以及确定创新活动是在内部进行的还是从外部组织采购的。

1.38 本章提出，创新支出应当区分 R&D 支出（大多数公司会有记录）和其他创新活动的支出。支出数据也包含人事费和其他会计类别的支出。对除 R&D 外的创新活动支出的测度是一个存在已久的难题。为此，本章提出了几种可供选择的创新活动测度方法，这些方法的实践能够提高收集数据的准确性。

衡量创新的商业能力（第 5 章）

1.39 第 5 章是《奥斯陆手册》以前版本中未包含的新章节。商业能力包括企业在追求目标的过程中积累和利用的知识、能力及资源。收集有关商业能力的数据对于分析创新对企业业绩的影响及为何有些企业寻求创新而有些企业不寻求创新的原因至关重要。

1.40　许多商业能力可能会推动创新活动、产品或商业流程创新的开发，以及这些创新带来的经济影响。第 5 章提供了衡量与企业创新绩效研究相关的 4 种能力测度：

①企业的一般资源；

②综合管理能力；

③劳动力技能和人力资源管理；

④技术能力。

企业创新和知识流动（第 6 章）

1.41　第 6 章侧重于测度流入和流出的信息流、知识流及企业与创新系统中其他参与者之间的联系，扩展了第 3 版有关该主题的内容。该章介绍了知识流动和开放式创新理论，将企业部门中的创新描述为基于跨组织边界的管理知识流动的分散过程。

1.42　第 6 章建立在先前创新调查中获取知识流的经验基础上。使用非调查数据来确定行动者、产出和成果之间的联系，有助于绘制知识流动和创新的扩散图。本章关于收集数据的建议包括其他公司或组织在企业开发和创新中的作用（在第 3 章中已加以扩展）、创新合作活动、创新的主要思想和信息来源及知识产权在知识流中的作用，并提供了关于测度企业、大学和公共研究机构之间的联系及与外部各方进行知识交流的障碍和挑战的指导。

测度影响企业创新的外部因素（第 7 章）

1.43　第 7 章是第 4 版手册的新内容，通过测度管理者进行战略选择（包括创新）时需要考虑的相关挑战和机遇，对第 5 章和第 6 章内容进行了补充。影响企业创新的外部因素包括客户、竞争对手和供应商，劳动力市场、法律、监管、竞争和经济条件，以及针对创新的技术和其他形式的知识价值供给。

1.44 本章确定了外部环境的主要元素，提供了数据收集时的优先事项。市场是主要的环境因素，通常也会受到企业决策的影响。本章还对公共政策、社会和环境因素及可能阻碍创新的其他外部因素对创新的直接或间接影响提供了指导。

企业创新的目标和结果（第 8 章）

1.45 第 8 章回顾了测度创新目标和结果的不同方法，讨论了企业所追求的各种创新目标和成果的若干定性衡量标准，评估了产品和商业流程创新的创新成果的量化测度。本章还讨论了第 11 章中进一步扩展的结果测度方面的局限性。

1.2.3 收集、分析、报告企业创新数据的方法（第三部分）

收集企业创新数据的方法（第 9 章）

1.46 第 9 章提供了关于收集企业创新数据方法的指导。本章重点介绍了调查的使用，讨论了生成数据的不同步骤（从利益相关者设定目标和优先级，到数据发布和微数据存储）。与以前的版本相比，对评估问题项的方法及使用不同调查方法的影响提供了更多指导，强调和讨论了观测期长度的重要性。

1.47 调查问题需要仔细制定，以便潜在的受访者能够正确理解。所有受访者必须按照本手册中的概念和定义理解问题。许多概念和定义不能在问题中按照字面意思理解，因此需要进行仔细调整。关键术语通常需要调整到符合受访者所在的文化、地区和国家的使用习惯。在某些情况下，可能需要设置多个问题来获得与定义或概念相匹配的数据（见第 3 章）。此外，本章还介绍了第 3 版附录中“发展中国家创新调查”的若干实际问题。

创新度量的客体法（第 10 章）

1.48 第 10 章是全新的章节，讨论了在创新调查中使用客体法进行创新，即收集单一“焦点”创新（研究对象）的数据。主体法涵盖了公司所有的创新活动，而该方法可以补充主体法所收集的数据。客体法的主要目的是支持数据的分析和研究，以及帮助数据生产者评估统计质量（如创新的报告过多或不足）。在某些情况下，客体法也可用于构建指标。

统计指标和分析中创新数据的使用（第 11 章）

1.49　第 11 章也是一个新的章节，主要内容是使用统计数据来构建指标和进行多变量分析。这是数据收集的关键输出，可以对深入了解企业创新提供描述和帮助。最后一章不仅指导官方制定指标，而且还为其他对创新数据感兴趣的用户提供参考，包括学者、政策分析师或管理人员。其他用户也可以借鉴手册来进行数据收集、分析和构建创新指标。

1.50　本章的前半部分从微观和宏观角度讨论了指标的概念、主要可用资源及构建创新统计指标的方法，并讨论了将创新信息汇总到仪表板、记分板和综合索引的方法。它根据前几章的建议，提出了按主题领域制定创新统计指标的蓝图。

1.51　本章的后半部分描述了分析创新数据的方法，主要侧重于创新影响分析和创新政策的实证评估。这部分还包括对 OECD（2009b）所述的创新微观数据的分布式多国分析的介绍。

1.2.4　手册中所涉及的跨领域问题

1.2.5　数字化和创新

1.52　数字化要求将数字技术广泛应用于现有任务和新任务中，它可能会改变商业流程、整体经济和社会。由于数字化的快速更替，本手册仅提供了数字化过程的一些具体实例，但是手册中引入了一些新元素，有助于更好地理解数字化。这些新元素既可以作为创新过程，也可以作为推动创新的关键因素。所举例子包括以下几个方面。

①从产品和商业流程创新的角度（第 3 章）看信息的作用。产品创新的定义中包括具有商品和服务特征的知识产品，这也是数字化信息常出现的情况，尤其对专门开发和销售信息内容的产业非常重要。商业流程创新的定义中设定了业务功能类型，将企业的信息和通信系统功能中的创新分开。此外，本章还讨论了基于数据的企业模式创新。

②将数据开发活动与软件一起视为潜在的创新活动（第 4 章）。企业的数据积累可能带来巨大的直接成本或间接成本，如当企业免费或以折扣价格赠送商品或服务时，会产生价值信息流，从而为现有产品做了广告。此外，这些信息还可提升产品创新或商业流程创新的业务决策过程。

③数据管理能力是创新调查中应直接或间接具备的关键潜在创新能力，尤其是在评估影响企业内部创新和相关结果因素的过程中（第 5 章）。本章为分析基于数据的能力与其他能力（如技能、一般管理和设计等）之间的相互关系提供了基础。此外，本章结合了有关企业中信息和通信技术使用情况的调查，促进了对先进技术开发和使用的测度。

④有关创新的知识流动分析（第 6 章）与数字化相关，其中分散协作模型由数字化知识支持。

⑤数字化也与所讨论的影响创新的外部因素（第 7 章）相关，如公司市场的性质及公司使用数字平台的程度。消费者和社会观点（如信任度）等也与数字化相关。

1.53 数字化也是测度机会的关键驱动因素。数字资源和数字工具可以用于:

①收集企业部门以外的创新信息，即使这些数字资源和工具最初并非用于统计目的（第 2 章）。

②将识别技术与可用资源结合，减少受访者负担，如识别最重要的业务合作伙伴（供应商、客户）或创新合作者，从而避免复杂的矩阵式问题（第 6 章）。

③获取有关创新和业务特征的统计数据，减少受访者的负担（第 9 章）。

④实施更精简、更安全的电子方法，从受访者处收集调查数据，最大限度地减少潜在的偏见来源，并方便收集公司内不同部门的资料（第 9 章）。

⑤从受访者处收集关于其最重要的创新或变化的定性信息（第 10 章），并以半自动或完全自动化的方式应用语义分析工具，以确定他们的描述是否与

关键项目的回答一致，如创新是否过度报告或者报告不足。

⑥分析和可视化创新数据（第 11 章）。

1.2.6　全球化和创新

1.54　本手册提供了许多支持分析全球化与创新关系的工具。与之前版本相同，对知识流动的测度旨在区分国内与世界其他地区知识流动的不同（第 6 章）。在测度创新能力（第 5 章）、描述与企业集团其他部门间的知识流动（第 6 章）及通过企业功能定位确定企业在价值链中的地位（第 7 章）等方面，首次强调了跨国公司（MNEs）角色的重要性。此外，第 9 章中讨论的方法还涉及从跨国公司收集相关数据的一些具体情况。

1.3　执行本手册中的指导

1.3.1　本手册中指导的性质

1.55　出版本手册的目的是希望通过共同的术语、商定的原则和实践惯例来指导创新数据收集和报告工作。这些可以增强统计产出的可比性，并支持全球统计信息基础设施的发展。这些基础设施对研究人员和决策者都具有极强的相关性和实用性。

1.56　本手册是一份统计资源，它包含了使用概念、定义、分级、分类和统计方法来收集企业部门创新统计数据。本手册提出建议并确定了可能的实验方法。这些建议不是强制性的，但希望 OECD 成员国能够尽力遵循。这对于提供国际可比数据，并进而提供有关全球创新的公共信息是必需的。

1.57　本手册在很大程度上允许不同国家或国家集团在如何进行调查方面自由裁量。但由于测度结果对所选择的调查方法很敏感，如果没有统一的数据收集方法和报告实践，很难具有国际可比性。因此，尽管在 OECD 或全球环境中进行统一是不可行的，但方法的更大融合是可能的，要努力实现。为此，OECD 与其他国际组织和网络合作，支持统计能力发展和分享收集创新数据的经验。

术语表和在线附件材料

1.58 本手册的主要贡献之一便是制定了相关定义。作为附加资源，本版《奥斯陆手册》中首次包含术语表，并且遵循了最新版《弗拉斯卡蒂手册》（OECD，2015）的示例。术语表有助于翻译成不同语言及背景以进行参考。

1.59 参照最新版《弗拉斯卡蒂手册》，预计将开发在线附件材料，以补充《奥斯陆手册》印刷版的内容。相关资源，包括更新分类的链接，可在相关网站（http：//oe.cd/oslomanual）找到。

1.3.2 过渡与实施

1.60 本手册的修订包含了一些变化，需要进行创新统计的生产者和使用者在过渡期内适应和实施。实施有关调查的建议需要一定的时间。在过渡期，调查表、数据库和报告中使用的措辞需要进行测试，并根据当地情况进行调整。强烈建议对潜在受访者进行认知测试并与主要利益相关者进行磋商。

1.61 与先前创新数据保持连续性非常重要，这也是第 4 版首先要考虑的因素。实践中发生的变化可能会引起数据序列的中断或不连续。因此，对于实践者而言，重要的是要确定可能的序列断点，并努力在先前数据和新数据之间建立桥梁，特别是已经建立了近似对应关系的一般类型创新（第 3 章）。这将促进对创新数据的维护和使用。

1.62 还应考虑数据生产者和受访者的负担。我们并不期望所有关于新问题的建议都会立即引入实践。本手册提供了对不同问题区分优先级的建议。有些问题也可以在 2 年、4 年或 6 年周期内轮换，以尽量减少受访者的负担。其他问题可以作为实验包括在调查中，以收集传统核心问题之外的关键知识差距证据。

1.63 经验表明，由于缺乏历史信息或国际基准，单边国家层面的实验可能无法产生预期结果。因此，有必要在负责创新调查的国家统计组织和机构之间开展多边协作，以协调实验问题的内容和时间安排。这有助于为未来几年的用户提供更有价值的统计资源。

参考文献

EC et al.（2009），*System of National Accounts 2008*，United Nations，New York，https：//unstats.un.org/unsd/nationalaccount/docs/sna2008.pdf.

G20（2016），*G20 Blueprint on Innovative Growth*，www.g20chn.com/xwzxEnglish/sum_ann/201609/P020160912341449502867.pdf.

OECD（2015），*Frascati Manual 2015：Guidelines for Collecting and Reporting Data on Research and Experimental Development*，The Measurement of Scientific，Technological and Innovation Activities，OECD Publishing，Paris，http：//oe.cd/frascati.

OECD（2010），*The OECD Innovation Strategy：Getting a Head Start on Tomorrow*，OECD Publishing，Paris，https：//doi.org/10.1787/9789264083479-en.

OECD（2009a），*OECD Patent Statistics Manual*，OECD Publishing，Paris，https：//doi.org/10.1787/9789264056442-en.

OECD（2009b），*Innovation in Firms：A Microeconomic Perspective*，OECD Publishing，Paris，https：//doi.org/10.1787/9789264056213-en.

OECD（1992），*OECD Proposed Guidelines for Collecting and Interpreting Technological Innovation Data：Oslo Manual*，OECD Publishing，Paris.

OECD/Eurostat（2005），*Oslo Manual：Guidelines for Collecting and Interpreting Innovation Data*，3rd Edition，The Measurement of Scientific and Technological Activities，OECD Publishing，Paris，https：//doi.org/10.1787/9789264013100-en.

OECD/Eurostat/EU（1997），*Proposed Guidelines for Collecting and Interpreting Technological Innovation Data：Oslo Manual*，OECD Publishing，Paris，https：//doi.org/10.1787/9789264192263-en.

UN（2008），*International Standard Industrial Classification of All Economic Activities（ISIC），Revision 4*，United Nations，New York，https：//unstats.un.org/unsd/publications/catalogue？ selectID=396.

第 2 章　创新测度的定义

本章提供了支持本手册进行创新测度的背景和关键基础。它描述了创新的主要观点和理论、用户对创新数据的需求、创新测度的框架及测度创新的不同方法。虽然本手册侧重于测度商业企业部门的创新，但本章提供了适用于所有部门创新的一般定义，并讨论了既包括商业企业部门又包括其他部门的创新测度。

2.1　引言

2.1　本章提供了创新测度的背景，并概述了其基本原理和发展可能性。它描述了构成创新主要观点和理论的基本概念、用户对创新数据的需求、测度框架的要素及创新测度的不同方法。本章在最后一节提出并介绍了适用于所有部门创新的一般定义。

2.2　创新不仅是一种新想法或一项发明。创新需要实施，这可以通过将创新投入使用，或使之可供其他团体、企业、个人或组织使用来实现。发明和想法的经济和社会影响取决于相关创新的扩散和吸收情况。此外，创新是一种动态和普遍的活动，发生在经济的所有部门；它不是商业企业部门的专有特权。其他类型的组织及个人也经常对产品或流程进行改变，并产生、收集和传播与创新相关的新知识。

2.3　这些动态而复杂的活动和关系为测度提出了重大却并非不可克服的挑战。我们需要对创新和创新活动进行精确的定义，以测度创新及其后续的经济效益。本手册借鉴了学术和管理文献，以及最近多个国家创新测度的经验，以更新相关的定义和测度指南。

2.4　创新数据与私营和公共组织的管理者及利益相关者、专业学者、政策用户相关。世界各地的政策分析师和政府都力图推动创新，因为它是生产力、经济增长和福祉的关键驱动因素。此外，政策要求以经验为基础来理解创新如何发挥作用，从而支持经济和社会变革以解决国内和全球挑战。这些挑战包括人口特征的变化、对食物和住房安全的需求、气候变化和其他环境问题，以及许多其他影响福祉的障碍。

2.5　创新发生在联合国国民账户体系（SNA）定义的经济中的 4 个宽泛部门：商业企业（在国民账户体系中被称为企业部门）、广义政府、家户和为家户服务的非营利机构（NPISHs）（EC et al.，2009）。虽然本章讨论的概念广泛适用于 4 个部门，但本版《奥斯陆手册》（与以前的版本一样）的重点是商业企业部门及其部门内外的联系。本章还为有兴趣测度其他 3 个国民账户体系部门创新的读者提供了相关信息。

2.6　本章的结构如下：第 2.2 节讨论关键的创新概念，这些概念将创新与其他的相关现象区分开来。第 2.3 节讨论用户对创新数据的需求；第 2.4 节识别用来描述创新测度可能范围的主体和现象；第 2.5 节制定创新测度的一般框架，该部分涉及测度创新的一般策略，并为本手册应用于商业企业部门奠定基础；第 2.6 节提供创新的一般定义，并对政府、非营利机构和家户部门的创新情况进行简短描述。本手册没有提供除商业企业部门以外的其他部门的创新测度指南，我们希望将来能为其他国民账户体系部门制定与本手册相一致的其他指南。

2.2　创新的概念

2.2.1　概念基础

2.7　创新测度的概念基础主要来自管理学和经济学（Smith，2006）。管理学关于创新的视角包括创新如何改变企业在市场中的地位，以及如何产生创新的想法。经济学视角考察了组织创新的原因、推动创新的因素、阻碍创新的因素及创新对产业、市场或经济的宏观经济影响。熊彼特（1934）关于企业如何寻求新机会和超越当前或潜在竞争者的竞争优势的理论，在这方面具有重要影响。熊彼特引入了“创造性破坏”的概念来描述创新对现有经济活动的破坏，这些创新创造了生产商品或服务的新方式，或创造了全新的产业。经济增长文献已经使用这种范式来研究长期经济增长的驱动因素。

2.8 扩散理论（Rogers，1962）研究了社会系统的参与者在一段时间内传播和采用创新的过程。演化理论（Nelson et al.，1982）将创新视为一种路径依赖过程（Dosi，1982），其中不同参与者之间互动产生创新，然后在市场上对创新进行测试。这些互动和市场测试在很大程度上决定了哪些产品能够得到开发及哪些产品是成功的，从而影响了未来的经济发展道路。Simon（1982，1969）关于决策和问题解决的研究影响了关于创新和设计思维方法的文献，其中设计思维方法是利用创造力来为私营和公共部门解决与创新相关的复杂问题的（Verganti，2009）。

2.9 创新理论，如 Kline 和 Rosenberg（1986）的链式模型（chain-link model）和创新系统理论（Freeman，1987；Lundvall，1992；Nelson et al.，1993；OECD，1997），强调创新不是一个线性的、顺序的过程，而是涉及知识创造和使用过程中的许多互动和反馈。此外，创新是基于学习过程的，该过程要利用多种投入，并需要持续解决问题。

2.10 系统的创新观点要求采用多学科和跨学科的方法，来检验行动者之间的相互依赖关系、结果的不确定性及系统的路径依赖和演化特征，这些系统对政策干预有复杂而非线性的反应。创新系统包括来自商业企业部门和其他 3 个国民账户体系部门的组织。创新系统可以通过产业、技术或地理来划分，并且通常是相互关联的——本地系统与国家和全球系统相关联。测度通常要在企业层面收集数据，然后对结果数据进行加总，以提供国家或产业层面的结果。覆盖多个国家的创新测度具有很高的潜在价值，但需要大量的协调努力。

2.11 系统观点用于制定创新政策，以协调服务于广泛社会目标的系统转型（OECD，2016）。系统转型的一个例子是运输系统脱碳化的体制转变（Kemp et al.，1998）。这需要生产者和消费者之间的协调，以确保复杂网络中的每个互补要素都到位，特别是当某些关键参与者可能不存在时（如密集的电动汽车充电站网络）。系统性变化可以采用新技术的结果或渠道，如人工智能在广泛应用领域中的应用。

2.12 对创新理论的评述指出了可用于指导创新测度的 4 个维度：知识、新颖性、实施和价值创造。下面对每个维度展开讨论。

2.2.2 知识

2.13 创新源自基于知识的活动，涉及现有或新开发的信息和知识的实际应用。信息由组织起来的数据构成，可以以低成本在组织间进行复制和转移。知识是指对信息的理解及为不同目的而使用信息的能力。知识是通过认知上的努力获得的，而且由于需要接受者学习，所以新知识难以转移。信息和知识都可以在相关组织内部及外部获取或创造。

2.14 OECD 的《弗拉斯卡蒂手册》（OECD，2015a）中详细描述的研究与试验发展（R&D），是一系列可以产生创新，或者可以凭此获得对创新有用的知识的活动之一（见第 4 章）。其他获得潜在有用知识的方法包括市场研究、评估流程效率的工程活动，或分析来自数字商品或服务的用户数据。收集与创新相关的信息可以没有预设的特定应用目的，如帮助开发和评估有关未来的行动。

2.15 知识具有特定属性，这些属性与其测度相关并能够影响测度（Arrow，1962）。知识是非竞争性的，因为某一组织或个人使用知识并不会减少他人使用知识的可能数量。溢出会创造新知识，其范围为确保知识的广泛可用性提供了政策动机。然而，吸收和有效利用知识所需的资源可以是竞争性的（如在稀缺补充性资源供应有限的情况下），从知识中实现价值的能力也可以是竞争性的。根据情况的不同，如果他方持有或能够使用知识，知识对某个特定参与者的价值可能会更多或更少。

2.16 经济和社会机构支持的一些做法可以使知识成为一种排他性产品，包括使用商业秘密或其他知识产权（IP）保护方法。这些做法影响了获得新知识和将新知识转化为创新的能力。技术、市场和管理方面的变化也会影响激励机制。例如，以零成本或边际成本来实现信息数字化、收集和访问信息的能力不断增强，这增加了潜在可用的知识存量，并且创造了可以排除其他用户的优势（Cameron et al.，2013）。

2.2.3 新颖性

2.17 知识可用于开发构成创新基础的新想法、模型、方法或原型，这些内容可以从外部获得，或在组织内开发。创新的新颖性与其潜在用途有关，取决于产品或流程与其他产品或流程相比的特征，以及其提供者和目标用户之前的经验。

2.18 一些特征可以被客观地测度，如能量效率、速度、材料强度、故障率和其他物理属性；而对诸如用户满意度、可用性、灵活性、对变化条件的响应性和情感亲和力等主观特征的测度则更具挑战性。尽管随着机构组织不断发展出关于经验和情绪反应的测度方法，可测度和不可测度特征之间的界限已经缩小，但主观特征上的新颖性可能还是难以确定测度。此外，新颖性在本质上可以是主观的，因为用户可以为特定属性分配不同的优先级。例如，一组用户可能优先考虑移动电话的易用性；另一组可能优先考虑其技术性能。

2.2.4 实施

2.19 新想法、模型、方法或原型需要经过实施，才能被视为一种创新。实施要求组织进行系统的努力，以确保潜在用户可以获得创新——无论是用于组织自身的流程和程序，还是用于面向外部用户的产品。关于实施的要求是创新的一个典型特征，它将创新与发明、原型、新想法等区分开来。

2.20 创新必须包含相关组织以前未向其用户提供的特征。这些特征对经济、社会或特定市场来说可能是新的，也可能不是新的。一项创新可以基于已经在其他场景使用的产品和流程展开，如其他地理市场或产品市场。在这种情况下，创新是扩散的一个范例。创新扩散可以产生巨大的经济价值和社会价值，因此具有政策上的重要意义。本手册在定义创新时包括了扩散过程（见第 3 章），同时提供了识别不同新颖性程度的指南，包括对于全世界来说都具有新颖性（New-to-World）的创新。

2.21 最后，实施不是创新组织的最后一步。在实施后对创新进行回顾的后续活动可能带来微小的改进或全新的创新，如重新设计或重大改进。其中一些后续努力可能会带来其本身的创新；但实施的后果也可能导致放弃创新。

2.2.5 价值创造

2.22 作为一种经济活动，创新需要资源，而这些资源可用于其他目的。机会成本的存在意味着，负责创新活动的参与者以追求某种形式的价值创造（或价值保护）为目标。因此，价值是创新的隐含目标，但是因为创新结果是不确定的、异质的，所以价值不能在事前得到保证。

2.23 因此，与价值相关的测度对于理解创新的影响是非常重要的，尽管在诸如国民账户体系等已有统计框架中没有关于经济价值或社会价值的单一衡量标准。总增加值的统计指标反映了超过中间投入成本的生产盈余（不包括员工报酬或履行融资义务的成本）。资本净值等财务指标反映了一个机构单位或部门拥有的所有资产的价值减去所有未偿债务的价值。这些测度指标可以被推广用于解释其他产出和资产，这些产出和资产不适用于正式的会计惯例，而且市场价格无法为其提供可靠的经济价值指标。

2.24 虽然不可能将组织行为的驱动因素一概而论，但可以先验地假设创新决策有使创新组织、社区或个人直接或间接受益的隐含动机。在商业企业部门，收益往往涉及盈利能力。在正常运作的市场中，客户可以自由决定是否根据价格和特征获得新产品。因此，产品和金融市场通过指导商业企业部门的资源分配过程，来实现对创新的选择功能。在其他国民账户体系部门中则有不同的机制。

2.25 创新价值的实现是不确定的，并且只能在实施后的某个时候进行全面评估。创新的价值也可能随着时间的推移而发展，并为不同的利益相关者提供不同类型的收益。在恰当的时间里，可以使用配套措施和分析策略来追踪创新成果。结果测度的重要性取决于创新数据的预期用途，它们对于政府促进创新的政策措施研究尤为必要，这些创新可以提供包容、可持续性、就业或经济增长等社会期望的结果。

2.3 用户需求和创新统计证据的相关性

2.26 用户需求推动了用于测度和报告创新的系统构建，以及随后的创新数据、统计、指标的生成和对创新活动的深入分析。人们普遍有兴趣了解驱动企业、社区和个人创新的因素及影响其创新活动的因素。创新数据对于理解创新过程和驱动因素的相关性可能因国家、产业和机构环境而异。创新数据的有用性还取决于将它们与其他类型的数据联系在一起的能力。

2.27 创新数据有 3 类主要的当前或潜在用户：学者、管理人员和政策制定者或政策分析师。这 3 类用户的数据需求是相似的，他们感兴趣的是：①获得跨产业、地区和时间的可比数据；②紧跟创新性质的变化，如开放式创新或设计思维原则的使用；③能够分析创新对创新组织、其他各方及区域或国家经济的影响；④提供与促进或阻碍创新因素相关的数据；⑤将创新数据与其他相关数据联系起来，如行政记录或创新用户的个人数据。

2.3.1 研究学者

2.28 学者使用创新数据来增进社会对创新及其社会经济影响的理解，并用于检验关于创新在经济发展、组织变革、企业动态和社会转型中发挥作用的一系列模型的预测结果和影响。学术界对可提供创新成果的预测性和因果性解释的研究有浓厚的兴趣，这需要与其他变量数据相关联的创新追踪数据，这些变量数据有增加值、就业、生产率和用户 / 利益相关者满意度。稳健的因果推断研究是政策制定的重要资源，因为它们克服了横截面研究只能识别相关现象的局限性。

2.29 将创新数据用于研究所获得的经验，可以指出改进分析所必需的创新数据收集测度框架和数据类型的理想变化（Gault，2018）。学术研究人员进行了许多初步研究以测度创新，这对第 1 版《奥斯陆手册》（Arundel et al.，2013）产生了很大影响。学者们还使用《奥斯陆手册》的指南来开发专门的或“一次性”的调查，以测试用于评估创新和创新政策的理论或假设的新问题。其中一些方法或问题适合一般的数据收集。

2.3.2 业务管理人员

2.30 管理人员也可以从创新的统计资料中受益。虽然基于保密原则，收集的微观层面的创新数据无法公开发布，但管理人员可以使用其产业的加总结果，来为组织的创新活动和结果设置基准。值得注意的是，收集组织创新数据的行为可以通过提高对潜在创新活动和资源的认识，来间接影响管理决策。这可能会带来搜索、学习和其他促进目标受访者创新的行动（Gault，2013）。作为创新数据的主要提供者，创新管理人员的利益和激励应被置于数据收集工作的中心位置，以确保高质量的数据。

2.3.3 创新和其他公共政策制定者

2.31 创新数据的核心目标用户是政策界，由政策分析师和政策制定者组成。创新数据的一个重要功能是，通过使用创新数据进行指标和研究的基准设定，为公共政策决策提供信息基础。公共政策对创新的兴趣在文献中得到了广泛的反映（OECD，2015b，2010a），并与所有产业和国民账户体系部门相关（OECD，2015c）。因此，需要跨多个政府组合的政策来引领创新的转型力量，以实现关键的政策目标。

2.32 建立国际基准比较的范围与本手册的方法指南有关，这些指南旨在适用于不同的经济体，并支持多边环境中的相互经济合作和发展。但是，由于语言、文化和背景差异，并非所有对单个国家的设定基准或分析有用的指标，都适合跨国家的基准设置。

2.33 为了确定一组数据和指标是否适用于公共政策，需要确定公共政策的目标，以确保测度框架符合政策需求。政策兴趣会影响所需要的数据类型，而政策也可以通过对收集新数据的资金支持或与现有来源建立的数据链接，来影响所收集数据的范围和质量。

2.34 随着创新统计数据被证实与信息型决策或多或少的相关，或随着新数据变得可用，创新统计的用户基础随时间推移而不断发展。创新数据与广泛的政策领域相关，包括一般宏观经济管理、公共服务及产业、税收和环境政策。由于许多创新相关行为的高度持续性，创新数据可以为结构性政策研究提供特别有用的信息。这意味着不需要频繁收集某些类型的创新数据，尽管在结构快速变化或金融危机时即时数据的价值会增加。

2.35 从用户角度来看，未来发展的潜在领域是提高创新统计数据与其他统计框架的相关性。例如，创新统计数据与生产率统计和产出缺口、贸易和外国投资、平减指数和其他经济统计数据的测度相关。对创新统计价值的深刻认知，将有助于把创新测度纳入更广泛的国家统计框架，可能有一天，之前的 R&D 卫星账户（自 2008 年以来纳入国民账户体系的核心账户）后面会出现创新卫星账户。

2.4 创新测度框架的要素

2.36 创新测度框架涵盖一个明确的范围，如感兴趣的国民账户体系部门、用来收集数据的行政辖区或地理区域、用于理解创新的一组感兴趣的相关现象，以及测度策略。后者将在第 2.5 节中单独讨论。

2.37 感兴趣的现象必须是可测度的，这就需要能够可靠反映预期概念的工具（Griliches，1986）。例如，调查中的受访者必须能够按照预期理解问题，并提供有效回答（满足各种有效性标准之一）。第 3 章中的创新定义符合基本的有效性要求，这是对潜在受访者进行广泛认知测试的结果。这一特点将其与文献中尚未严格评估可测度性的其他定义区分开来。

2.38 此外，有效的统计数据必须代表目标总体。这与基于案例研究或其他非代表性样本的其他数据收集方法形成对比，尽管这些方法可以为特定目标提供非常有用的信息。第 9 章和第 11 章将对企业创新测度的数据质量要求进行进一步讨论。

2.4.1　创新测度范围：国民账户体系部门和行政辖区

2.39 测度范围应尽可能与一般统计框架保持一致。国民账户体系（EC et al.，2009）提供了一个全球采用的、通用的框架，用于测度生产、消费和积累的经济活动，以及相关的收入和财富概念。国民账户体系框架对于收集创新统计数据很有用，因为它允许将创新数据与符合国民账户体系的其他统计来源的数据相结合。此外，测度所有国民账户体系部门创新的指导应遵循国民账户体系术语，以确保一致性。

2.40 国民账户体系中分析的基本单位是机构单位，机构单位对其行为负有法律责任，因此可以拥有资产、承担负债并从事各种经济交易。在实践中，机构单位可以由其他单位控制，如跨国公司的国内子公司。这可能会限制决策的自主性。

数据收集的行政辖区

2.41 本手册采用国民账户体系中的管辖权视角作为收集创新统计数据的参考框架。创新数据收集的主要行政辖区是国家或经济体，但创新数据也可以在地区、州、省、直辖市等子部门层面提供。“世界其他地区（Rest of the

World）”包括所有非居民组织，这些组织与特定国家的居民（国内）、单位建立与创新相关的关系或交易。出于某些目的，可以方便地将“世界其他地区”描述为一个部门。

2.42 经济活动的全球化对基于管辖权的测度活动构成了挑战，因为参照国以外的行动者也可以对创新做出决策。例如，位于本行政管辖区之外的总部可能负责此类决策，或者国内创新可能依赖于其他国家组织开展的创新活动。通过收集非常住组织与国内机构之间联系的数据，可以了解非常住行动者的一些贡献。与其他统计领域一样，测度不同行政辖区的协作对于全面了解跨国创新活动是必要的。

国民账户体系部门和本手册的重点——商业企业

2.43 在国民账户体系中，机构单位根据其主要职能、行为和目标分为 4 个部门。

①国民账户体系中的公司部门由主要生产商品、提供服务的公司组成。本手册沿用了将该部门称为商业企业部门的惯例，与 OECD 的《弗拉斯卡蒂手册》（OECD，2015a）中采用的术语保持一致。

②广义政府由机构单位组成，这些机构单位除了履行其政治和监管职责外，还主要以非市场的方式重新分配收入和财富，并提供服务、商品以供个人或集体消费。广义政府部门还包括由政府控制的非营利机构。

③为家户服务的非营利机构（NPISHs）是主要为家户或社区提供非市场服务的法律实体，主要资源来自自愿捐款。如果由政府控制，则是政府部门的一部分；如果由企业控制，则属于商业企业部门。

④家户是由一人或多人组成的机构单位。在国民账户体系中，个人必须只属于一个家户。家户的主要职能是提供劳动力，进行最终消费，如果作为企业家，则要生产产品、提供服务。

2.44 一个机构单位只能属于一个国民账户体系部门。经济总量包括居住在一个国家经济版图内的所有机构单位。如前所述，本手册主要着眼于商业企业部门，但也可以为其他国民账户体系部门雇用的机构单位和个人收集创新数据，如下文第 2.6 节所述。

2.45 商业企业部门是由政府控制的单位，被称为公共商业企业。

2.46 “公共部门”是一个比广义政府部门更宽泛的概念，前者包括政府控制的所有机构，包括公共商业企业。后者不应与公开上市（和交易）的公司混淆。

2.47 商业企业和家户之间的界限为我们处理家户的商业活动造成了许多挑战，除了特定条件，家户的商业活动包括仍属于家户部门的非法人企业。他们对于创新研究格外重要，也很难与商业企业部门分开。

2.48 自雇佣者为自己工作，通常通过建立一个在法律上不独立于其所有者的非法人企业来实现。自雇佣者包括为其工作的非法人企业的唯一或共同所有人、做出贡献的家庭成员和生产者合作社成员。非法人企业包括小农场或公社组织（Communal Construction）。

2.49 在某些情况下，自雇佣者和非法人企业（有或没有雇员）可以成为“非正规部门”或“非正规经济”的一部分。不仅在低收入和中等收入国家，在高收入国家非正规部门也发挥着非常重要的经济作用。

2.50 根据国民账户体系（SNA），以下因素可以影响非正规部门所包括的内容。

①注册行为，因国家和活动特征而异。一般而言，注册的非法人企业是商业企业部门的一部分。

②合法设立单位，可获得或可制定全套账目（包括资产负债表）的单位，是商业企业部门的一部分。

③就业或营业额规模，规模非常小的单位更有可能被纳入非正规部门。

④自我消费服务等活动，这些活动可能偶尔向第三方提供。

⑤不符合法律或未经法律授权的活动。

⑥规定服务提供范围的雇佣条款，如“临时工经济（Gig Economy）”（作为独立承包商或自由职业者，而非作为全职或兼职雇员工作的个人）。

2.51 出于各种统计目的，个人而非其所属于的家户可能是更合适的测度目标。

2.52 根据联合国国际标准产业分类第 4 次修订版（ISIC Rev.4）（UN, 2008）或并存的区域分类（如欧洲的 NACE、北美的 NAICS、澳大利亚和新西兰的标准工业分类），具有类似的主要经济活动的机构单位可被归类为不同产业。

2.53 对创新测度的政策需求，经常需要与国民账户体系部门分类不一致的、从事特定经济活动的机构单位的资料。特别是，《弗拉斯卡蒂手册》（OECD, 2015a）给予积极提供高等教育服务的单位以特殊“头条部门”的地位，无论他们属于哪个国民账户体系部门。同样，许多国家也特别关注并给予许多专门提供 R&D 服务的研究机构以特殊地位。本手册的第 6 章在介绍获得与商业企业基于知识的联系时特别提到了这两点。

2.54 本手册所涵盖的商业企业部门的经济活动，从第 1 版的制造业，扩展到第 2 版的制造业和选定的服务业。当前版本为商业企业部门的所有产业提供指导（见第 9 章）。

2.4.2 测度的创新现象

创新的对象

2.55 创新和创新活动是创新测度框架中分析的核心对象。第 3 章从商业企业的角度，描述了产品和流程创新的特征。产品和流程是通用概念，也适用于其他 3 个国民账户体系部门。

2.56 国民账户体系将产品定义为由生产活动产生的商品或服务。产品可以为最终消费或投资而进行交换，并被用作生产其他商品和服务的投入。

2.57　商品是存在当前或潜在需求，并且可以建立所有权的物品。所有权允许商品（和对此类商品所拥有的权利）通过市场交易从一个所有者转移到另一个所有者。

2.58　服务是生产活动的结果，改变了用户的状况或促进了产品的交换，包括金融资产。它们不能与自身的生产分开来交易。当服务的生产完成时，它们必须已经被提供给它们的用户。如国民账户体系所示，用户状况的变化包括以下几个方面。

①用户商品状况的变化：生产者通过运输、清洁、修理或其他转换方式，直接作用于用户拥有的商品。用户包括其他企业，如一家企业可以向另一家企业提供材料，以转化为该企业随后销售的产品。

②人的身体状况的变化：生产者为人提供交通运输，或提供住宿、医疗或手术治疗，改变头发的外观等。

③人的心理状况的变化：生产者提供教育、信息、建议、娱乐、经验或类似的服务，可能但不必须是通过“面对面”的方式。这些服务可以以数字方式传递。

2.59　商品和服务之间的界限可能难以识别，并且会不断变化。提供商品可以转向基于服务的模式，反之亦然。此外，一些产品可以结合商品和服务的特征。例如，涉及信息的提供、存储、保管、通信和传播信息的知识获取产品，用户可以反复复制、共享和访问，同时具有商品和服务的特征（见第 3 章）。数字技术促进了各种可用的基于信息和知识的产品的增加，以及国民账户体系所有部门生产（在一般意义上理解）和消费方式的增加。

2.60　生产过程（或生产活动）在国民账户体系中被定义为：在机构单位的控制下，利用劳动力、资本、商品和服务的投入，生产商品和服务产出的所有活动。这些活动是创新分析的重点。

2.61　国民账户体系根据产出的商品或服务类型、使用或消费的投入类型、采用的生产技术或模型及产出如何被使用，对生产活动进行了分类。由于包含了商品和服务，生产的概念比制造业更广泛。所有国民账户体系部门都具有独特的生产方法。

2.62 除了生产，测度还可以识别再分配、消费和其他活动中的创新。这些可能与家户或系统层面的创新研究相关，因为主要的系统转变不仅需要生产上的转变，还需要培养回收、可持续性等新的消费习惯。

导致创新与创新引起的活动

2.63 机构单位可以采取一系列行动来开发或采用创新。这可能需要专门的资源和对特定活动的参与，包括政策、流程和程序。

2.64 第 4 章识别了企业用于开发创新的创新活动。这些活动的特性可以由其利用和产生的知识来体现，或者由其被使用的创新过程阶段来刻画。创新活动包括 R&D、工程化、设计和其他创造性活动，还包括营销和品牌资产活动、知识产权相关活动、员工培训活动、软件开发与数据库活动、取得或租赁有形资产的相关活动及创新管理活动。

2.65 参与这些活动可以加强组织或个人的创新能力，尽管其中的大多数活动可以在没有明确创新目标的情况下进行。例如，按照正式的定义，R&D既不是创新活动或创新发生的充分条件，也不是必要条件。

2.66 可以围绕明确的创新项目组织创新活动。ISO 10006将项目定义为“由一系列协调和受控活动组成的独特流程，有开始和结束日期，旨在实现符合特定要求的目标，包括时间、成本和资源的限制”（ISO，2017）。创新项目的概念虽然对理解创新如何发生具有一定的作用，但不太可能以相同的方式被应用于所有类型的组织或机构单位。一些组织，特别是大型企业，将在不同阶段拥有广泛的创新项目组合，而初创企业可能将所有资源用于单一的创新，而无须将其视为项目。这限制了创新项目作为一种测度结构的有用性。

与创新相关的交易和资产

2.67 创新数据用户对致力于创新活动的努力程度感兴趣。如果创新活动不是在组织的正式部门内或在狭义的成本规范下进行，管理人员很难估计这些活动的内部支出。相比之下，通常可以从公司账户中识别出为支持创新活动进行的商品或服务的市场购买。第 4 章讨论了企业创新活动中开发或获取知识的支出估算方法，包括估算这些活动内部成本的方法。

2.68 创新活动可以产生基于知识的资产。国民账户体系将资产定义为价值储存的体现，它表示经济所有者在一段时间内通过持有或使用资产能获得一种或一系列收益。金融资产和非金融资产都与创新有关。固定资产是生产活动的结果，并能在生产过程中重复或连续使用超过一年。国民账户体系对知识资产（正式定义为知识产权产品）的处理随时间而不断发展，2008 年又在其中增加了 R&D 项目。国民账户体系认为，源自生产并与创新相关的其他知识资产类型还包括对计算机软件和数据库，以及娱乐、文学和艺术项目的投资。

2.69 如果通过法律或其他保护机制限制知识的使用，那么，知识资产就可以由其所有者在生产中使用或在市场上销售。正如创新和经济增长理论所认识到的那样，把用户排除在外的能力为投资创新提供了激励（Aghion et al.，1992；Romer，1990）。

2.70 所有部门的单位都可以开发或获取知识资产（Corrado et al.，2016）。由于开发需要一定程度的专业化，许多单位（包括公司）会去获取对创新有价值的知识资产，而不参与其生产。

2.71 创新研究可以延伸到产品和流程之外。在国民账户体系中，生产活动和资产所有权为机构单位带来收入。单位可将可支配收入用于个人或集体物品的消费，以满足家户的需求。集体消费服务提供给社区的所有成员或团体。随着时间的推移，消费模式的变化是创新分析的潜在对象，特别是在重点关注具有最终消费属性的机构单位时，如政府和家户部门的情况。

知识流动

2.72 知识创新可以通过市场交易和非市场手段交换获得。相关渠道包括在不同组织边界流动的个人思想中所蕴含的知识。个人可以在不改变雇主的情况下临时在不同的组织中工作，如当雇员作为协作项目的一部分被借调到学术机构中工作时。关于所使用的网络类型、组织之间的联系及不同参与者在知识创造和扩散中的作用的数据，对于研究跨组织的创新劳动分工和创新价值链的创造是有用的。然而，由于复杂的反馈环路，并且受访者可能不了解直接合作伙伴之外的相关联系，很难完全追踪与创新相关的联系。

2.73 创新可以通过不同部门内部、跨部门的参与者之间及各种机制（合作、联盟、合资企业）而产生，或作为涉及开放式创新、用户—生产者互动的交互式过程而出现（OECD，2013）。第 6 章介绍了商业企业部门创新联系的概念和测度，包括开放式创新范式。

创新政策、法律和规章

2.74 了解创新政策对组织（尤其是企业）创新活动的影响是政策界的主要关注点。作为主要或次要目标，创新政策旨在影响经济中创新的程度和性质。创新政策的实施可能很复杂，不仅受到政策法规的影响，还受到不同组织和司法层面的约束。创新政策需要超越科学研究部门而采用全政府方法（Whole-of-Government Approach）的协调和制度安排（OECD，2010a）。对测度企业创新项目有价值的创新政策类型测度是在不断发展的。第 7 章讨论了评估不同政策和政策工具对企业创新活动的相关性方法。

创新成果

2.75 在社会层面，创新的最终影响是对当前或未来人类需要的满足，无论在个人层面还是在集体层面。对于企业而言，增加市场份额、销售额或利润是创新的动力。衡量创新在多大程度上产生了社会或私人成果是困难的，但仍然是一个高度优先的关注点。此外，创新并不一定会为各方都带来理想的结果。

2.76 生产率、利润、就业及社会和环境影响，是创新数据用户感兴趣的几个结果。创新成果可以跨时间、组织和个人广泛分布。创新的影响可以被直接测度（如自我报告），也可以通过分析创新活动数据、产出数据（如不同类型的创新）和内部或外部结果数据（如利润）被间接测度。第 8 章讨论了商业企业部门创新成果的测度标准。

2.5　测度创新的一般策略

2.77 选择使用哪种方法来测度创新，取决于所收集数据的质量及其预期用途。创新的测度策略必须解决几个问题，如主体法或客体法的选择、定性数据和定量数据的收集、数据来源及数据收集的责任。

2.78 随着用户需求和可收集数据类型的变化，测度策略的结构会随着时间的推移而变化，以应对新的机遇或挑战。此外，不同的测度方法可以相互补充。通过结合多种测度方法，创造数据联系和后续分析的机会，数据对于创新数据用户的价值通常可以得到改善。

2.5.1　主体法与客体法

2.79 在选择分析单位时，测度框架可以关注感兴趣的现象（客体法）或对现象负责的主体（主体法）。也可以将两种方法结合起来：例如，调查问卷可以包括关于策略和创新实践（主体）的一般问题，随后关注单个创新（客体）的详细问题。

2.80 客体法的最常见用途是收集特定创新的数据，如在商业期刊、众筹平台中报道的创新，或在调查中一个给定组织的最重要的创新。其他用途是收集特定创新项目，或与创新相关的交易或联系的数据。客体法可以提供高水平的颗粒度和细节，但是就像从商业期刊中选择案例时一样，可能会受到自我选择或非代表性样本的影响。

2.81 主体法通常用于创新调查,以收集有关受访者所在组织的创新活动、产出和结果的数据。基于主体的调查可以从公司层面的商业登记及其他可用信息的统计基础中受益，包括活动的行业和员工的数量。这使我们得以抽取代表性样本、在组织层面进行分析，以及按产业或按地区呈现结果。基于主体调查的另一个优点是，可以收集在参考期内没有创新或创新活动的组织数据，而通过自我报告创新或创新活动的客体法，无法采集这些组织信息。

2.82 如果可以对公司引入的每项创新都收集单独的数据，则主体法和客体法将趋于相同。对在观测期内只有一两项创新的小型组织而言，这有可能是可行的。第 10 章讨论了企业创新调查中主体法和客体法的结合使用。

2.5.2 定性数据和定量数据

2.83 针对大多数研究目的,学术用户和政策用户更喜欢定量数据。然而,调查受访者时发现，报告创新活动或结果的定量、区间数据是困难且费时的，这些数据包括支出、人员、创新产生的收入、协作的数量和时长、知识产权注册或申请的数量等。此外，许多创新概念难以被量化，部分原因是企业的记录和管理系统与创新概念不一致，或者因为这些概念仅适用于特定的背景。

2.84 对于无法在区间水平上收集的创新活动的定性度量，可以通过询问有关定类或定序数据的问题而获取和编码，如不同信息来源的重要性，或访问这些来源的频率分类。这种定性数据可用于计量经济学分析和指标构建。

2.85 使用非结构化定性数据来构建统计数据具有相当大的发展空间。例如，自我报告中关于组织最重要的创新描述，或者公司或组织报告中对创新战略的描述。这些可以被手动编码，或通过使用自然语言处理技术、基于机器的算法来编码。第 9 章讨论了创新的定性数据和定量数据的收集。

2.5.3　创新数据的来源

普查和样本统计调查

2.86　创新调查通过向目标总体中所有符合预先定义的入选标准的企业（普查），或目标总体的随机样本，发送问卷来收集数据。由于普查费用昂贵，通常会使用总体的代表性样本。样本结果可以外推到整体，并且可以使用统计推断技术来检验子组别之间的差异。但是，如果受访者不能代表整个总体，而且无法准确衡量这种影响的大小，那么调查中的无应答会降低结果的可靠性和有效性。

2.87　如果受访者有能力进行真实准确的报告，那么调查能获得通过其他来源无法获得的信息。正如社会调查一样，对组织的调查面临着在以个人为关注对象的调查中所不存在的挑战。在对复杂组织的调查中，被指定的受访者可能会遇到他们无法回答的问题。例如，一位研发经理可能不知道物流部门的创新活动，或者不知道为了生产而购买创新设备所花费的金额。只有当不同的人回答调查问卷的不同部分时，才有可能获得准确的答案。相反，这个问题在小型组织中发生的可能性要小得多。

行政管理和商业产生的数据

2.88　出于行政管理目的或在商业活动过程中创建的数据，为一系列创新现象提供了潜在的宝贵信息来源。

2.89　公司文件和已发布的报告可以提供有关创新活动和结果的详细信息，尽管这些信息不总是采用结构化和可比较的方式。管理性数据可以提供有关创新过程特定要素的详细信息，如不同类型知识产权（专利、外观设计注册等）的申请，或创新的可能结果，如增加值和利润。

2.90　经济和社会活动越发数字化，这提供了新的、补充性的创新数据来源。例子包括：①传递产品发布和产品召回信息的条形码数据；②来自电子平台的数据，在平台上，个人或组织发布创新项目提案，以获得资金和反馈（如

Kickstarter），这些可以提供用户需要和需求的测量标准；③媒体对产品发布、合资企业、协作、产品评论等的报道；④元数据库，如开放知识基金会（Open Knowledge Foundation）的开放式产品数据。

2.91 互联网平台提供来自扩散和反馈过程的创新数据的新来源。尽管需要评估这些数据的质量和代表性，但这是未来研究中一个很有前景的领域。

2.5.4 第一手来源数据收集的责任

2.92 本手册的指南适用于具有数据收集专业知识的组织（特别是国家统计机构，NSO），但这些指南对于连续或一次性收集创新数据的其他组织也很有用。其他组织包括政府机构、学术和研究组织、国际组织、市场研究组织和咨询公司。

国家统计机构

2.93 国家统计机构和类似的机构拥有进行代表性创新调查的资源、专业知识和管辖权。类似的机构包括被委派收集数据职责和质量保证机制的研究机构。许多国家统计机构和类似的机构可以使用法律法规，强制受访者回答创新调查，并将其他管理性信息与创新数据联系起来。国家统计机构的专业知识、独立性和声誉，以及其确保保密性的惯例，增加了调查受访者的信任度和信心，从而确保代表性样本的高应答率和高质量数据。但是，国家统计机构可能面临法律或资源约束，这限制了可询问的问题数量、将管理性数据和创新数据联系起来的能力、针对特定主题或相关人群的深度创新调查的使用。

其他组织

2.94 学者和研究组织经常使用国家统计机构或其他类似机构收集的创新数据。此外，他们经常自行组成联盟，开展关于创新或相关主题的一次性或定期调查，如发明人调查（Giuri et al.，2007）、创新劳动力分工调查（Arora et al.，2016），成立世界管理调查联合会（http：//worldmanagementsurvey.org）。

2.95　一些国际组织对国家创新调查未涵盖的主题进行了调查。例如，欧盟委员会资助的几项欧洲晴雨表调查提供了与创新主题相关的深度报道，如公共采购对企业创新活动的影响。其他进行过创新调查的组织包括世界银行和欧洲复兴开发银行。国际组织的一个主要动机是获得多个国家的创新微观数据。

2.96　市场研究组织和顾问还可以代表其他组织进行创新调查，包括政府机构、基金会、贸易组织、媒体公司等。

2.5.5　本手册测度方法的总结

2.97《奥斯陆手册》为创新统计测度提供了测度指导，具有以下数据收集特征。

①以商业企业为目标总体，逐步从第 1 版的制造业扩展到本手册的整个商业企业部门。《奥斯陆手册》并没有明确为测度其他国民账户体系部门的创新而设计指导方案，但研究表明，许多概念可以适用于其他部门（Gault，2018）。

②关注企业创新活动的主体法。但是，本手册也为收集特定创新对象的数据提供了建议，如最重要的创新或创新项目（见第 10 章）。

③与普查或代表目标总体、可与其他数据来源相联系的调查兼容性（见第 9 章和第 11 章）。

④为国家统计机构或在一定公共权力下开展创新调查的授权机构而设计的指导方案。作为一个开放性的标准，这些指导也可以供国际组织、研究机构、学术界和任何其他有兴趣测度创新的团体使用。

⑤为提供指标构建和分析指导而重点服务于政策用户需求（见第 11 章）。

2.98　虽然并非所有的测度策略都足够成熟而被纳入本手册，但我们鼓励开发补充方法及对本手册未涉及问题的研究。对于回应用户需求的变化和改进现有研究实践而言，进一步的研究和试验是必要的。

2.6 测度企业部门以外的创新

2.99 创新活动发生在所有 4 个国民账户体系部门中。因此，我们需要一个适用于所有机构单位或实体的创新的一般定义，同时与第 3 章中商业企业相关定义要保持一致性。适用于所有类型单位创新的一般定义如下：

创新是一种新的或改进的产品或流程（或其组合），它与该单元以前的产品或流程明显不同，并且已经提供给潜在用户，或流程已在该单位投入使用。

2.100 流程包括为推动单位活动提供总体策略的政策、将投入转化为产出的活动，以及将管理投入转化为产出的详细步骤。

2.101 新成立的实体（如企业或组织）没有以前的产品或流程可进行比较。在这种情况下，用于定义创新的对照组是相关市场中的可用对象。因此，对于新建立的实体产品或流程，如果与相关市场中的可用产品或其他实体正在使用的流程有显著不同，则是一项创新。

2.102 具体的创新可能涉及跨部门的多个行为者的参与。这些单位可以通过各种方法联系在一起，如筹资机制、雇用人力资源或非正式接触。

2.6.1 广义政府部门的创新

2.103 政府单位是通过具有立法、司法或行政权力的政治程序建立的，存在于国家、区域和地方各行政层面。政府控股企业是企业部门的一部分。政府单位和政府控股企业之间的主要区别在于，前者不会对其商品或服务收取具有经济效益的价格。为了分析政府在经济中对创新的全面参与，收集和报告整个公共部门（包括所有广义政府单位和所有政府控股企业）的数据是有用的。

2.104 政府提供的商品和服务范围及收取的价格，是基于政治和社会考量，而非利润最大化或相关的商业目标。这会影响政府部门的机构单位开发并提供给家户、非营利组织或商业企业的产品创新类型。政府部门的许多流程创新都借鉴或类似于商业企业部门的创新，但公共服务创新往往追求政府独有的再分配或与消费相关的目标。政府部门创新的共同特征包括经常进行合作（这包括与其他国民账户体系部门的组织合作）及共同创造创新。

2.105 市场存在与否，经常被认为是企业和政府部门之间的主要差异（Bloch et al.，2013；Gault，2012；Lægreid et al.，2011）。与企业部门相比，政府部门缺少市场的同时改变了创新的激励和测度创新结果的方法。由于没有关于政府服务成本或价格的数据，结果测度通常依赖于主观的、自我报告的测度，如提高的效率或用户满意度（Bloch et al.，2013）。同时，也难以提供加总的经济成果测度指标（成本节约或收益的财务指标）或结果的外部有效性指标。高质量的结果测度通常仅适用于特定的创新，如医院新治疗方法和条款或学校新教育方法的成本和收益。

2.106 政府和公共部门更广泛的创新研究吸引了越来越多的实证研究，部分原因是对公共服务的效率和质量进行基准测度的需求不断增加，以及为了识别有助于实现合意的创新产出和结果。其中，许多研究已经对本手册前一版中的指导方案进行调整，以开展公共行政组织的创新调查（APSC，2011；Arundel et al.，2013；Bloch et al.，2013；OECD，2015c），但更多近期的调查增加了特别为政府部门设计的问题。这种转变是由收集数据以支持公共部门创新政策的需要所推动的（Arundel et al.，2016）。其他研究使用各种方法来检验教育、医疗卫生和社会护理服务的创新（Windrum et al.，2008；Osborne et al.，2013）。OECD 支持对公共部门创新问题和测度的临时指导方案进行广泛检验（OECD，2015c）。

2.6.2 创新和非营利机构

2.107 非营利机构（NPI）生产或分配商品或服务，但不为控制或资助它的单位产生收入或利润。不属于政府或商业企业部门的非营利机构被归类为为家户服务的非营利机构。他们往往是非政府的社会机构。由于政府或企业代表在决策或资金方面的作用增加，一个非营利机构被归为 NPISH 部门的情况可能会发生变化。非营利机构为实现社会目标，也可能拆分企业或对企业进行控制。

2.108 许多 NPISHs 寻求实施“社会创新”，这是由其改善个人或社区福利的目标界定的（Mulgan et al.，2013；Young Foundation，2012）。衡量广义政府部门创新成果的相同问题适用于 NPISH 部门。

2.6.3 创新、家户和个人

2.109 人们在多种层面上推动创新过程，因此政策通常鼓励所有国民账户体系部门中的个人和团体参与创新（OECD，2010a）。无论是从供给还是需求的角度来看，家户（包括个人和非法人企业）在创新方面发挥着关键作用。

2.110 个人是生产活动（包括创新过程）的人力和财力资源的最终提供者。作为员工，个人直接为其雇主所进行的创新做出贡献，并且可以参与报告创新数据。一个或多个家户的成员可以参与创新，他们作为个人对创新全权负责。这可能发生于正规就业之外，也可能发生在他们是唯一或共同所有人的非法人企业的个体经营者的情况下。

2.111 家户或企业部门的自雇佣者可以大量参与创新，尽管时间可能非常短暂，因为有前景的想法很快就会促成公司的成立，从而由家户转变为企业部门。个人也可以从政策干预中受益，如对创新的直接资助或税收支持可能促成公司的成立或其他形式的注册。

2.112 从历史上看，个人在新想法和后续解决方案的发展中发挥了主导作用。随着研究专业化的兴起和工业企业的发展，家户和个人逐渐被视为其购买的商品和服务中所包含的创新的被动消费者，而不是创新的发展者（von Hippel，2017，2005；von Hippel et al.，2011）。虽然个人缺少开发所需要的大量资金和机构支持，但实证研究表明，将概念和想法发展为早期原型或模型的个人占了不可忽视的比例，这些早期原型或模型或是供他人所用，或是由个人自己进一步探索。

2.113　互联网、3D 打印和众筹平台等技术的发展可能会支持个人的创新活动，尽管技术和商业上的成功可能会导致从家户到企业部门的转变。个人还可以资助家户部门或初创企业中其他成员的创新活动，如通过众筹平台。在很多案例中，个人资助者可以在产品被广泛投入市场之前收到产品，并成为主要用户。

2.114　了解和管理创新对员工（OECD，2014；OECD，2010b）、资产所有者和消费者角色的影响，这是政策的重点。测度可以提供有关一系列主题的政策相关数据，如创新对淘汰技能的影响、个人交换私人数据以获取免费应用和网络的意愿，以及支持信任和促使消费者做出信息充分的、有利于自身利益的购买决策的因素。最终消费者使用创新的数据对企业管理者和决策者也具有价值。通过数字在线足迹和使用连接设备的行为数据，以及反馈和审查机制，个人可以为新产品和流程的设计贡献有用的数据。这些例子表明了在家户部门中测度创新的价值。

参考文献

Aghion, P. and P. Howitt (1992), "A model of growth through creative destruction", *Econometrica*, Vol. 60/2, pp. 323-351.

APSC (2011), *State of the Service Report 2010-11*, State of the Service Series, Australian Public Service Commission (APSC), Commonwealth of Australia, Canberra.

Arora, A., W.M. Cohen and J.P. Walsh (2016), "The acquisition and commercialization of invention in American manufacturing: Incidence and impact", *Research Policy*, Vol. 45/6, pp. 1113-1128.

Arrow, K. (1962), "Economic welfare and the allocation of resources for inventions", in *The Rate and Direction of Inventive Activity: Economic and Social Factors*, Princeton University Press, Princeton.

Arundel, A., C. Bloch and B. Ferguson (2016), "Methodologies for measuring innovation in the public sector", conference paper for the OECD Blue

Sky Forum 2016，Ghent（Belgium），19-21 September.

Arundel，A. and D. Huber（2013），“From too little to too much innovation？ Issues in measuring innovation in the public sector”，*Structural Change and Economic Dynamics*，Vol. 27，pp. 146-159.

Arundel，A. and K. Smith（2013），“History of the Community Innovation Survey”，in *Handbook of Innovation Indicators and Measurement*，Edward Elgar，Cheltenham，pp. 60-87.

Bloch，C. and M. Bugge（2013），“Public sector innovation – From theory to measurement”，*Structural Change and Economic Dynamics*，Vol. 27，pp. 133-145.

Cameron，L. and C. Bazelon（2013），“The impact of digitization on business models in copyright-driven industries：A review of economic issues”，Brattle Group paper for the US National Research Council，http：//sites.nationalacademies.org/cs/groups/pgasite/documents/webpage/pga_063398.pdf.

Corrado，C.，K. Jäger and C. Jona-Lasinio（eds.）（2016），*SPINTAN Manual：Measuring Intangible Capital in the Public Sector*，www.spintan.net/manual-and-reports/（accessed 30 July 2018）.

Dosi，G.（1982），“Technological paradigms and technological trajectories：A suggested interpretation of the determinants and directions of technical change”，*Research Policy*，Vol. 11/3，pp. 147-162.

EC et al.（2009），*System of National Accounts 2008*，United Nations，New York，https：//unstats.un.org/unsd/nationalaccount/docs/sna2008.pdf.

Freeman，C.（1987），*Technology Policy and Economic Performance：Lessons from Japan*，Pinter，London.

Gault，F.（2018），“Defining and measuring innovation in all sectors of the economy”，*Research Policy*，Vol. 47/3，pp. 617-622，https：//doi.org/10.1016/j.respol.2018.01.007.

Gault，F.（2013），“Innovation indicators and measurement：An overview”，in *Handbook of Innovation Indicators and Measurement*，Edward Elgar，Cheltenham，pp. 3-37.

Gault, F. (2012), "User innovation and the market", *Science and Public Policy*, Vol. 39/1, pp. 118-128.

Giuri, P. et al. (2007), "Inventors and invention processes in Europe: Results from the PatVal-EU survey", *Research Policy*, Vol. 36/8, pp. 1107-1127.

Griliches, Z. (1986), "Productivity, R&D, and basic research at the firm level in the 1970s", *American Economic Review*, Vol. 76/1, pp. 141-154.

ISO (2017), *Quality M anagement: Guidelines for Quality Management in Projects*, ISO 10006: 2017, ISO/TC 176/SC 2, International Organization for Standardization (ISO), Geneva, https: //www.iso.org/standard/70376.html.

Kemp, R., J. Schot and R. Hoogma (1998), "Regime shifts to sustainability through processes of niche formation: The approach of strategic niche management", *Technology Analysis & Strategic Management*, Vol. 10/2, pp. 175-198.

Kline, S. and N. Rosenberg (1986), "An overview of innovation", in *The Positive Sum Strategy: Harnessing Technology for Economic Growth*, National Academies Press, Washington, DC.

Lægreid, P., P. Roness and K. Verhoest (2011), "Explaining the innovative culture and activities of state agencies", *Organization Studies*, Vol. 32/10, pp. 1321-1347.

Lundvall, B.-Å. (ed.) (1992), *National Innovation Systems: Towards a Theory of Innovation and Interactive Learning*, Pinter, London.

Mulgan, G., K. Joseph and W. Norman (2013), "Indicators for social innovation", in *Handbook of Innovation Indicators and Measurement*, Edward Elgar, Cheltenham.

National Research Council (1986), *The Positive Sum Strategy: Harnessing Technology for Economic Growth*, National Academies Press, Washington DC.

Nelson, R. (ed.) (1993), *National Innovation Systems. A Comparative Analysis*, Oxford University Press, New York/Oxford.

Nelson, R. and S. Winter (1982), *An Evolutionary Theory of Economic Change*, Harvard University Press, Cambridge, MA.

OECD（2016），“System innovation”，in *OECD Science, Technology and Innovation Outlook 2016*，OECD Publishing，Paris，https：//doi.org/10.1787/sti_in_outlook-2016-9-en.

OECD（2015a），*Frascati Manual 2015：Guidelines for Collecting and Reporting Data on Research and Experimental Development*，OECD Publishing，Paris，http：//oe.cd/frascati.

OECD（2015b），*The Innovation Imperative：Contributing to Productivity，Growth and Well-Being*，OECD Publishing，Paris，https：//doi.org/10.1787/9789264239814-en.

OECD（2015c），*The Innovation Imperative in the Public Sector：Setting an Agenda for Action*，OECD Publishing，Paris，https：//doi.org/10.1787/9789264236561-en.

OECD（2014），*Measuring Innovation in Education. A New Perspective*，OECD Publishing，Paris，https：//doi.org/10.1787/9789264215696-en.

OECD（2013），“Knowledge networks and markets”，*OECD Science，Technology and Industry Policy Papers*，No. 7，OECD Publishing，Paris，https：//doi.org/10.1787/5k44wzw9q5zv-en.

OECD（2010a），*The OECD Innovation Strategy：Getting a Head Start on Tomorrow*，OECD Publishing，Paris，https：//doi.org/10.1787/9789264083479-en.

OECD（2010b），*Innovative Workplaces：Making Better Use of Skills within Organisations*，OECD Publishing，Paris，https：//doi.org/10.1787/9789264095687-en.

OECD（1997），*National Innovation Systems*，OECD，Paris，https：//www.oecd.org/science/inno/2101733.pdf.

Osborne，S. and L. Brown（eds.）（2013），*Handbook of Innovation in Public Services*，Edward Elgar，Cheltenham.

Rogers，E.（1962），*Diffusion of Innovations*，Free Press，New York.

Romer，P.M.（1990），“Endogenous technological change，” *Journal of Political Economy*，Vol. 98/5，Part2，pp. S71-S102.

Schumpeter，J.（1934），*The Theory of Economic Development*：*An Inquiry into Profits*，*Capital*，*Credit*，*Interest and the Business Cycle*，Harvard University Press，Cambridge，MA.

Simon，H.（1982），*Models of Bounded Rationality*：*Behavioral Economics and Business Organization*，Vol. 2，MIT Press，Cambridge，MA.

Simon，H.（1969），*The Sciences of the Artificial*，MIT Press，Cambridge，MA.

Smith，K.（2006），"Measuring innovation"，in *The Oxford Handbook of Innovation*，Oxford University Press，Oxford.

UN（2008），*International Standard Industrial Classification of All Economic Activities*（*ISIC*），Revision 4，United Nations，New York，https：//unstats.un.org/unsd/publications/catalogue？ selectID=396.

Verganti，R.（2009），*Design-Driven Innovation*：*Changing the Rules of Competition by Radically Innovating What Things Mean*，Harvard Business Press，Boston，MA.

von Hippel，E.（2017），*Free Innovation*，MIT Press，Cambridge，MA.

von Hippel，E.（2005），*Democratizing Innovation*，MIT Press，Cambridge，MA.

von Hippel，E.，S. Ogawa and J.P.J. de Jong（2011），"The age of the consumer-innovator"，*MIT Sloan Management Review*，Sloan School of Management，Vol. 53/1，pp. 27-35.

Windrum，P. and P. Koch（eds.）（2008），*Innovation in Public Sector Services*：*Entrepreneurship*，*Creativity and Management*，Edward Elgar，Cheltenham.

Young Foundation（2012），"Social innovation overview：Part I – Defining social innovation"，a deliverable of the project "The theoretical，empirical and policy foundations for building social innovation in Europe"（TEPSIE），European Commission，Brussels，http：//youngfoundation.org/wp-content/uploads/2012/12/TEPSIE.D1.1.Report.DefiningSocialInnovation.Part-1-defining-social-innovation.pdf.

第二部分　测度企业创新的框架和准则

第 3 章　企业创新测度的概念和定义

本章提供了一套指导企业部门内的创新统计调查的定义，包括对不同类型创新的分类。本章中的定义还有助于描述企业的创新和在追求创新方面的活动。本章的定义和补充指导的目的是促进收集和报告归属不同国家、不同产业、不同规模和不同结构企业的创新及相关活动的可比数据，如从小型单一产品企业到涵盖各种商品或服务的大型跨国企业。本章最后还提出了在调查中使用创新定义的建议。

3.1　引言

3.1　基于第 2 章提出的概念，本章提供了一套指导企业部门内的创新统计调查的定义。由于创新是一种普遍的、异质的、多元化的现象，因此需要对创新及相关概念进行清晰简明的定义，以便准确衡量和解释企业创新活动，并建立满足创新统计生产者和用户需求的共同标准。

3.2　本章给出的定义有助于收集和报告不同国家、不同产业、不同规模和不同结构的企业创新和相关活动的可比数据，从小型单一产品企业到涵盖各种商品或服务的大型跨国企业。

3.3　第 3.2 节包含测度商业企业部门创新的主要定义。第 3.3 节提出了各种企业创新分类，包括类型、新颖性和影响。第 3.4 节描述了不是创新的“改变”。第 3.5 节根据企业的创新状况对企业进行分类。第 3.6 节最后提出了在调查中使用定义的建议。

3.2 商业企业部门的创新

3.2.1 创新活动和创新的定义

3.4 如第 2 章所述，术语“创新”可以在不同的环境中用于指代过程或结果。为避免混淆，本手册中使用术语“创新活动”来指代过程，而术语“创新”仅限于结果。

3.5 （企业）创新活动的基本定义如下：

创新活动包括企业所开展的旨在实现创新的所有发展、金融和商业活动。

3.6 创新活动可以产生一项创新，可以是持续的，可以被推迟或被放弃。第 4.5.3 小节中定义的后续活动通常不属于创新活动的范围。

3.7 不同企业对创新活动的组织差异很大。一些企业通过定义明确的创新项目或具有专用预算的方案来管理他们的创新活动，创新在其中代表着中间产品或最终成果。其他企业主要将创新活动整合到常规的业务运营中，并致力于不断改进其产品和商业流程，还有一些企业主要是临时进行创新。组织创新活动的所有方法都在本章定义和建议的范围内。有关创新活动的定义、分类和测度的更多细节将在第 4 章中介绍。

3.8 本章关注创新的概念，并对创新和不同类型创新提出概括性定义。每个定义后面还有更多关于定义的详细解释。

3.9 企业创新的基本定义如下：

企业创新是企业创造一种全新的或改进的、与以前显著不同的产品或商业流程（或其组合），并且已将其引入市场或由企业使用。

3.10 如第 2 章所述，产品是一种商品或服务（或其组合）。商业流程包括企业生产产品的所有核心活动及所有辅助或支持活动。

3.11　当产品可供其预期用户使用时，就称为引入该产品。当商业流程在企业的运营中被实际采用时，就称为引入该商业流程。“引入”即实施，指的是一种具有显著不同的产品或商业流程首次投入使用的时间点。在实施创新之后，企业通常会对其做出进一步的调整（见第 4 章），如对新服务的特性进行调整。这些调整可能使其完全不同，足以成为另外一项创新。

3.12　创新的最低要求是，产品或商业流程必须具有一个或多个显著不同于企业先前提供或使用的产品或商业流程的特征。这些特征必须与企业或外部用户有关。例如，企业可能期望产品（或商业流程）新的或改进的特征能够提高用户的效用或增强其在市场上的竞争地位。下面将介绍产品创新和商业流程创新的相关特征。

3.13　如果在观测期内进行一系列小的改进，只要这些小的改进的总和能够导致最后产品或商业流程的显著变化，也可以产生创新。

3.14　具有显著不同特征的要求，适用于企业自行开发的产品和商业流程创新，以及由其他企业、组织或个人首先开发的没有附加修改的创新。因此，创新的定义也包括扩散。

3.15　作为企业集团一部分的企业，采用新的或改进的产品或商业流程是一项创新，即使该产品或商业流程先前已引入市场或同一企业集团的其他企业在使用。例如，子公司采用由母公司开发并已投入使用的新商业流程，这是子公司的一项创新。但是，采用已在不同经济部门或同一企业的不同部门使用的新的或改进的产品或商业流程并非创新。

3.16　“显著”差异的概念排除了微小的变化或改进。然而，一个变化是否构成创新不可避免地具有主观性，因为它与每个企业的背景、能力和要求相关。例如，对在线服务的改进对于研发密集型产业只是一个小的变化，但是对于研发密集程度低的产业而言是一种显著的差异。

3.17 该定义不要求创新在测度时是一种商业、财务或战略上的成功。产品创新可能在商业上失败，商业流程创新也可能需要更多时间来实现其目标。

3.18 创新的定义并不要求它对社会具有正面价值，也不要求对企业产生积极效益。在前一种情况下，创新可能显著提升企业的财务业绩，但与同一企业或其他竞争者相比，提供给消费者的利益减少了。创新还可能导致安全、健康或环境问题。相反，当用户从中受益时，创新并不一定能改善企业的市场地位或财务业绩。例如，创新可以在不增加企业销售额、市场份额或净收益的情况下提高用户效用。

3.2.2 划分创新努力与责任

3.19 支撑经济专业化的劳动分工也适用于创新活动，因为大多数企业不大可能拥有开发创新的所有能力和产权。许多创新是基于购买、模仿或修改其他企业或组织已使用的产品、商业流程设备或商业方法。因此，许多企业并未开发支撑其创新的全部概念、原型或设计，并且多个企业可以从同一个概念或技术中获得相似的创新。企业也不会实施它们开发的所有概念或原型。例如，有的企业仅把发明专利使用许可授予其他企业。第 6 章详细讨论了这些关系及它们如何产生不同类型的创新。

3.20 委托他人部分或全部开发的创新或与第三方合作完成的创新，不一定价值低，它们可能代表着更高程度的专业化。数据收集应鼓励受访者报告所有创新，包括那些并非主要由他们自己企业开发的创新。

3.3 创新分类

3.21 创新改变了一个或多个产品或商业流程的特性，因此通用术语是从目的或对象方面来描述创新。例如，对于管理者而言，可能指的是他们企业的服务创新或交付系统创新。有关创新对象的信息有助于评估创新的目的、一般特征、对企业的潜在影响，以及与创新开发和实施相关的创新活动类型。

3.3.1　按对象划分创新：产品创新和商业流程创新

3.22　按对象可将创新划分为两大类型：改变企业产品的创新（产品创新），以及改变企业商业流程的创新（商业流程创新）。

3.23　产品创新分为两种主要类型，而商业流程创新分为 6 种主要类型。单项创新可以是不同类型的产品创新和商业流程创新的组合。因此，按对象划分的创新类型并不互相排斥。此外，在数据收集的观测期内，企业可以引入多种类型的创新。如果调查结果可能指向不同的创新，或是两种以上创新的组合，那么建议收集有关多种创新类型的信息。

产品创新

3.24　“产品”一词由国民账户体系定义，它包括商品和服务。产品是生产活动的经济产出，可以交换并用作生产其他商品和服务的投入，可用于居民或政府的最终消费，也可用于投资，如金融产品（EC et al.，2009）。

产品创新是一种全新的或改进的商品或服务，与企业以前的商品或服务显著不同，并且已经引入市场。

3.25　产品创新必须显著改进一个或多个特性或性能规格，包括添加新功能、改进现有功能或用户效用。相关的功能特性包括质量、技术规格、可靠性、耐用性、使用期间的经济效率、价格可负担性、便利性、可用性和用户友好性。产品创新不需要改进所有功能或性能规格。新功能的改进或增加也可能导致其他功能的丧失或某些性能规范的下降。

3.26　相关特性可以包括诸如价格可负担性和财务便利之类的财务属性。有益于用户财务特性的创新事例包括：使用动态收费定价以缓解交通拥挤；引入较便宜的材料以降低成本的新产品线；乘坐出租车的自动支付服务。

3.27　影响商品或服务的可用性或实用性的另一个特性是产品设计。新设计或改进后的设计特征可能影响产品的外观或“形象”，进而提高用户效用，如通过实质性的设计变化使用户产生积极的情绪反应。但是，较小的设计更改不太可能导致商品或服务与以前的商品或服务产生显著差异。

3.28 产品创新必须提供给潜在用户，但这并不要求创新带来销售收入。将产品创新局限于有销售收入的创新，将排除那些未能满足既定或预期需求的产品创新，以及需要更长观测期才能实现销售收入的产品创新。此外，这也将排除免费提供给用户的数字产品，而这些产品可以通过广告、货币化用户信息或其他方法获利。

3.29 产品创新可以使用新的知识和技术，或者基于现有知识和技术的新运用或新组合。

产品类型

3.30 产品创新涉及两种通用类产品：商品和服务。这两类产品已在第 2 章中介绍，下面参照国民账户体系（SNA）（EC et al.，2009）进行定义。

①商品包括有形物品和一些知识获取型产品，这些产品可以建立所有权，并且可以通过市场交易转让其所有权。

②服务是生产和消费同时发生，并改变用户状况（如身体、心理等）的无形活动。通常，用户通过投入时间、可用性、注意力、信息传输或努力参与其中，这是用户和企业共同创造服务的必要条件。因此，服务的属性或体验可能取决于用户的投入。服务还包括一些知识获取型产品。

3.31 如第 2 章所述，商品和服务之间的界线有时可能难以确定，某些产品可能兼有两者的特征。企业可以向其客户销售商品，或将商品作为服务出租，这通常适用于耐用消费品和商业上生产性资产的情形。企业还可以将服务合同或保险等辅助服务与其商品捆绑在一起。

3.32 知识获取型产品可以具有商品或服务的特征，并且涉及用户可以重复访问的数字信息的提供、存储、保管、通信和传播。这些产品可以存储在物理对象和基础设施上，如电子媒体或电子云。例如，当消费者访问音乐、电影和书籍等数字产品时，需要付费。如果消费者可以在购买后将其分享或出售给他人，那么知识获取型产品就类似于商品；但如果消费者受到限制共享或销售的许可限制，则它们与服务类似。数字技术通过将复制和交换信息的成本降低到可忽略不计的程度，促进了知识获取型产品的激增。

3.33 建议至少要收集商品和服务的数据。调查内容应特别涉及服务，以确保问题与来自企业服务部门的受访者相关。有可能的话，应收集有关知识获取型产品的数据，特别是具有数字性质的产品数据，以支撑对这些产品的普遍性和影响其发展的因素进行研究。

商业流程创新

3.34 所有业务功能都可以成为创新活动的对象。商业流程包括生产产品和提供服务的核心业务功能，以及分销和物流、营销和销售及售后服务等支持功能；其为企业提供信息通信技术（ICT）服务、经营管理、工程和相关技术服务，以及产品和商业流程开发。商业流程可以视作将企业自身作为客户的服务。商业流程可以在内部交付，也可以从外部采纳。

商业流程创新是一个或多个业务功能的新的或改进的商业流程，与企业以前的商业流程显著不同，并且已在企业中使用。

3.35 改进的业务功能的相关特征与改进的产品相关，特别是可以交付给商业客户的服务。这些特征包括在企业内部和外部所有商业流程中涉及的资源效率、可靠性和适应性、价格可负担性、便利性和可用性。

3.36 新的和改进的商业流程可能是由一些目标激发而成，包括实现公司战略、降低成本、改进产品质量或工作条件、满足法规要求。商业流程创新是包括单个业务功能的一个或多个方面的改进，或不同业务功能组合的改进。商业流程创新可以是企业采用的由外部承包商提供的新的或改进的业务服务，如会计或人力资源系统。

3.37 商业流程创新在企业内部或外部运营中使用。实施商业流程创新可能需要几个步骤，从最初的开发、对单一业务功能试点测试，到实现所有相关业务功能。试点测试后不久，当商业流程在企业运营中持续使用时，就意味着商业流程创新的实施。

3.38 数字技术及其实践在商业流程中非常普遍。它们用于编写流程和程序，为现有流程添加功能，并将流程作为服务销售。因此，商业流程创新的实施通常与数字技术的采用和修改有关。

商业流程的类型

3.39 商业流程创新涉及企业的不同功能。根据核心功能（产生收入的活动）和支撑性业务功能的定义，以及对不同活动的归集，在管理学中已经形成了一些业务功能类别（Brown，2008）。业务功能对研究全球价值链非常有用，加拿大的创新与商业战略调查（SIBS）和欧洲国际商业职能调查即为例证（见第 7 章）。

3.40 表 3.1 基于管理学和统计学文献列出了 6 个主要业务功能，这也可以作为创新的对象。“生产产品和提供服务”功能是企业的核心功能，其他 5 个功能是支持生产和将产品推向市场的辅助活动。企业可以针对一个或多个功能进行商业流程创新。例如，采用在线订购系统是对分销和物流业务功能的创新。建议在数据收集过程中增加对每个业务功能的简短描述和详细说明。这个列表非常简明，可用于调查，并可与第 3 版《奥斯陆手册》中的有关工艺、组织和营销创新的定义进行比较。对于此分类法更详细的应用可以提高与本手册第 3 版之后进行的创新调查结果的可比性。新分类还包括了原本第 3 版中未确定的领域，如融资变化（项目 5 ③）和专门用于产品或业务流程开发的功能变化（项目 6）。

表 3.1　判别商业流程创新类型的业务功能类别

序号	简称	具体内容与子类
1	生产产品和提供服务	将投入转化为商品或服务的活动，包括工程、相关技术测试、分析和认证等支撑生产的活动

续表

序号	简称	具体内容与子类
2	配送和物流	该功能包括： ①运输和服务配送； ②储藏； ③订单处理
3	市场营销和销售	该功能包括： ①营销方法，如广告（产品促销和植入、产品包装）、直接营销（电话营销）、展览和博览会、市场调查及其他开发新市场的活动； ②定价策略和方法； ③销售和售后服务，包括服务台的顾客服务和顾客关系活动
4	信息和通信系统	维护并提供信息和通信系统，包括： ①硬件和软件； ②数据处理和数据库； ③维护和维修； ④网络托管及其他与计算机相关的信息活动。 这些功能可以由单独的部门或是负责其他功能的部门提供
5	行政和管理	该功能包括： ①战略和一般业务管理（跨职能决策），包括安排工作职责； ②企业治理（法律、规划和公关）； ③会计工作、审计、支付款项及其他金融或保险活动； ④人力资源管理（培训和教育、工作人员招聘、工作场所组织、提供临时人员、工资管理、健康和医疗支持）； ⑤采购； ⑥维护与供应商、联盟等的外部关系
6	产品和商业流程开发	包括确定范围、定义、开发、产品或企业商业流程的活动。该功能可以系统进行或临时产生，可以在企业内部进行或从外部获得。这些活动由单独一个部门或兼有其他职能的部门负责，如负责生产商品或提供服务的部门

资料来源：改编自 Brown（2008），“Business processes and business functions：A new way of looking at employment”，www.bls.gov/mlr/2008/12/art3full.pdf，和 Eurostat（2018），Glossary of Statistical Terms，http：//ec.europa.eu/eurostat/statistics-explained/index.php/Glossary：Business_functions.

3.41　新分类涵盖了业务功能中专用于开发产品和企业其他商业流程的商业流程创新。在本手册的早期版本中，没有相应的商业流程。该功能的创新实例包括使用新的基因编辑技术开发现有或新的植物品种或药物，以及将数据挖掘分析应用于大型数据库，以识别潜在的市场发展机会。这类创新的其他例子还包括采用新方法，如设计思维、共同创造、快速成型或高通量筛选。这种类型的创新可能只是试图引入不符合创新条件的增量修改（如能够满足不同客户的需要）或者试图带来产品或商业流程创新。然而，不能保证这种创新最终会实现。

3.42 对于数据收集，有些功能可以组合为单个项目，也可以进一步细分。例如，功能 1 和 6 可以组合为单个功能，包括生产活动及产品和商业流程的开发。功能 3 和 5 可以进一步细分，以便于与手册第 3 版中组织和营销创新的定义进行比较（详见下一节）。

与前一版《奥斯陆手册》中创新类型的比较

3.43 表 3.2 将本手册中使用的产品和商业流程创新类型与第 3 版《奥斯陆手册》中的定义进行比较。

3.44 第 3 版《奥斯陆手册》中包括的两种营销创新（采用产品植入和产品推广或定价的方法）没有在表 3.1 中列出，而是包括在详细描述中。此外，本手册的创新包括了产品设计的创新，并将它归类于产品创新，而第 3 版则将其归类于营销创新。这种变化是由于设计与产品和服务的产品特性开发之间存在着密切关系。然而，包装设计的变化仍归属于营销之中。

3.45 第 4 版和第 3 版对于两种类型的商业流程创新（即生产产品和提供服务及分销和物流）的定义能够很好地匹配。本版将第 3 版的辅助服务进一步分为“信息交流系统”与“经营管理系统”，后者包括第 3 版中列出的组织创新活动。

表 3.2　本版与第 3 版《奥斯陆手册》中创新类型的比较

第 3 版	第 3 版子分类	第 4 版①	差异
产品创新	商品、服务	商品、服务。商品和服务包括知识获取型产品及其组合、商品和服务的设计特点	产品设计创新在第 3 版中归类于营销创新
流程创新	生产、交付和物流。辅助服务包括采购、会计和信息与通信技术服务	生产、分配和物流、信息和通信系统	第 3 版中的辅助服务调整到行政和管理部分
组织创新	商业实践、工作场所组织（职责分配）、公关	行政和管理	第 3 版中的组织创新归到本手册的行政和管理的子类别①②和⑥之下。行政和管理方面的辅助服务（③④和⑤）包括在第 3 版的流程创新中
营销创新	产品设计、产品植入和产品推广、定价	市场营销、销售和售后服务	第 3 版中的市场营销创新在本版中归类于①和②。销售和售后服务创新及其他顾客支持功能未在第 3 版的讨论范围内。与产品设计相关的创新在本版中归属于产品创新
—	—	产品和商业流程开发	在第 3 版中没有明确提及，很可能被归于流程创新

① 通过细化表 3.1 中的详细说明，可以做进一步分解。

3.46　实证研究表明，企业管理者难以区分组织创新和流程创新。因此，本手册中的组织创新被归入某商业流程（经营管理）中，该商业流程包括之前称为组织创新的活动，如战略管理（第 3 版中的商业实践和公关）和人力资源管理（第 3 版中的工作场所组织）。

3.47　第 3 版手册支持设立“仅产品或流程创新者”这个类别，排除了仅是组织或营销创新的企业。这一类别近似于本手册的产品创新加上 3 种商业流程：①生产产品，提供服务；②分销和物流；③信息交流系统。由于第 3 版与第 4 版在不同类型的产品设计、采购和会计分类上的差异，这种近似并不完美。

3.48 此前，在第 3 版手册出版后进行的创新调查中收集了多种类型的创新数据。例如，欧洲共同体创新调查（CIS）收集了 2 类产品创新、3 类流程创新、4 类组织创新和 4 类营销创新的数据。可以对这些数据进行重新分析，以符合表 3.1 中的创新分类，从而最小化分类系列中断的影响。然而，由于第 3 版中不包括经营管理功能（如企业治理）、融资、售后服务及产品和商业流程开发的业务功能的创新研究，因此基于第 3 版的调查数据不能完全符合本手册的类别。

按对象划分的几种创新类型的组合

3.49 许多创新结合在一起后，会呈现出不止一种类型的特征（O'Brien et al.，2015；Frenz et al.，2012；OECD，2013）。这是由于不同类型的创新之间存在互补性。几种创新类型的组合如下。

①商业流程创新可以显著提高产品质量，从而出现商业流程创新和产品创新的联合。

②产品创新可能需要商业流程创新的支持。这在服务创新中尤为常见。例如，用于销售信息产品的新在线功能既是商业流程创新（需要信息通信技术和网页开发），也是针对潜在用户的服务创新。如果它是首次创建的新销售渠道，它也可能是营销创新。

③产品创新和商业流程创新可能紧密相连，特别是当流程与产品难以区分时。这尤其适用于同时生产、交付和消费的服务。

④在生产过程中，非经济产出的改变归属于商业流程的创新，如能源生产中的碳排放或氮氧化物排放。但如果有市场需求，企业可以选择在产品描述中加入排放变化。在这个例子中，低排放能源可以是商业流程创新和产品创新。

3.50 第 10 章讨论的对象方法可以帮助获得有关不同类型创新组合发生率的信息。

商业模式创新

3.51 商业模式包括所有核心商业流程，如生产、物流、营销、采用的合作方式，以及企业为实现其战略目的在当前或将来销售的主要产品。企业可以使用单个商业模式，或针对不同的产品线或市场同时使用多个商业模式。创新管理学文献指出，成功的商业模式是，比竞争对手更好地满足用户需求的方法，以及通过向用户提供效用来获利（Johnson et al.，2008）。

3.52 商业模式创新没有单一的、公认的定义，它的范围涉及从仅影响企业产品或业务功能的局部商业模式创新，到包括产品和业务功能在内的综合商业模式创新。在多数情况下，很难区分局部商业模型创新与产品和商业流程综合创新。

3.53 综合商业模式创新更受关注，因为它们可以影响供应链和经济生产，改变市场并潜在地创造新市场。它们可以影响企业如何为用户创造效用（产品创新），以及产品如何生产、如何推向市场或定价（商业流程创新）。

3.54 当前企业有 3 种类型的综合商业模式创新：①企业业务拓展涉及全新的产品和市场，这需要使用新商业流程；②企业终止前期活动，进入了需要新商业流程的市场；③企业改变针对现有产品的商业模式。例如，它切换到带有新的生产、交付商业流程的数字模式，并且产品从有形商品改变为知识获取型服务。

3.55 由于难以区分局部商业模式创新和其他类型创新，因此不建议将商业模式创新作为一个独立的类别在创新调查中直接收集数据。然而，可以通过分析来估计综合商业模式创新的出现（见第 11 章），分析时需要结合企业引入创新类型的信息和其创新目标的问题，包括建立新商业模式目标的问题（见第 8 章）。确定第 3 种类型的综合商业模式创新可能需要对现有产品的变更提出专门的问题。

3.3.2 根据新颖性和影响力的创新分类

3.56 创新的基本要求是它必须与企业以前的产品或商业流程有显著不同。由于“显著不同”是主观性的，并且会依企业的能力和背景而变化，因此创新统计的解释和可比性可以从其他数据中获得，即按创新新颖性或经济影响衡量创新重要性的数据。在创新调查建议的有限观测期内，很难判定某些形式的创新（如破坏性或颠覆性的创新），以及经济影响。适合于调查观测期内的新颖性、创新性和经济影响的替代方法包括：

①创新仅对企业而言是新的，还是对市场甚至是世界是新的；

②企业对改变其市场潜力的期望值；

③企业对提高竞争力潜力的期望值。

3.57 第一种也是最广泛使用的方法是通过与企业所在市场或产业中的现有技术相比，来确定企业创新（或至少其中一项创新）的新颖性。企业可以服务于单一市场（如果它只提供一种产品）或多个市场（如果它提供不同类型的产品）。市场可以有地理上的限制（如果一家企业只在特定地区为顾客服务），也可以面向全球。企业可以直接在本地、本区域、全国或国际市场上销售其产品，或通过中介机构销售。创新也可以创造新的市场，使创新型企业能够在一段时间内从垄断价格中获益。

3.58 建议询问受访者，他们的企业是否有一个或多个产品创新或商业流程创新在市场上是新颖的（即其创新在市场上最早出现）。对市场新颖性的解释必须结合企业所服务的地理区域的信息。本地或本区域市场的创新可以基于对其他区域市场已有产品或流程的模仿，而世界级创新将会成为市场领导者。

3.59 受访者会发现很难估计他们是否拥有世界首创的产品创新，除非该创新经过一项或多项严格筛选以确定具有全球新颖性的发明专利。世界首创的产品创新意味着比市场新创新更具新颖性。

3.60 首个开发创新的企业往往是产业内后续创新的驱动力。新想法和新知识往往源自这些企业，但其创新的经济影响通常取决于其他企业对其创新的采用（或模仿）。关于新颖程度的信息可以用来识别创新的开发者、采用者和模仿者，确定扩散模式，以及识别市场领导者和追随者。

3.61 出于保护商业流程而对流程进行保密的原因，受访者可能很难确定商业流程创新与其他企业已经使用的流程相比的新颖性。然而，来自认知测试的证据表明，许多管理者能够评估流程创新在市场中的新颖性，特别是对于他们来说最重要的商业流程创新。此外，“不知道”的回答提供了在特定产业或企业中保密程度的有价值信息。

3.62 第二种方法涉及创新转变（或创造）市场的潜力，它可以提出一项可能性指标，去测度发生颠覆性或破坏性创新的可能性。颠覆性的创新是指改变了现状，而破坏性创新则植根于细分市场的简单应用，然后扩散到整个市场，最终取代已有的竞争对手（Christensen，1997）。尽管管理者能够评估创新改变市场的潜力，但是颠覆性和破坏性的创新非常罕见，因此创新调查可能并不是检测它们的好工具。相关问题应限于单个、最重要的创新（见第 10 章）。

3.63 关于创新对企业竞争力影响的第 3 种方法，可以通过在观测期内观察到的销售变化来评估（见第 4 章）或直接询问创新对未来预期竞争力的影响（见第 7 章）。

3.4 不是创新的“改变”

3.64 本节讨论不是创新的“改变”，或只有在满足特定条件时才成为创新的“改变”。如第 3.2 节所介绍，创新的基本原则是必须已经实现，并且必须与企业以前的产品或商业流程有显著不同。

3.65 常规的改变或更新并不代表产品创新，包括只识别和删除编码错误的软件更新，以及服装的季节性变化。

3.66 简单的资本置换或扩展不是创新，包括购买相同型号的已安装设备、对现有设备或软件的小扩展和更新。创新的设备必须是全新的，并且在规格上有显著不同。

3.67 产品引进如果只涉及小的美学变化，如颜色变化或形状变化，不能满足“显著差异”的要求，则不是产品创新。

3.68 从事定制生产的企业，生产出单一且复杂的商品或服务（如电脑游戏、电影）在市场上销售，或根据客户订单（如建筑物、生产工厂、物流系统、机械、咨询报告）进行生产，除非这种“一次性”产品显示出与企业以前生产的产品有显著不同的属性，否则它不是产品创新。除非这种“一次性”开发项目要求企业开发和使用显著不同的或增强的功能，否则也不是商业流程创新。不过，首次使用定制生产可以是商业流程的创新。

3.69 一个尚未存在的产品的广告概念、原型或模型通常不是产品创新，因为它不能满足“已实现”的要求，即使客户可以为该概念预订或预付，如由众包集资形成的产品概念。因为这个概念可能失败，或者需要比预期更长的时间才能使用。

3.70 在已将新知识产品出售给其他人的情况下，可能更难确定创新是否已经实施。当卖方向市场引入一项新产品时，买方可能没有立即在其商业流程中使用，或将其引入自己市场。而作为受访者的卖方（知识提供者）可能不知道这些信息，但又必须判断其能否作为创新上报。如果知识产品符合产品创新的新颖性和重要性要求，并且已经由企业出售给另一方或多方，则可以认为其通过了实施检验。

3.71 创意和专业服务企业的产出，对于开发它们的企业来说，不能默认为创新。例如，咨询公司根据合同为客户总结一个设计项目的结果，但没有创新元素，则这个报告不是产品创新。该报告对客户企业（即购买该报告的企业）的创新作用取决于其成果是否用于客户企业的创新活动。但是，如果咨询公司实施新的商业流程作为其项目的一部分，或是市场上出售的蓝图、设计满足新颖性和重要性的创新要求，则可以认为咨询公司进行了创新。第 4 章和第 6 章将对这些现象进行更详细的讨论。

3.72　由零售、批发、运输和仓储，以及个人服务企业对所处理的或提供给客户的产品范围进行扩展而采取行动时，只有当这种扩展需要企业对其商业流程进行显著改变，才是一种创新。水果进口商或批发商如果向零售商提供新的水果品种，则不属于创新，除非该扩展需要对商业流程进行重大改变，如开发新的供应链或购买新的制冷设备（如增添了以前不可能实现的新鲜产品交付）。

3.73　按照创新的基本定义，新创建的企业（其中大多数是服务企业）活动容易出现潜在的混淆，因为在一段时间内，新企业没有可用于比较的前期产品或商业流程。在这种情况下，比较组就是相关市场中现存的产品或商业流程。如果一家新企业的产品与市场上现有的产品有显著不同，那么它就是一项创新。同样，如果新企业的商业流程与竞争对手使用的商业流程显著不同，那么它就是商业流程创新。但是，来自新企业的受访者可能认为他们的所有产品或商业流程都是创新。因此，可能需要为新成立的企业（如初创企业）提供单独的结果。此外，对初创企业进行专门调查以测试产品和商业流程的新颖性也是有价值的。

3.74　在缺乏进一步资质的情况下，兼并或收购其他企业并不属于商业流程创新。然而，如果企业由于兼并或者为了提高并购的成功率而开发或采用新的商业流程，则兼并和收购可以推动商业流程创新。

3.75　停止使用商业流程、停止外包商业流程或从市场上撤回产品都不是创新。然而，为确定一项活动应该何时停止而首次实施的商业流程可能是一项创新。

3.76　由外部要素价格引起的变化不太可能属于创新。例如，仅因为视频处理器芯片的价格下降而能够以较低的价格生产和销售同一型号的手机，就不属于创新。

3.77 虽然制定了新的企业战略或管理战略，如果不加以实施，就不是创新。此外，如果商业流程的改变已经在企业的其他部门以相同的形式使用，那么它就不是创新。

3.5 创新和企业分类

3.5.1 创新型企业和创新活跃型企业

3.78 企业的创新状况要根据其在数据收集活动的观测期内参与创新活动和引入一项或多项创新来确定。如第9章所述，建议的观测周期可以在1～3年。

3.79 在观测期内，企业的任何创新活动可能产生以下几种情况。

①产生一项创新。在观测期内，创新活动可能在实施之后就停止，或者其他创新项目接收该创新而使其继续进行。

②没有产生创新但活动继续进行。活动可能按照计划进行，或者因各种原因而延迟，如技术困难、缺乏专业知识或资金。

③中止、难以为继或搁置，如在实施前停止了创新活动。

3.80 这 3 个结果适用于企业内的各种创新活动和项目。如表 3.3 所示，关于创新与创新活动（创新状况）发生率的数据组合，产生了 4 个企业创新状态的可能类别。

表 3.3 创新型企业和创新活跃型企业

项目名称	有无创新	企业在观测期内是否有创新活动	
		有	无
企业在观测期内至少有一项创新	有	企业有一项及以上的创新，即为创新型企业。创新活动可以是正在进行中、搁置、已完成或者被放弃	如果所有引入创新的工作都在观测期之前进行，就可能出现这种情况
	无	这家企业是创新活跃型，尽管将来可能会引入，但现在仍未引入创新	企业没有从事创新活动，在观测期内也没有引入任何创新

3.81　表 3.3 所示组合产生了 3 个适用于企业分类的核心定义：

创新型企业在观测期内报告了一项或者多项创新。这同样适用于单独或共同承担创新的企业。

非创新型企业在观测期内没有报告任何创新。

在观测期内的某个时间，为了预期的用途，创新活跃型企业参与一种或多种活动，去开发和实施新的或改进的产品与商业流程。无论是创新型企业还是非创新型企业，都可以在观测期内成为创新活跃型企业。

3.82　第 4 类在观测期内没有创新活动的创新型企业非常罕见。例如，如果一家企业在观测期之前完成了除实施外的所有创新活动，并且实施不需要额外资源，就会出现这种情况。如果创新来源于一般商业活动，而该商业活动没有明确试图引入创新，也可能出现这种情况。

3.83　对于测度实践来说，重要的是要考虑到作为过程（创新活动）和作为结果的创新之间的动态关系。观测期的长短也将直接影响表 3.3 中 4 类企业的分布。对于开发时间短、产品生命周期长的产业，过短的观测期可能导致创新型和创新活跃型企业的比例较低。对于开发时间较长的产业，较短的观测期可能导致创新活跃型企业的比例较高，而报告至少一项创新的创新型企业比例较低。第 9 章进一步讨论了观测期长度对创新状况的影响。

3.6　数据收集过程中创新定义的使用

3.84　创新是一种主观的构造，根据受访者的观点、信仰和背景，对其测度可能给出不同结果（Galindo-Rueda et al., 2016）。为了确保统计质量和可比性，在调查和其他数据收集方法中使用的定义必须包含本手册中定义指向的含义，并要考虑潜在受访者理解和使用语言及词汇的差异。

3.6.1　调查中“创新”术语的使用

3.85　可以将一项创新调查设计成不使用“创新”一词，以避免创新的正式定义与每个受访者的理解出现冲突。这可能产生更客观的回应，并减少跨产业或跨国家的可比性。澳大利亚企业特征调查就是一个例子，它用对所有创新类型的描述来替代“创新”一词。例如，2013 年的调查（基于第 3 版《奥斯陆手册》）询问了受访者“这些引入新产品、服务、流程或者方法的想法和信息来自哪里？”这也说明了避免使用“创新”的一个重要缺点：它可能需要在多个问题中列出所有类型的创新。然而，本手册仅采用产品和商业流程两大类创新，将提高数据收集能力，在避免使用“创新”一词的同时，保证语言的简练性。

3.6.2 创新概况

3.86 创新型企业的最简单定义对于比较不同的产业、企业规模或国家的创新来说是一个糟糕的指标，因为它不能反映创新的新颖性或每个企业开发创新的能力。有关企业创新状况的信息可以与创新新颖性、创新活动（见第 4 章）或创新工作分工（见第 5 章）的其他信息结合，以形成关于创新新颖性和每个企业的创新能力的指标。这些指标可以按产业、企业规模类别或国家汇总，进而提供企业创新概况。如果与结果数据相结合（见第 11 章），这些概况可以用于分析创新对企业绩效的贡献，以及创新对用户的效用。

3.6.3 创新数据收集前的注意事项

3.87 建议数据的收集围绕与创新现状和创新概况研究相关的下述主题(见第 11 章)。

3.88 每个主要创新类型（产品和商业流程）的数据可以通过针对每种类型的单个问题收集，但是增加关于 2 类产品创新和 6 类商业流程创新的附加问题，对于后期分析解释是有用的。这样能够带来每个企业创新的详细信息，并且能够复制本手册第 3 版中定义的通用创新类型（即产品或工艺创新）。

3.89 建议收集有关创新特征和新颖性的数据，以便根据企业的创新和为创新所付出努力的特征，在创新概况中对企业进行分类。概况中的相关问题包括以下几个方面。

①创新新颖性的不同程度，依据第 3.3.2 小节规定。

②包括设计在内的产品创新的特性，依据第 3.3.1 小节规定。

③第三方在开发和实施创新方面的作用，依据第 3.2.2 小节和第 5 章规定。

④正在进行或停止的创新活动，依据第 3.5.1 小节规定。

3.90　新颖性的概念同时适用于产品创新和商业流程创新，但是对于管理者而言，有关产品创新的新颖性问题更容易回答。

参考文献

Brown，S.（2008），“Business processes and business functions：A new way of looking at employment”，*Monthly Labor Review*，www.bls.gov/mlr/2008/12/art3full.pdf.

Christensen，C.（1997），The Innovator's Dilemma：*When New Technologies Cause Great Firms to Fail*，Harvard Business School Press，Boston，MA.

EC et al.（2009），*System of National Accounts 2008*，United Nations，New York，https：//unstats.un.org/unsd/nationalaccount/docs/sna2008.pdf.

Eurostat（2018），*Glossary of Statistical Terms*，http：//ec.europa.eu/eurostat/statistics-explained/index.php/Glossary：Business_functions（accessed 31 July 2018）.

Frenz，M. and R. Lambert（2012），“Mixed modes of innovation：An empiric approach to capturing firms' innovation behaviour”，OECD Science，*Technology and Industry Working Papers*，No. 2012/06，OECD Publishing，Paris，https：//doi.org/10.1787/5k8x6l0bp3bp-en.

Galindo-Rueda，F. and A. Van Cruysen（2016），“Testing innovation survey concepts，definitions and questions：Findings from cognitive interviews with business managers”，OECD，Paris，http：//oe.cd/innocognitive.

Johnson，M.，C. Christensen and H. Kagermann（2008），“Reinventing your business model", *Harvard Business Review*, https: //hbr.org/product/reinventing-your-business-model/an/R0812C-PDF-ENG.

O' Brien, K. et al. (2015), "New evidence on the frequency, impacts and costs of activities to develop innovations in Australian businesses: Results from a 2015 pilot study", report to the Commonwealth, Department of Industry, Innovation and Science, Australian Innovation Research Centre, Hobart, www.utas.edu.au/_data/assets/pdf_file/0009/772857/AIRC-Pilot-survey-report-for-DIS_Dec_2015.pdf.

OECD (2013), "Knowledge networks and markets", *OECD Science, Technology and Industry Policy Papers*, No. 7, OECD Publishing, Paris, https://doi.org/10.1787/5k44wzw9q5zv-en.

第 4 章　测度企业创新活动

本章讨论创新活动的测度，作为对创新成果测度的补充。本章界定了企业为实现创新而开展的八大活动类型，即研究与试验发展活动；工程、设计和其他创造性活动；营销和品牌资产活动；知识产权相关活动；员工培训活动；软件开发与数据库活动；有形资产的获取或租赁活动；创新管理活动。由于意识到这些活动可能出于创新以外的目的进行，本章提供了相关指南，以确定这 8 项活动中的资源哪些与创新有关。此外，关于确定创新后续活动，以及基准年之后计划好的创新活动及其支出，也提出了建议。

4.1　创新活动的介绍和主要特征

4.1　本章提供了一个测度企业创新活动的框架，在第 3 章中将其定义为“企业从事的能带来创新的所有开发性、金融性和商业性活动”，这些活动必须在数据收集的观测期内进行。因此，本章讨论关于创新努力的测度，是作为前一章讨论的把创新作为成果进行测度的补充。

4.2　企业创新活动具有下列特征。

①企业可以在内部开展创新活动，或者由外部组织为创新活动提供商品或服务。

②由于多种原因，在观测期可以推迟或放弃创新活动。

③在观测期内创新活动可能创造出没有实际用于创新的知识或信息，包括未能实现在主要创新目标活动中产生知识。

④在观测期内，企业可以利用其创新活动的结果，包括创新、新知识和新信息为自己谋利，也可以将结果暂时留存以备后续使用，还可以将结果转让、销售或同意其他企业或组织使用。

4.3 不同创新活动通常作为目标导向过程的一部分相互联结，在产生创新之前，该过程可能需要多个循环步骤。创新活动可以非正式地进行，也可以遵循包含有组织的、正式的、程序的系统方法，以评估带来变化的机会，如通过使用分析、创造性和解决问题的方法。

4.4 许多与创新潜在相关的活动可能是出于其他目的而进行，如希望提高商业绩效，而不一定是为了创新。事实上，一些企业可能都没有意识到其活动的创新潜力。本章建议，对创新相关活动的数据收集要面向所有类型的企业，包括非创新型企业。之所以提出这个建议，是因为认识到了这些数据对于研究经费支出的绩效（如生产力）具有价值，而经费与创新不直接相关。此外，知识资本（知识产权、专业知识、技能等）和有形资本（设备、建筑物、机械等）的经费支出数据有助于分析具体技术变化。

4.5 关于企业开展的对创新具有潜在价值的不同活动的定性数据，可以检验所有类型企业的能力——不管是创新型企业还是创新活跃型企业（见第 3.5.1 小节）。可以用这种信息简要分析企业如何创新，并判别创新所使用的不同类型知识和其他资产。

4.6 创新活动可以作为单独的“创新项目”进行管理，也可以作为其他业务功能的临时补充。所有创新活动都表现出一定程度的重叠或紧密的关联性，一个或多个创新项目可以依次开展或同时进行。

4.7 本章的结构如下：第 4.2 节界定了与创新相关的 8 种活动。第 4.3 节提出的指导原则涉及对企业创新活动发生率的定性数据进行收集。第 4.4 节描述了收集创新活动经费支出数据的两种方法。第 4.5 节提出了有关创新活动其他数据收集的建议。第 4.6 节总结了本章的建议。

4.2 与创新相关的活动类型

4.8 本章界定了企业为实现创新可以采取的八大类活动：

①研究与试验发展活动；

②工程、设计和其他创造性活动；

③营销和品牌资产活动；

④知识产权相关活动；

⑤员工培训活动；

⑥ 软件开发与数据库活动；

⑦有形资产的获取或租赁活动；

⑧创新管理活动。

4.9 虽然这些活动可能是企业创新活动的一部分，但开展这些活动可能并非出于明确的目标。对这些一般性活动的测度，可作为第 3 章对创新活跃型企业和非创新活跃型企业特征所作定义和解释的补充。本节描述这 8 类活动，并指导如何评估它们是否构成创新活动。

4.2.1 研究与试验发展活动

4.10 研究与试验发展（简称“研发”）指为了增加知识储备和设计现有知识的新应用，而开展的创造性和系统性工作。根据《弗拉斯卡蒂手册》的定义（OECD，2015），研发活动必须满足 5 个标准：①新颖性；②创造性；③结果的不确定性；④系统性；⑤可转移和 / 或可复制性。研究与试验发展包括基础研究、应用研究和试验发展。

4.11 作为一种创新活动的研究与试验发展。根据定义，应用研究是针对特定的目的或目标，而试验发展则寻求生产新产品或流程，或者是改进现有产品和流程。因此，在研发过程中有创新的意图。虽然在观测期内旨在扩大企业知识存量的基础研究可能无法应用于特定创新，但出于实际原因，企业开展或购买的所有类型的研发，从定义上都被视为这些企业的创新活动。下面的第 4.3 节和第 4.4 节做了进一步的说明。

4.2.2 工程、设计和其他创造性活动

4.12 工程、设计和其他创造性活动涵盖了一些可能与研发密切相关的实验性、创造性活动，但这些活动并不完全满足研发的 5 个标准。这些活动包括研发的后续或辅助活动，以及独立于研发的活动。

4.13 工程包括生产和质量控制的程序、方法和标准。工程活动包括对商品、服务、流程或系统的技术规范、测试、评估、设置和预生产的规划；安装设备、加工、测试、试验和用户演示；从现有产品或流程设备中提取知识或设计信息的活动（即逆向工程活动）。

4.14 对于许多服务企业来说，设计和其他创造性活动是他们的主要创新活动。这些活动常常产生知识，但它们难以满足研发的新颖性和不确定性条件，或仅是临时而为。

4.15 设计活动比较广泛，包括对商品、服务和流程（包括企业自身使用的商业流程）开发出一种新的或改进的功能、形式或外观。产品设计的目标是提高商品或服务的吸引力（美学）或易用性（功能性）。流程设计可以与工程紧密结合，以提高流程效率。产品设计活动的共同特征包括让潜在用户参与设计过程（通过调查潜在用户、进行民族志研究、共同创造或通过项目用户组），对潜在用户样本进行试点测试，以及为识别或解决特定设计的问题而开展的实施后研究。第 5 章详细讨论了产品设计能力和设计思维方法。

4.16 其他创造性活动包括获取新知识或以新方式应用知识的所有活动，但这些活动也可能不符合研发的特定新颖性和不确定性（也与非显而易见性相关）要求。此外，还包括构思（创造新想法的创造性过程）、创新概念的开发，以及作为产品或商业流程创新一部分的组织变革的相关活动。

4.17 作为一种创新活动的工程、设计和其他创造性活动：大多数设计和其他创造性活动都是创新活动，除了不符合创新要求的微小变更，如以新的颜色生产现有产品。确定企业使用的设计思维方法有助于区分小的设计变化与创

新活动。许多工程活动不是创新活动，如现有流程下的日常生产和质量控制程序。逆向工程活动，以及改变或引入新的生产流程、服务或交付方法的工程活动，是否是创新活动，取决于开展这些活动是为了创新还是另有原因。

4.2.3　营销和品牌资产活动

4.18　营销和品牌资产活动包括：市场调查和市场测试、定价方法、产品植入和产品推广；产品广告、在交易会或展览会上推广产品及制定营销战略；与具体产品没有直接关系的商标广告，如与企业名称相关的广告，以及有助于企业声誉和品牌资产的公关活动。但是，销售和分销活动不属于营销和品牌资产活动。

4.19　作为一种创新活动的营销和品牌资产活动：如果营销实践本身就是一种创新，那么现有产品的营销活动只是创新活动。对于许多企业来说，只有很小一部分的营销支出可能与观测期内引入的产品创新有关。相关的创新活动包括前期市场研究、市场测试、广告发布，以及开发用于产品创新的定价机制和产品植入方法。在某些情况下，商业流程创新的优点也可以在市场上推广，如商业流程创新可能具有环境效益或是提高产品质量。

4.2.4　知识产权相关活动

4.20　知识产权相关活动包括保护或利用知识，通常通过研发、软件开发、工程、设计和其他创造性工作而产生。知识产权活动包括为申请、注册、记录、管理、贸易、许可、营销和执行企业自己的知识产权权利而开展的所有行政和法律工作，所有从其他组织获得知识产权的活动，如通过许可使用或直接买断知识产权，以及向第三方出售知识产权的活动。知识产权包括发明专利、实用新型专利、工业设计、商标、版权、集成电路设计、植物育种权（植物新品种）、地理标志，以及商业秘密等机密信息（WIPO，2004）。

4.21　作为一种创新活动的知识产权相关活动：在观测期内开发的创意、发明和新的或改进的产品和商业流程的知识产权活动是创新活动。这类活动包括申请创新或发明的知识产权活动、得到许可使用发明或创新的活动、对外许可发明和创新知识产权的活动。在观测期之前做出的发明和已存在的与产品和商业流程相关的所有知识产权活动都应排除在外。

4.22 数据收集活动的受访者会发现，很难将用于创新的知识产权活动与现有产品或商业流程的知识产权活动区分开来。特别是知识产权由拥有自身预算的单独部门进行管理，并且存在着大量的知识产权组合管理。

4.2.5 员工培训活动

4.23 员工培训活动由企业购买或资助，用于提升企业员工在特定交易、职业和工作任务方面的知识和技能。员工培训包括在职培训和在教育培训机构接受与工作相关的教育。

4.24 作为一种创新活动的员工培训：使用现有产品或商业流程、提升一般技能或语言培训等员工培训不是创新活动。培训作为创新活动的例子包括培训员工使用创新成果，如新的软件物流系统或新设备；以及实施与创新有关的培训，如指导营销人员或客户了解产品创新的特征。开发一项创新所需的员工培训，如为了研发或设计而开展的培训，是研发活动或工程、设计和其他创造性活动的一部分。

4.2.6 软件开发与数据库活动

4.25 软件开发与数据库活动包括以下几个方面。

①内部开发和购买计算机软件、程序介绍及用于系统和应用软件的辅助材料（包括标准软件包、定制软件解决方案和可嵌入产品或设备中的软件）。

②计算机数据库和其他计算机化信息的获取、内部开发、分析，包括收集和分析专有计算机数据库中的数据和从公开的报告或互联网中获得的数据。

③升级或扩展信息技术系统（包括计算机程序和数据库）功能的活动，包括统计数据分析和数据挖掘活动。

4.26 与使用和访问计算机和其他信息通信技术服务（如云存储和处理服务）有关的成本，可以作为软件开发与数据库活动的一部分。然而，维护计算机硬件系统和信息技术服务通常不是软件开发与数据库活动。

4.27 软件开发与数据库活动包括可能与创新无关的活动，如对现有软件（内部开发或购买的）的小升级，以及对用于会计和其他常规业务功能的数据库的购买和分析。

4.28 作为一种创新活动的软件开发与数据库活动：当用于开发新的或改进的商业流程和产品时，如计算机游戏、物流系统、集成商业流程的软件，软件开发是一种创新活动。当数据库活动用于创新时，该活动就是创新活动，如对材料属性或客户偏好的数据分析。

4.2.7 有形资产的获取或租赁活动

4.29 这些活动包括通过购买、租赁、收购方式获得建筑物、机械、设备，或者内部生产以供自用。设备包括用于信息技术系统的仪器、运输设备和计算机硬件等。企业拥有的有形资产必须在企业资产负债表中保留一年以上。有形资产的收购包括在相关资产类别的国民账户固定资本形成总额的范畴内。企业的财务报表将提供有关财产、厂房和设备增加的支出信息。资产负债表将反映资产存量的总价值。企业除了自营获取或开发这些资产外，还可以通过从外部租赁这些资产来确保其服务，如为使用服务器等资产支付云服务费用。这些成本代表着资产使用的间接测度。

4.30 用于创新的有形资产获取或租赁：获取或租赁有形资产可以成为创新活动。例如，企业购买或租赁的设备与其用于商业流程的现有设备有显著不同的特征。如果购买有形资产只是为了替换或扩大资本投资，而且这些投资没有变化，或者与企业现有的有形资产存量相比只有微小变化，那么购买有形资产通常就不是创新活动。

4.31 如果有形资产是产品或商业流程创新所必需的，则租赁或者出租有形资产是一种创新活动。用于创新的资产是直接拥有还是租赁，创新活动的测度应该是稳健的。例如，为设计实验室租用额外的建筑空间可能是一项创新活动。同样，使用第三方云服务来转换和提高运营效率，可能有助于商业流程创新，或有利于向客户交付新产品。

4.2.8 创新管理活动

4.32 创新管理指规划、管理和控制用于创新的内部和外部资源的所有系统活动。这些活动包括如何分配用于创新的资源、分配员工之间的责任和决策、管理与外部伙伴的协作、将外部投入纳入企业的创新活动、监测创新结果及经验总结。创新管理包括为应对企业创新而制定政策、战略、目标、流程、结构、角色和责任的活动，以及评估和审查这些活动的机制。创新管理的相关信息，对于研究那些能产生销售收入或其他成果的创新活动的经费支出效率，有一定的意义（关于创新管理的更多详细信息，参阅第 5 章）。

4.33 创新管理实践与创新活跃型企业相关，尽管企业之间实践的形式和复杂性可能存在很大差异。仅借助有形资产收购或租赁开展临时创新的企业受访者可能不会认识到他们的企业有创新管理实践。由于创新管理活动与非创新型企业无关，因此建议只对创新活跃型企业收集关于创新管理实践的定性数据。第 4.3.2 和第 5.3.4 小节讨论了可收集的关于企业创新管理活动和能力的数据类型。

4.34 与所有企业潜在相关的一种创新管理实践是搜寻外部创新资源。如果企业在观测期内决定不开发创意，而从外部寻找创新思想，这样的企业就不是积极创新的企业。如果可能的话，建议在设计有关创新知识来源的问题时，收集所有类型企业搜寻活动的数据（见第 6.3.3 小节）。

4.3　收集创新活动发生率的定性数据

4.35　本节中的指南涉及收集企业内与创新潜在相关的特定活动发生率的定性数据，并判别哪些明确地致力于创新活动。

4.3.1　来源于内部和外部的活动

4.36　许多创新活动可以在内部进行、从外部组织获得，或是基于内部和外部活动的组合。此外，对创新过程的投入可从其他企业或商业企业部门以外的组织获得。其他企业包括所有权与受访企业相关联的联营企业，无论是否处于同一个国家。属于企业集团的企业应当将集团中的其他企业视为外部组织。采购通常指向外部组织支付费用的外包活动，然后由外部组织进行一系列活动，来为可能开展创新的企业提供服务。外部采购活动可能还有其他安排（见第6章）。

4.37　企业可以在合同基础上向其他企业或组织提供一系列基于知识的服务，如设计、培训、营销、咨询、软件或知识产权服务。然而，不能认为提供这些服务的企业是创新活跃的（见第 3 章），除非它们开展创新活动，并自己引入创新。从测度的角度看，这种限制是必要的，因为提供这些活动作为服务的企业可能不知道承包商是否打算将他们的服务用于创新。

4.38　这个限制的一个例外是为其他企业或组织提供研发服务的企业。按照惯例，所有研发都是创新活动，因此通常不需要再确定研发服务是否用于创新。应用研究与试验发展旨在产生特定的结果。尽管根据定义，基础研究可能没有特定的直接商业应用或用途，但是它可能最终仍是以创新为目标（OECD，2015）。

4.39　关于由外部组织进行的除研发以外的创新活动（设计、培训、软件等）的活动发生率和经费支出数据，应当从采购这些服务的企业收集。购买这些服务的企业知道这些活动是否打算用于支持其创新。然而，从外部开展研发的数据可从提供研发服务的企业和采购研发的企业进行收集。在专业从事研发并为国外企业提供大量研发服务的国家，这两个群体的数据可能都有意义。然而，当在国家层面汇总研发支出数据时，重要的是避免重复计算采购商和服务提供商所报告的研发费用。

4.40 创新的劳动分工（见第 3 章和第 6 章）会产生一个结果，为其他企业或组织的创新活动提供具有潜在价值的知识服务企业，可以作为一个经济体总创新绩效的重要投入。因此，为研究创新的劳动分工而收集这种企业的全部数据很有意义。

4.3.2 与创新相关的特定活动的定性数据

4.41 建议收集关于上述第 4.2 节所列各类企业（第 3 章所定义的创新型和非创新型企业）活动绩效的定性数据。关于创新管理的问题应该只针对报告一项或多项创新活动的企业。对于所有企业，应收集以下方面的定性数据：①是否开展每一项活动，无论其目的如何；②每一项活动（研发除外）是否都是为了实现一项或多项创新而开展的。

4.42 如表 4.1 所示，收集已界定的创新活动是在内部开展还是从外部组织采购的其他数据也可能有意义。

表 4.1 收集与创新有关的活动的定性数据

活动类型	任何活动（内部开展或采购）	内部开展的创新活动	采购外部创新资源的活动
研究与试验发展活动			
工程、设计和其他创造性活动			
营销和品牌资产活动			
知识产权相关活动			
员工培训活动			
软件开发与数据库活动			
有形资产的获取或租赁活动			
创新管理活动			

4.43 虽然每种类型的创新活动都是不同的，但仍存在重叠的领域。例如，一些软件开发、设计和员工培训活动可以是研发的一部分（见下文）。建议在收集每项活动的定性数据时，应允许可能的重叠，并避免使用详细说明来规避重叠。

4.44 可以收集特定活动的附加信息。例如，内部研发活动持续开展或是偶尔进行，有形资产的投资是否包括信息通信技术设备，与知识产权有关的活动是否包括获取不同类型的知识产权（发明专利、工业外观设计、商标等）。此外，针对特定创新活动的数据收集做进一步分解是有意义的。例如，单独收集“工程活动”和“设计和其他创造性活动”数据，或“软件开发”和“数据库活动”数据可能很有意义。

4.4 收集创新活动的经费支出数据

4.45 学术研究和政府政策对创新活动的成本数据有很高的需求。本节介绍收集经费支出数据的两种方法：收集特定活动的数据和按会计类别收集数据。

4.4.1 测度创新经费支出的概念问题

4.46 除了有形资产支出，大多数创新活动的支出与国民账户体系所定义的知识产权产品的资本形成的测算密切相关（EC et al.，2009；OECD，2010），包括研究与试验发展、矿产勘探和评估、计算机软件和数据库、娱乐、文学和艺术原创，以及其他知识产权产品。

4.47 资本性支出是指年度内购买固定资产支出和内部开发固定资产成本的总和。包括用于土地、建筑、机器、运输设备和其他设备，以及诸如计算机软件和数据库、研发所需资产和其他知识产权资产等的总支出。固定资产的使用寿命必须大于一年（EC et al.，2009）。经常性支出包括所有劳动力成本、持续不到一年的材料成本和租赁固定资产的成本。

4.48 其他类型的知识资产仍不被视作国民账户体系生产范围，因此被排除在官方的资本形成估算之外。为获取扩大的无形资产或知识资产类别而进行的测算工作的范围（Corrado et al.，2006； Awano et al.，2010；Goodridge et al.，2014）与表 4.1 非常接近。除了国民账户体系的知识产权，基于知识资产的概念还包括投资品牌资产、设计和组织资本（见第 2.4.2 小节和第 5.2.2 小节）。

4.49 知识产权或扩展知识资本中资本形成的测算，着重于获取相关知识产权资产存量的增加，因此不包括预期在一年以上不会产生收益的活动。与创新相关的活动的支出包括资本和经常性支出。另外，并非所有的资本形成都是为了创新。

4.50 一般来说，尽管对知识产权资本形成和创新支出的核算方式与具体项目的概念化方式略有不同，但对收集的任何数据进行比较有利于保持一致性。

基准期

4.51 虽然收集以多个年份为观测期的数据对于构建活动的定性指标是可行的，但建议数据收集应关注调查的基准年，以减轻答题负担，进而提高数据质量。例外的情况是，使用客体法收集关于用于单个创新项目的资源数据（见第 10 章），其中可能涉及多个年份。如果企业的会计年度偏离基准年，则应要求提供与基准年最匹配的会计年度支出数据。

挑战

4.52 创新活动支出数据的质量可能受到一些因素的影响。例如，许多类型的活动支出不能直接从企业的会计系统获得。企业可以收集所有培训支出的数据，但可能不会将这些数据分为一般培训和创新培训。此外，信息可能分散在企业的不同部分，受访者很难进行一致性汇总。

4.4.2 特定创新活动的支出

4.53 如表 4.2 所示，建议收集所有企业 7 项活动中每项活动的总支出数据。同时只收集创新活跃型企业的每项（创新）活动的额外支出数据，以便确定每项活动中与创新有关的支出份额。下面列出了为每项活动分配创新支出的细节。

尽管存在与创新管理相关的第 8 种创新活动（见第 4.2.8 小节），但建议仅收集此类别的定性数据（见第 4.3.2 小节）而不是支出数据，因此将其排除在表 4.2 外。

表 4.2　收集与创新相关的特定活动的支出数据

序号	活动类型	总支出（所有企业）	创新支出（仅限于创新活跃型企业）
1	研究与试验发展活动（包括定义的活动）		
2	工程、设计和其他创造性活动		
3	营销和品牌资产活动		
4	知识产权相关活动		
5	员工培训活动		
6	软件开发与数据库活动		
7	有形资产的获取或租赁活动		

4.54　一些创新活动之间的重叠可能导致受访者将支出分配给错误的活动，或者在某些情况下，将两个或更多活动的支出重复计算。支出的分配基于层级结构，这种结构优先考虑创造性活动，如研发，而不是支撑性活动，如知识产权相关活动、营销和品牌资产活动、员工培训。此外，在创造性和支撑性活动中存在层次结构。对于创造性活动，研发优先于软件开发与数据库活动，而后者又优先于工程、设计和其他创造性工作。在支撑性活动方面，知识产权及相关活动优先于营销和品牌资产活动，后者又优先于员工培训。

4.55　下面详细列出了可作为创新经费的创新活动支出。

①研究与试验发展活动的支出在之前的第 4.2.1 小节中进行了详细说明。这些支出应包括用于研发的通用研究工具的知识产权许可支出和用于研发的有形商品支出，以及满足 5 项研发活动标准的设计活动或软件开发活动的支出。如果成果被纳入研发项目，但是产出不确定，设计和软件开发活动也可以是研发的一部分（OECD，2015）。可以要求为向其他企业提供服务而开展研发或其他创新活动的企业，将这些支出列入“总支出”栏目中，并且仅将其自身创

新的支出列入“创新支出”中。

②工程、设计和其他创造性工作活动的支出包括第 4.2.2 小节中确定的所有活动，但符合研发标准并应在研发项下报告的设计和工程活动的费用除外。原则上，在设计、工程或创造性方法方面培训员工的支出应包括在此项支出中。购买外部设计服务的支出数据通常可以从企业的损益表中获得。

③营销和品牌资产活动的支出包括第 4.2.3 小节中确定的所有活动，包括营销和品牌营销活动的培训支出。商标支出应包括在知识产权活动下。支付外部营销和广告服务的数据通常可以从企业的损益表中获得。

④知识产权相关活动的支出包括第4.2.4小节所列活动的所有经常性支出。这些支出应包括知识产权管理培训，以及为营销和品牌资产活动获取商标的开支。购买用于研发的外部知识产权的成本应当在研发项下报告。管理知识产权的支出数据通常可从企业各部门（大型组织）的成本中获得，或者结合内部人员的劳动成本、申请和注册成本及外部服务成本来获得。获取外部知识产权的支出数据通常可从资产负债表数据（对各类无形资产的补充）中获得。在可能的情况下，建议按不同类型的知识产权来划分这一类别。

⑤员工培训活动的支出包括第 4.2.5 小节所列的与企业员工培训有关的所有直接和间接费用。直接费用包括外部课程的费用、参加培训课程的旅费和生活费、教材、内部人员培训的人工费用及内部培训中心的管理性和其他费用。间接费用是指员工在培训上花费的时间成本，包括在职培训的时间。在员工培训支出中应排除两种活动：a. 培训客户或非企业聘用的其他人员的支出；b. 初次职业培训（如学徒培训）支出。员工培训的直接成本数据通常可以从企业的人力资源部门获得。

⑥软件开发与数据库活动的支出包括第 4.2.6 小节所列活动的所有支出。关于软件开发与数据库活动的数据应当从资产负债表数据（资本化软件和数据库的附加部分）中获得，尽管需要对非资本化成本进行一些补充。这项活动支出有两个例外：用于进行研发的计算机软件支出应在研发项下报告，市场调查的数据收集成本应作为营销支出的一部分进行报告。

⑦有形资产的获取或租赁活动支出包括通过购买或租赁获得的第 4.2.7 小节所列所有活动的费用，加上作为资本化服务的自用货物的内部生产成本，但不包括用于研发的资本性支出。该项目还包括购买和租赁有形资产的经常性支

出。资本性支出的数据可以从企业的资产负债表（财产、厂房和设备的补充）中获得。有关租赁成本的数据可以从企业的损益表中获得。

4.56　受访者可能会发现，即使提供了说明，也很难将创新资源匹配给正确的活动。例如，从事设计工作但没有研发部门的服务业企业的受访者可能不知道他们的一些设计活动符合研发标准。这可能导致对特定活动所给予的资源量被低估或高估，但它不应当对创新支出总额的估计产生实质性影响。

4.57　表 4.2 中特定创新活动的支出总额可能不等于企业的创新总支出，因为企业可以开展除所列创新活动以外的创新活动，如与经营管理商业流程创新有关的活动。以下提供了收集创新总支出数据的替代方法。

4.4.3　创新活跃型企业的支出按会计类别划分

4.58　会计方法收集企业广泛使用的 5 种标准会计类别的创新支出数据：研发、人员成本、外部服务采购、材料采购和资本支出。

4.59　从事研发的企业通常保留有关其研发支出的记录，以满足一系列可能的统计和管理性报告要求。同时，一些开展研发的企业可能只在被问及其总创新支出时才报告研发支出，如在企业内部会计和报告系统中不使用创新的概念，因此可以认为研发是最接近创新概念的会计类别。为了尽可能准确和完整地收集关于总创新支出的数据，建议明确区分研发支出和非研发支出，并按照指南帮助企业判定后者。表 4.3 列出了用于收集总创新支出的类别。应收集基准年的数据。

表 4.3　收集创新活动支出数据的会计方法

序号	支出	创新支出总额 （仅限于创新活跃型企业）
1	研发（包括定义的活动）	
1.1	内部研发（包括人员成本、材料和其他物资及为研发活动购买的资本货物）	

续表

序号	支出	创新支出总额（仅限于创新活跃型企业）
1.2	外部研发（从其他各方购买研发服务）	
2	研发以外的创新活动	
2.1	自有人员（不包括研发人员的费用）	
2.2	从其他各方购买的服务（不包括研发服务的购买）	
2.3	材料和其他用品（不包括用于研发的材料 / 用品）	
2.4	资本货物（购买的有形资产和无形资产，不包括购买与研发活动直接相关的资本货物）	

4.60 应指导企业提供非研发支出的最佳估计，如估计开展创新活动的非研发人员的份额，并使用这个份额来确定“除研发之外的创新活动的自有人员成本”。对于其他 3 类非研发支出，也可以提供类似的指导。外部创新支出由“购买研发服务”和“从其他各方购买的服务（不包括研发服务的购买）”项目构成。

4.61 创新支出的每个会计类别的附加细节如下。

①研发支出数据可以根据 2015 年版《弗拉斯卡蒂手册》（OECD，2015）第 4 章中的建议收集。内部研发支出是研发的经常性支出加上固定资本支出总额。资本项目的内部研发成本也应包括在内，并排除资本化研发或用于研发的有形资产的折旧成本。外部研发支出包括从其他各方购买研发服务。

②自有人员的费用包括从事除研发外的创新活动的员工的所有工资和薪资费用。只在非研发创新活动上花费部分时间的员工的人员费应按比例支付。对于无法估计人员成本的受访者，可以提供基于人月（Person-Months）的替代方法。

③从其他各方购买的服务支出包括用于创新活动但尚未参与研发（外部研发）的服务的所有费用。

④材料和其他用品的支出包括用于创新活动但尚未纳入研发材料投入的所有费用。

⑤资本货物支出包括购置有形和无形资本货物的成本，如机械、设备、建筑物、土地、资本化软件和其他从外部购买的资本货物。应当排除在内部研发支出中所包括的资本购置。不用于研发的资本化自有资产（如内部制作的资本

化软件、资本化开发成本）应包括在内。

4.62　应指导受访者将创新活动的资本性支出和经常性支出都包括在相关标题下。有形资产和无形资产的折旧不得列入经常性支出数据，以免重复计算相关资本性支出。

4.63　使用会计方法收集创新支出时，需要对具有研发支出的企业给出特别说明，要求其仅报告表 4.3 中列出的 2.1 ～ 2.4 类别的非研发支出，而不包括这些类别的人员、材料、资本货物或购买的研发服务等相关的研发支出。

4.4.4　创新活动的资金来源

4.64　创新活动的支出可按资金来源分类。收集有关资金来源的数据有助于评估政府投资和金融市场在创新过程中的作用。创新有许多潜在的资金来源，包括：

①自有资金（保留利润或资产处置收入）；

②附属企业转移资金（位于国内或国外的控股企业、子公司或关联企业）；

③客户订单（包括来自国内、外国政府或国际组织的采购合同）；

④股东贷款；

⑤商业贷款（银行、信用卡等）、透支贷款或供应商信贷提供的债务融资；

⑥政府贷款；

⑦国际组织的贷款；

⑧私募股权、风险投资公司、天使投资人或个人（家人和朋友）的股权；

⑨国内或国外政府、国际组织、非政府组织等的赠款或补贴；

⑩债券和债务；

⑪其他来源（如众筹）。

4.65　数据收集可以合并上述类别，如将所有内部资金来源设为一个类别，将所有外部资金来源设为另一个类别。数据收集可以侧重于特定来源，如政府资金。可将外部来源分为国内资金和国际资金。

4.66 对于政府政策和学术问题来说，收集到是否使用了某个来源的资金可能就足够了，而不需要估计每个来源提供的金额（以货币或百分比计算）。

4.5 创新活动的其他数据

4.5.1 收集创新活动的人力资源数据

4.67 对于特定的创新活动，管理者会发现很难估计企业内是否有单独的、主要涉及内部劳动力成本的支出。这可能导致对主要由劳动力成本构成的创新活动（如培训，工程、设计和其他创造性工作，以及营销和品牌资产活动）的支出估计不准确。

4.68 对于这些活动，对分配给每项活动的每月人员数量（以全时当量为基础）进行估算可以提高数据质量。收集创新活动月度人员数据应限于以劳动力成本为主的活动，或者是不太可能提供准确支出数据的产业，如服务业的小企业。如果其他数据是平均小时工资或月工资成本，则可以通过将月度人员估计数与工资和薪金数据结合起来估计支出。

4.5.2 创新项目数据

4.69 许多创新活跃型企业将其组织的创新活动作为创新项目，可定义为一组为特定目的而组织和管理的、有特定目标、资源和预期结果的活动（见第3章）。可以询问受访者他们的企业是否将部分或者全部工作进行组织，而将创新发展成公认的项目，也可以问他们一个特定的创新项目（见第10章）。

4.70 有关创新项目的信息可以补充创新活动的其他定性和定量数据。有关创新项目数量的数据可以提供创新活动多样性和差异性的指标。有关产品和商业流程创新的项目数量的分类数据可以用于确定创新目标、企业能力和业务战略之间的关系（见第5章）。

4.71 使用第10章中讨论的“客体法”，收集单个创新项目的数据可以提供关于创新投资的详细信息。认知测试表明，受访者发现，为与单个创新项目有关的创新活动提供支出数据或全职人员工时的数据，比为所有创新活动提供数据更容易（主体法）。

4.72　对于那些在项目基础上组织创新活动的企业来说，为了将所有创新项目合并或者分解为产品和商业流程创新项目，获取以下信息是有用的：

①在观测期内开展的创新项目的数量；

②在观测期内完成的创新项目的数量；

③在观测期内完成之前停止的创新项目的数量；

④观测期结束时正在进行的创新项目的数量。

4.73　已完成、已停止和正在进行的创新项目的数量应等于观测期间的创新项目总数。创新项目的确切定义取决于企业的实践，允许受访者从企业的项目管理工具或类似来源收集所需信息。

4.74　关于创新项目数量的信息主要不是为了计算一个企业或产业的项目总数，而是为了推导出企业层面的指标，如已完成项目的份额、在完成之前停止的项目份额，为开发产品的项目份额与商业流程创新的项目份额做对比。

4.5.3　后续活动

4.75　创新活动发生在引入产品创新或实施商业流程创新之前和之后。观测期内，企业也可以在创新实施后为创新用户开展营销活动、员工培训、示范等服务。这些后续活动对于创新的成功至关重要，但它们不包括在创新活动的定义中。

4.76　数据收集可以获得关于 3 个特定后续活动的定性数据：

①后续营销指提高市场中创新产品销售收入的所有活动，包括广告、在交易会上的推广、改变分销渠道等。

②后续培训包括在观测期内对所有与产品或商业流程创新相关的员工进行

的内部培训，还包括使潜在用户和当前用户熟悉企业产品或商业流程创新的活动，如进行演示活动或用户培训。

③售后服务包括由创新型企业提供的所有服务，以提高创新对于用户的效用。售后服务包括安装、更新和维修服务、保证和退货方案（这可以减少用户的不确定性）和信息服务（包括网站或其他论坛，以促进用户之间的沟通）。

4.77 如果为特定创新收集后续活动的信息，那么收集的信息可能特别有用，如在第 10 章中讨论的客体法。

4.5.4 计划好的创新活动和支出

4.78 有关企业未来创新活动计划的数据，可以提供经济体或产业创新在不远的将来可能发展的信息。计划好的创新活动的数据也可用于制定更实时的指标，以帮助评估近期企业创新环境变化的可能影响，如创新服务方案或与创新相关的规章变化。

4.79 鉴于创新的不确定性，收集计划好的创新活动的数据应指向当前和近期。收集计划好的活动的信息可以在数据收集年度（现报）进行，该年通常是基准年之后的一年，而不超过两年。

4.80 如果收集有计划活动的数据，那么可以要求受访者以“是”或“否”来回答他们的企业是否计划在基准年之后的一两年内开展创新活动，以及创新支出总额与基准年（如果有的话）相比，预期会增加、保持不变还是减少。关于支出计划的问题应紧跟在基准年创新支出的问题之后，以确保使用相同的创新支出定义。

4.81 其他问题可以询问在不久的将来计划开展的创新类型（使用第 3.3 节中的创新类型）或本章中列出的计划中创新活动的类型。

4.82 由于许多企业尚未决定在不久的将来是否投资于创新活动或将投资多少，因此必须单独提供“不知道”回答类别。这些信息本身是有用的，因为它提供了关于未来创新活动和支出的不确定性程度的信息。

4.6　建议总结

4.83　本章确定了具有政策价值和研究价值的创新活动。下面给出了普通数据收集的问题建议。本章所涵盖的其他类型的数据适合于专门的数据收集练习。

4.84　普通数据采集的关键问题包括：①是否分别开展了 8 项活动的定性数据，在肯定回答的情况下确定是否是为了创新而开展（第 4.3.2 小节）；②每项活动是在内部开展还是从外部组织采购（第 4.3.1 小节）；③ 7 项活动中每项活动的总支出（第 4.4.2 小节）；④使用会计方法计算的总创新支出（第 4.4.3 小节）；⑤创新资金来源（第 4.4.4 小节）。

4.85　普通数据收集（给定空间或资源）的补充问题是：①关于特定活动的附加信息，如研发活动是连续进行还是偶尔进行（第 4.3.2 小节）；②按资金来源划分的创新支出（第 4.4.4 小节）；③后续活动（第 4.5.3 小节）；④计划好的创新活动及其支出（第 4.5.4 小节）。

参考文献

Awano，G. et al.（2010），“Measuring investment in intangible assets in the UK：Results from a new survey”，*Economic & Labour Market Review*，Vol. 4/7，pp. 66-71.

Corrado，C.，C. Hulten，and D. Sichel（2006），“Intangible capital and economic growth”，*NBER Working Papers*，No. 11948，National Bureau of Economic Research（NBER），Cambridge，MA，www.nber.org/papers/w11948.

EC et al.（2009），*System of National Accounts 2008*，United Nations，New York，https：//unstats.un.org/unsd/nationalaccount/docs/sna2008.pdf.

Goodridge，P.，J. Haskel，and G. Wallis（2014），“Estimating UK investment in intangible assets and intellectual property rights”，No. 2014/36，The

Intellectual Property Office, Newport.

OECD (2015), *Frascati Manual 2015: Guidelines for Collecting and Reporting Data on Research and Experimental Development*, The Measurement of Scientific, Technological and Innovation Activities, OECD Publishing, Paris, http://oe.cd/frascati.

OECD (2010), *Handbook on Deriving Capital Measures of Intellectual Property Products*, OECD Publishing, Paris, https://doi.org/10.1787/9789264079205-en.

WIPO (2004), "What is intellectual property?", *WIPO Publications*, No. 450 (E), World Intellectual Property Organization, Geneva, www.wipo.int/edocs/pubdocs/en/intproperty/450/wipo_pub_450.pdf.

第 5 章　衡量创新的商业能力

商业能力包括企业在追求目标过程中积累并利用的知识、能力和资源。收集有关商业能力的数据对于分析创新的驱动因素和影响（为什么有些公司进行创新而其他公司没有创新）、公司执行的创新活动类型及其影响至关重要。与创新相关的商业能力包括综合管理能力、劳动力技能和人力资源管理及技术能力。技术能力的讨论包括技术专长、设计能力及与数字技术和数据分析相关的能力。

5.1　引言

5.1　商业能力包括企业在追求目标过程中积累并利用的知识、能力和资源。公司员工的技能和能力是创新相关能力的一个关键部分。收集有关商业能力的数据对于分析创新对企业业绩的影响及一些企业寻求创新而其他企业不寻求创新的原因至关重要（见第 11 章）。

5.2　许多商业能力可能支持创新活动和经济上的创新成功。本章提供了 4 种衡量与企业创新绩效研究相关的能力方法：

①企业控制的资源（第 5.2 节）；

②企业的总体综合管理能力，包括与管理创新活动相关的能力（第 5.3 节）；

③劳动力技能及公司如何管理其人力资本（第 5.4 节）；

④开发和使用技术工具和数据资源的能力，后者为创新提供了越来越重要的信息来源（第 5.5 节）。

5.3　不断深入的研究提高了我们对创新过程的理解，与商业能力相关的许多概念都随着时间而发生了改变。对理解的进一步改进需要进行数据收集，以获得新的概念和衡量方法。

5.4 本章中关于内部能力可能影响企业创新的讨论是对第 7 章内容的补充，第 7 章论述了外部因素对创新的影响。其中一些因素是相互关联的，例如，公司劳动力技能受到劳动力市场中熟练员工的可用性的限制。第 6 章介绍了企业利用外部产生的知识而进行的活动和获得的能力，从而在本章和第 7 章之间架起了桥梁。

5.5 创新活跃型和非创新型企业都可以开发和使用本章讨论的商业能力。

5.6 第 5.2 节描述了企业的一般资源，这些资源对企业从事创新活动有很大影响。第 5.3 节考察了企业的综合管理能力，特别是其商业战略和管理能力。第 5.4 节回顾了与创新相关的人力资源和劳动力技能，第 5.5 节回顾了各种技术能力（包括设计）。第 5.6 节总结了本章衡量方面的建议。

5.2 企业的一般资源

5.7 企业可利用的资源对其通过从事各种类型的活动（包括与创新相关的活动）来实现目标的能力有很大的影响。企业的相关资源包括劳动力、有形资产和无形资产（包括知识型资本）、积累的业务活动经验和可用的财务资源。对于属于企业集团的公司及合作伙伴和合作伙伴的公司，获取关联企业的资源同样重要。

5.2.1 企业规模

5.8 企业规模是创新活动和企业创新倾向的常用预测指标（Cohen et al., 1996）。最常见的衡量企业规模的指标包括就业人数和营业额（或金融服务等产业的同等指标，这是一个不太相关的产出衡量指标）。因此，应收集就业和营业额的数据。就业数据可以基于人数收集，但应尽可能基于全时当量（FTE）的数量。企业规模的另一个衡量标准是营业额，这对于生产力分析很有价值。

5.2.2　企业资产

5.9　在商业会计中，总资产包括有形固定资产、无形固定资产、商誉和流动资产（如现金、应收账款、存货）。是否对另一方负债将金融资产与"真实"资产分开。在经济学文献和本手册（另见第 2 章和第 4 章）中，资产一词适用于公司控制的资源，这些资源预计将持续生产一年以上。有关资产的数据可从财务报表中获得，包括有形固定资产（如物业、厂房和设备）的账面价值和无形固定资产（如软件、专利、特许经营权、商标和商誉）的账面总额。开发资源（如无线频谱、自然资源等）的监管许可也可以视作企业资产。

5.2.3　年龄

5.10　一个公司的年龄是另一个资源指标，因为它蕴含了一个公司随着时间累积的经验。在如何实施变革和从投资中获得成果等方面，老公司通常比年轻公司积累了更多的知识。随着时间的推移，学习会影响创新能力和创新成果（Huergo et al.，2004）。相反，如果较年轻的公司受组织惯性的影响较小，并且具有较低的调整成本和沉没成本，那么它们可以更灵活地实施变革。

5.11　衡量一家公司的年龄面临几个概念上和实践上的挑战，如确定一家企业的相关"出生日期"（Eurostat / OECD，2007）。企业诞生的定义不包括因合并、分立和其他形式的企业重组而进入企业群体的情况，也排除了仅包括活动变化的情况。

5.12　企业的年龄应尽可能以企业（作为组织单位）在经济上活跃的年限来衡量。这可以衡量公司有效积累知识的时间长度，但可能不同于公司合法成立的年数，因为公司可能在开始运营后采取合法形式，也可能在成立后一段时间内不活跃。根据 Eurostat/OECD 对企业人口统计的定义，排除"出生"以外的事件很重要，但如果只有基本的管理性数据，可能很难实践。

5.13　因此，建议收集公司开始任何类型业务活动的年份数据，包括合法成立之前的活动。关于企业如何建立的信息也很有价值，因为不同的建立方法

（个人创业、大学或企业的分拆、家族经营等）会影响创新活动和战略。

5.2.4 融资和所有权

5.14 企业的内部财务来源是创新的另一个主要驱动力。利润更高的公司和拥有更多自有资本的公司可以更容易地投资于结果不确定的活动，如与创新相关的活动。企业内部财务资源的有用衡量指标包括利润率（税前收益或息税折旧摊销前收益）和股权比率。在解释公司外部融资及其进入金融市场的数据时，有关内部财务资源的数据也很重要（见第 7.4.3 小节）。这些也可以作为衡量创新财务成果的指标（见第 8 章）。

5.15 公司的所有权现状也会影响资源的获取。归属于企业集团的公司可以获得远远超过公司自身资源的资源。可以收集以下方面的数据（其中一些信息可以从商业登记处获得）：

①公司是否是独立企业或是企业集团的一部分；

②公司是否是跨国集团（企业集团的公司位于不同国家）或国家集团（企业集团的所有公司都位于同一国家）的一部分；

③公司最终所有者（拥有公司控股权的公司）所在国家或地区；

④公司是否在证券交易所公开上市，如果是，还应提供所有权集中度的信息。

5.16 建议至少确定一家公司是独立公司还是归属于企业集团。如果是后者，则需确定企业集团是跨国集团还是国家集团。此外，还可以收集更多关于企业集团的信息，如集团总部所在国或地区，以及整个集团的规模。

5.3 综合管理能力

5.17 综合管理能力可以影响企业开展创新活动、引入创新和产生创新成果的能力。虽然管理文献已经确定了可能影响创新绩效的各种管理实践和能力，但本节重点介绍了两个关键领域：公司的商业战略及用于实施该战略的组织和管理能力。

5.3.1　商业战略

5.18　商业战略包括制定目标和确定实现这些目标的政策。战略目标涵盖中期和长期的预期结果（不包括所有企业共享的盈利目标）。战略政策或计划包括企业如何创造竞争性优势或“独特的销售方案”。常见的战略选择包括：

①在价格或质量上竞争；

②市场领导或成为追随者（主动塑造市场或对竞争做出反应）；

③风险处理方法（参与高风险和高回报活动，或偏好低风险活动）；

④开放程度（寻找新的协作伙伴，或与关键合作伙伴建立密切稳定的关系）；

⑤转型（寻找新的业务模式，或持续改进现有的商业模式）；

⑥关注单一产品市场，或同时服务多个市场。

5.19　销售活动的地域分布（如本地、国内或国际市场）和垂直整合程度都是企业竞争战略的重要方面。如果竞争策略在企业内部正式化，那么竞争策略更有可能影响企业的运营，包括创新活动。

5.20　企业的商业战略会影响关键的经济成果，如在销售额、就业率或资本存量方面的增长、利润率或资本回报率及市场份额。有关一般商业竞争战略、创新目标和成果的数据（见第 8 章），对于研究不同战略在可观察的绩效方面的相对成功具有重要价值。

5.21　数据收集可以获得有关不同战略计划是否存在、计划如何传达给员工（如有书面战略计划的情况），以及监控计划进展系统的信息。此外，战略计划涵盖哪些业务职能（如财务、营销和客户关系、物流）及哪些活动（如创新、劳动力发展、健康与安全、企业社会责任）的信息有助于确定战略与创新之间的联系。

5.22　企业所做的一个会影响创新活动的主要选择是，是否在价格或质量上进行竞争。以质量为中心的企业更有可能开发新的面向市场的产品创新，而以价格为中心的企业更重视流程的高效性。为了获取这些战略方向，建议收集有关成本和质量对企业竞争战略相对重要的数据，包括：

①企业关注其产品价格的程度（成本竞争力）；

②企业关注质量特征的程度（如功能性、耐用性、使用灵活性等）。

5.23 其他相关信息包括专注于改进现有产品、引入全新产品或使产品符合个别客户的特定要求。此外，与质量相关的竞争战略的另一个方面包括品牌活动的重要性，以使公司的产品和竞争对手的产品区分开来。

5.24 公司的一个战略选择是服务于单一产品市场还是多个市场，因为多元化可以推动创新活动。服务于多个市场的公司比服务于单一产品市场的公司更有可能拥有创新机会。为了获得相关信息，调查中可以收集有关公司活跃的产品线数量和相应收入份额的数据。这些信息可用于构建类似于赫芬达尔指数（Herfindahl index）的多样化指数或集中指数。或者，调查中可以询问受访者，他们的公司是否以特定的产品市场或产品市场中的应用为目标。因此，所服务的不同客户的数量，或主要客户所占总销售额的份额，都可以提供有价值的信息。有关企业产品战略的数据收集应与企业产品市场竞争水平的数据联系起来（见第 7.4.2 小节）。

5.25 由于企业可以在不同的市场中采用不同的战略，因此，有关战略方向的问题可以按市场细分，或者针对企业的所有市场。

5.26 企业所瞄准的地理市场提供了有关企业战略的额外信息，因为它们与用户需求、竞争和监管环境有关，而这些将会影响创新活动的范围和方向。收集这些信息的一个简单方法是询问一家公司是否在特定地理区域销售产品。海外客户的销售份额（出口份额）是另一个有用的衡量标准。建议收集一家公司"是否为其国外市场提供服务"的数据，如果是，还应收集出口销售份额。

5.27 企业竞争战略的另一个方面是"制造或购买"的决策，尤其是对用户价值最大的产品组件（包括相关的生产和物流流程）而言，因此，其对企业的市场地位至关重要。垂直整合的程度（内部生产的份额）可以为企业创新活动的广度提供线索。但是，仅收集关于采购材料和服务在总产量中所占份额的数据是不够的，因为它们无法提供关键组件的垂直集成信息。因此，调查问卷需要从自我评估中收集信息，如关键和非关键组件的垂直整合程度。此类数据应与供应商在公司生产和创新活动中所起作用的相关数据联系起来（见第 7.4.3 小节）。

5.3.2　组织和管理能力

5.28　组织和管理能力包括公司的所有内部能力、才能和技能，这些能力可用于调动、控制和利用资源，以实现公司的战略目标。这些能力通常与管理人员、无形资本、有形资本和金融资本及知识有关，并且涉及内部业务管理和外部关系管理。管理能力是组织能力的一个子集，与管理者组织变革的能力相关。

5.29　综合管理能力变革与组织的创新能力密切相关。它们包括：

①响应能力（识别相关外部挑战的能力）；

②学习能力（从经验中学习的能力）；

③协调能力（整合不同流程以实现战略目标的能力）；

④创造力（产生和使用新知识和新解决方案的能力）。

5.30　在收集有关这些能力与公司业务运营的相关性数据过程中，可以使用李克特量表（Likert scale），或者对这 4 种能力中每一种的管理能力水平进行收集。在这两种情况下，数据收集都依赖于受访者的主观评估。

5.31　与创新相关的另一个概念是企业的动态管理能力，即管理者有效应对内外部挑战的能力（Helfat et al.，2015，2007）。动态管理能力主要包括 3 个方面：

①管理认知：影响管理者偏见和启发式思维的知识结构，如预测市场变化或了解不同选择的影响；

②管理社会资本：取决于管理者与他人的关系，可用于获取资源和信息的

商誉；

③管理人力资本：个人通过以往的经验、培训和教育所获得的技能和知识。

5.32 动态管理能力的数据收集可以依赖于在一系列管理研究中开发确定的项目（Helfat et al.，2015）。

5.33 另一个与创新密切相关的组织能力是采用全面质量管理（TQM），这是 ISO 9000 系列标准的一部分。它包括增加和持续改进公司生产和提供高质量商品或服务的能力过程中付出的所有努力。数据收集可以确定一家公司是否拥有 TQM 的 ISO 认证，何时获得该认证，以及该公司是否遵循其他质量管理方法，如持续改进过程或精益制造。前者是一种管理方法，是指持续识别组织过程中的潜在缺点，并制定克服这些缺点的方法。精益制造注重创造价值的生产活动，同时避免其他所有活动。

5.34 管理层负责定义绩效目标。在不同运营领域使用的关键绩效指标表明企业如何系统地定义和监控运营目标（Bloom et al.，2010）。调查中可以询问受访者以下跟踪绩效的方法（澳大利亚统计局，2016）：

①企业是否制定了关键绩效指标；

②通过绩效指标衡量哪些绩效领域和业务职能（如财务、运营、质量、创新、人力资源、环境、健康和安全）；

③监控性能的频率；

④绩效结果是否用于确定经理或员工的薪酬，如设立奖金或晋升制度；

⑤未达到绩效的后果。

5.3.3 企业家和高层管理人员的特点

5.35 组织和管理能力通常只与跨不同部门或业务职能划分运营的大型组织有关。因此，其中许多概念与小企业无关，包括缺乏多个部门或职能，或缺乏非正规部门的企业。对于这些公司而言，收集负责公司战略和活动的经理的特征数据更为合适。对于规模更大、更复杂的企业，尤其是那些所有权高度分散的企业，数据收集工作可以将有关组织能力的信息和高层管理人员特征的数据结合起来。

5.36 收集的相关数据包括企业家或经理的最高学历、创业经历和职业生涯。这 3 个特征都会影响企业家的人力资本水平和专业知识类型。其创业经历和职业生涯是通过商业实践获得管理技能的衡量标准。相关数据包括一个人在成为当前公司所有者之前拥有的专业经验年限或不同公司的数量。

5.37 关于企业家的年龄、性别或性别认同、出生地和社会文化背景的人口统计数据也具有价值（美国人口普查局，2018），尽管可以收集的人口统计数据类型将取决于有关收集和使用个人数据的法律。关于个人特征的数据对于研究政府政策对支持特定人群创新和其他商业活动的影响有重要价值。

5.38 与综合管理能力分析相关的一种特殊企业所有权形式是家族企业。如果同一家族的成员持有公司 50% 或以上的股份，则公司属于家族所有。如果家族企业在盈利能力和利润增长等战略目标，以及实现这些目标的时间框架上，相较于其他企业有不同的偏好，那么可能会影响创新。此外，家族企业家和管理者在管理经验和风险承担方面的差异可能会影响企业的创新活动。

5.39 如果数据收集能够识别家族企业，则以下附加变量有助于研究家族企业对战略目标和创新的影响（Bloom et al.，2007）：

①家族企业已经历的世代数；

②公司是否仅由家族成员管理，或由家族成员和外部管理人员共同管理，或仅由外部管理人员管理；

③由家族成员担任的常务董事所占份额；

④企业家是否计划将公司转让给家族下一代。

5.40 其他与公司创新能力相关的所有权特征包括法定所有权类型、公司是否在股票市场上市或其他公司是否持有少数股权。

5.41 在一些国家，可能可以将创新调查数据与企业所有者特征其他来源的数据源相结合。

5.3.4 创新综合管理能力

5.42 创新管理包括发起、发展和实现创新成果的所有活动。相关能力与组织和管理能力密切相关，包括：

①识别、产生、评估和追求创新理念；

②组织公司内的创新活动（即协调不同的创新活动）；

③为创新活动分配资源；

④管理与外部合作伙伴协作的创新活动；

⑤将外部知识和其他外部投入整合到企业的创新活动中；

⑥监督创新活动的结果并从经验中学习；

⑦开发和管理在公司创新活动中产生并作为创新活动一部分的创新成果和其他知识，包括保护知识和创新资产。

5.43 一项重要的创新管理能力是激励、收集和评估公司内部产生的新想法。数据收集过程中可以识别以下各项的用途或重要性：

①知识管理系统；

②理念管理平台；

③员工建议方案；

④员工提出创新想法的财务和非财务激励（奖励、晋升）；

⑤将决策授权给创新项目经理和创新员工；

⑥让员工代表参与创新决策；

⑦确定、促进和激励关键个人和群体推动创新的行动。

5.44 企业内部的创新活动组织包括制定或修改创新战略、在企业内建立或重组负责创新的单位[如研究与试验发展（R&D）部门或设计实验室]和人力资源实践，鼓励整个公司的创新。

5.45 创新管理要求在企业内部分配创新责任。可以询问受访者是否将责任分配给单独的部门、特定的个人（创新经理），是否多个业务职能部门或与综合管理相结合。可以在特定的项目内组织创新活动（见第 4.5.2 小节），以实现特定目标，或只将创新作为非结构化流程。总而言之，企业可以使用多种方法分配责任或组织创新活动。

5.46 知识管理支持内部和外部知识来源和流程。收集企业内知识管理实践的数据，需要对 3 种知识活动实践或机制的支持，3 种活动为：知识获取、知识编纂（有助于内部知识流动）和促进企业内知识共享的活动。一些管理实践和机制可能同时与这些活动中的多个相关。

5.47 支持企业内的合作和相互学习是知识管理的一个重要部分，因为创新通常涉及企业内的不同职能领域，需要不同的人员、团体和部门之间的沟通。以下方法可以支持与创新相关的知识和经验，需要收集以下相关数据：

①创新领域和创新项目的团队合作；

②促进员工之间的非正式接触；

③跨职能领域联合制定创新战略；

④在公司内公开交流创新理念；

⑤跨职能领域的相互支持，以解决创新项目中的问题；

⑥定期召开职能部门负责人会议，讨论创新问题；

⑦迭代和交互式项目开发和交付机制；

⑧临时参与不同职能领域人员的创新项目。

5.48 来源于外部的知识流动（见第 6 章）可能需要系统、机构和程序的支持，以使社会关系和网络能够识别和收集来自外部来源的知识。企业需要搜索和评估潜在的知识合作伙伴、资源及其产品；必要时就知识购买条款达成一致，并解决潜在的争议（OECD，2013）。数据收集可以通过识别企业获取外部知识所使用的内部实践和渠道，或为此目的而与外部服务提供者（如知识经纪人）合作来获取有关知识流动的促成因素的信息。

5.49 良好的创新管理必须尽可能有效、高效地配置稀缺资源。实现这一目标的管理方法包括：

①在有明确目标、预算、时间表和经理的专用项目中组织创新活动；

②对创新理念进行系统评估和优先考虑；

③使用定量方法评估创新想法的可能回报；

④选择为创新活动分配资源的方法，如根据所取得的进展逐步或同时进行；

⑤鼓励停止或修改不成功的创新活动；

⑥如果创新活动不符合特定目标，则在完成之前停止该活动。

5.50 如第 4.5.2 小节所述，收集已经成功完成的创新项目数据和在完成前停止的创新项目数据，可以提供有关创新活动资源分配的其他相关信息（Klingebiel et al.，2014）。

5.51 实现创新承诺的创新管理实践有助于建立和维护创新文化。创新文化是指企业员工共享的创新行为、价值观和信念。支持性创新文化的特征包括开放的心态、改革的意愿、多样性、协作和从失败中学习。可以收集以下有关建立支持性创新文化的实践数据：

①传达创新的重要性，包括创新愿景和策略；

②为创新活动留出时间和资源，并提供支持工具和方法；

③认可创新者和创新成果；

④培训员工如何参与创新；

⑤使用专门的创新指标评估创新绩效。

5.52 识别和评估外部知识（见第 6 章）是创新管理中发展吸收能力的关键要素（Cohen et al.，1990）。管理者可以通过以下方式支持外部知识的获取：

①与公司价值链上的客户、供应商和其他组织进行定期、系统的沟通，以确定创新的机会和需求；

②定期、系统地审查公司的知识环境（如通过专利检索、参加贸易展览会、阅读贸易期刊或科学期刊、网络搜索）；

③与其他组织建立联盟、合资企业或进行战略合作，以获取外部知识；

④支持创新竞赛或众包，为解决创新问题提供思路。

5.53　上述清单中的前两种方法适用于所有公司，无论其创新状况如何。

5.54　企业可以通过创新和利用这些活动产生的知识资产的其他方法，从其创新活动的结果中获益。这些其他方法包括：

①通过正式和非正式机制保护创新活动产生的知识资产；

②向外部组织授权知识；

③向外部合作伙伴传授知识；

④探索知识的替代应用。

5.55　评估创新成果并从过去的创新中学习，有助于最大化创新活动的回报。企业开发和使用指标来监测和评估创新投入、产出和绩效，从而为学习和评估提供支持。对创新活动或项目进行记录，如创建和使用数据库，可以实现从经验中学习并支持未来的创新活动或项目。

5.3.5　知识产权管理和使用

5.56　WIPO 将知识产权（IP）定义为智力的创造，包括发明、文学艺术作品及商业用符号、名称和图像（WIPO，2004）。知识产权和相关知识产权的管理包括申请和注册流程的战略决策及知识产权使用的类型。可以收集特定类型知识产权使用的数据，以及反映不同类型知识产权的重要性和从创新中获取经济价值的其他战略（拨款）的数据。

5.57　表 5.1 概述了知识产权类型、保护的内容、申请要求及获得权利的相关管辖权。申请或注册的行为最初需要向管理当局披露，随后向公众披露。因此，知识产权注册是影响公司外部知识流动的一个指标。

表 5.1　需采集数据的知识产权保护类型

知识产权类型	保护的内容	申请要求	管辖权[①]
专利（实用）	专利发明的专有权；实用新型专利是需求较低的子类	专利申请、授权审批（审查后授予）、可能失效	国内；专利合作条约（PCT）允许单一的国际专利申请

续表

知识产权类型	保护的内容	申请要求	管辖权[①]
商标	标识产品商业来源标志的专有权	申请、审查和注册	国内；马德里协定缔约国
工业设计权	对一个物体的美学元素的专有权	申请、审查和注册（不同国家可能不同）	国内；海牙协定缔约国
版权及相关权利	授予作者、艺术家和其他创作者，是对文学和艺术作品的保护，包括文学作品、计算机程序、数据库、电影、音乐、编舞、视觉艺术、建筑、地图和技术图纸	版权是自动获得的，但有些国家可以选择注册，有助于解决争端	国内；参加伯尔尼公约的国家
植物育种权	植物新品种专有权	申请、审查和注册	国内；国际植物新品种保护联盟（UPOV）公约缔约国
地理标志	在货物上使用标志的权利，标明原产地、品质或声誉	使用现有认证。对新的标志依据新的国家和地区程序	国家和国际权利因国家或地区而异
商业秘密	非持有人未经授权使用制造、工业或商业秘密被视为不公平的商业行为	没有注册，但公司必须采取合理措施进行保护	国家根据世界贸易组织（世贸组织）《与贸易有关的知识产权协定》第 35 至第 38 条进行规定
集成电路布局	半导体产品布局的专有权	某些国家或地区需要申请和注册	国家根据世界贸易组织《与贸易有关的知识产权协定》第 39 条进行规定

资料来源：OECD，基于 WIPO（2004），“什么是知识产权？”，www.wipo.int/edocs/pubdocs/en/intproperty/450/wipo_pub_450.pdf.

①也可能有区域安排和管辖权，如在欧盟内部。不同类型的术语也因管辖区不同而有一定的差别。

5.58 在许多司法管辖区，商业秘密被视为适用于技术信息的正式知识产权权利（IPRs），如生产方法、化学配方、蓝图或原型，可能具有或者不具有专利权。商业秘密还包括销售和分销方法、合同形式、商业计划表、价格协议详情、消费者概况、广告策略和供应商或客户名单。

5.59 数据收集应获取有关企业是否已申请或已被授予知识产权注册的信息，这是衡量知识产权潜在使用情况的一项指标。在收集过程中可能不需要明确的调查问题，因为这些是原则上可以获取并作为调查数据的公共记录。当然，有关使用保密措施对知识产权进行保护的信息也可以通过以下问题收集：

①公司是否要求任何其他方签署保密协议；

②公司是否要求任何员工签署竞业禁止协议；

③公司是否采取了其他积极措施来保密。

5.60 测试表明，有关知识产权的问题对企业来说是敏感的，因此应仔细设计问题以避免企业不回应。关于每种知识产权或策略的重要性的数据可以与每种知识产权使用的数据同时收集。由于使用知识产权有多种原因，包括防止复制、用于交叉许可、销售等，因此，重要性的定义应体现每种方法对创新价值的贡献。有关使用的问题还应询问以下几个方面的重要性，从而更好地了解知识产权的背景：

①为防止竞争对手模仿而设计的商品或服务的技术复杂性；

②利用交付周期优势（快速引入产品或商业流程）保持领先于竞争对手；

③与价值链中的其他公司建立并保持良好的关系。

5.4 劳动力技能和人力资源管理

5.61 人是最重要的创新资源，因为他们是创造力和新想法的源泉。创新的设计、开发和实施需要多个人的各种技能和合作。因此，有关企业员工技能水平及企业如何组织其人力资源（包括如何吸引和留住人才）的数据对于理解创新活动和创新成果至关重要。有关劳动力技能和人力资源管理数据对于分析劳动力市场、教育和人力资源在创新中的作用也很重要（见第 7.4.3 小节）。

5.4.1 劳动力职业资格、职业结构和能力

5.62 劳动力技能的一个关键指标是不同教育程度的劳动力构成。一个

简单但信息量大的衡量标准是受过高等教育的就业者比例。建议从所有公司收集这些信息，无论其创新状况如何。高等教育应使用各自的国际标准教育分类（ISCED）水平（教科文组织 / 统计研究所，2012）进行定义。此外，根据《国际教育分类标准》（ISCED–F 2013）分类（教科文组织 / 统计研究所，2015），获取按教育和培训领域获得高等教育从业人员的比例是有用的，重点是：

①自然科学、数学和统计学；

②工程（包括制造和施工）；

③健康与医学；

④信息和通信技术（ICT）；

⑤媒体和设计。

5.63 如果企业记录允许，可以按照“国际教育标准分类”对成就水平和教育、培训领域之间进行更详细的分类。详细的分类对于分析企业内的技能组合及其与创新的联系特别有用。

5.64 除高等教育外，不同职业地位的劳动力构成是促进创新能力的另一个重要方面。职业的特点是任务、工作活动、知识要求、技术和更广泛的技能及个人能力和价值观的组合。为增强国际可比性，职业类别应使用国际劳工组织（ILO）的《国际职业标准分类》（ILO，2012），其中包括 10 个主要职业类别（尽管并非所有类别都需要收集数据）。或者，可以使用与国际劳工组织分类相当的国家分类系统。

5.65 除了有关劳动力资格和职业地位的数据外，完成完整职业培训的劳动力占比也是一个有用的指标。企业内劳动力经验和任期的指标也可以为研究创新的发生率和影响提供相关信息。有关劳动力资格和职业的数据可以通过向管理人员调查获得，或者在可能的情况下，与具有相关数据的其他来源进行联系以获得。

5.66 企业员工的多样性会影响创新绩效。由于创新活动通常涉及员工之间的沟通和互动，员工的多样性可能刺激也可能阻碍知识交流（Østergaard et al.，2011）。员工多样性的相关维度包括年龄、性别、国籍和社会文化背景。通过创新调查收集员工多样性的几个方面的详细数据通常是不可行的。员工多样性对创新的影响通常需要雇主—员工关联调查，或者将企业级数据与员工级数据相关联。从公司收集劳动力层面的信息要求业务受访者能够获得有关人员的详细信息。

5.67 除正式资格外，各种技能和能力也可以在创新中发挥重要作用。OECD 成人能力国际评估方案（PIAAC）就是一项对成年人口技能的调查案例。调查中有很多种模型来确定技能的各个方面。例如，O*NET 职业内容模型（包括任务、技能、知识要求和价值观）确定了以下与创新潜在相关的劳动力特征（O*NET，2018）。

①持久影响绩效的员工属性，如：

a. 认知能力，尤其是劳动力的思想生成和推理能力；

b. 对变革的适应性和灵活性。

②促进跨不同工作所开展的活动绩效的劳动力能力，如：

a. 社交技能，与人合作以实现目标；

b. 解决复杂问题的能力，在复杂的现实环境中解决新的、不明确的问题；

c. 技术技能，设计、设置、操作和纠正涉及机器或技术系统的故障；

d. 系统技能，理解、监控和改进社会技术系统。

③工作价值观和风格，如与企业家精神、团队合作、创造力及自主性相关的价值观和风格。

5.68 有关技能和能力的相关数据包括衡量这些技能在劳动力中的占比或这些技能对公司商业战略的重要性数据。

5.4.2　人力资源管理

5.69 人力资源管理实践可以影响企业从员工的创造潜力和技能中获利的能力。其中，很多实践不仅有利于创新，还有利于其他目标的实现。有利于创新活动的人力资源管理实践包括：

①招聘具有创造性技能的员工政策；

②培训和技能发展（见第 4.2.5 小节）；

③在建议创新想法（见第 5.3.4 小节）或开发创新方面，对员工绩效进行评估和激励；

④晋升和职业发展机会。

5.70 其他人力资源管理政策可以通过提高员工满意度和忠诚度间接改善创新成果，如工作时间和地点的灵活性（弹性时间、家庭办公室、提供休假）和社会倡议（家庭友好政策）。可以询问企业是否设立了这些政策及从中受益的员工比例。

5.5 技术能力

5.71 创新的新颖性或改进特性往往是由于使用了新的或改进的技术。同时，一个或多个参与者积累的创新活动可以促进特定技术领域内的知识进步，创造新的市场和创新机会。企业利用这些机会的能力将取决于其在相关领域内的技术能力。

5.72 从广义上讲，“技术”是指如何将资源转化为产出的知识状态（OECD, 2018），包括技术方法、系统、设备、技能在商业流程或产品中的实际使用。技术知识可以用来改变商品、服务和商业流程的功能或体验特征。技术能力则包括对这些技术及其使用方法的了解，和推动技术超越现有技术的能力。后者通常与 R&D 活动有关。不过即使在缺乏系统 R&D 工作的情况下，也有可能开发新技术。

5.73 创新数据的潜在用户特别关注 3 种技术能力：技术专长、设计能力及与数字技术和数据分析相关的能力。

5.74 技术专长包括企业掌握的技术知识和使用技术的能力。这些知识源于企业员工的技能和资格，包括其工程和技术人员在技术应用中累积的经验，技术资本品的使用及对相关知识产权的控制。

5.75 设计能力难以用不同国家的所有类型公司一致理解的方式来定义。为了实现本手册的目标宗旨，定义设计为一项创新活动（遵循《弗拉斯卡蒂手册》），“旨在为新产品和商业流程规划设计程序、技术规范及其他用户和功能特征”。（OECD，2015a）。

5.76 与数字技术和数据分析相关的能力实际上是公司技术专长的一部分。由于数字技术和数据分析的支持性、通用性，因此将其特别列出来。

5.5.1 技术专长

5.77 调查中可以询问受访者企业是否从事以下活动，从而收集有关企业技术专长的信息：

①从其他企业或组织获取对象（机械、设备、软件）中所包含的技术；

②获得拥有所有权、排他权或使用技术知识权利的知识产权（见第 6.3.6 小节）；

③根据公司的具体需求修改或调整现有技术；

④内部开发新技术。

5.78 表 6.2 中使用了知识流动的类似问题结构。

5.79 获取有关技术专长数据的另一种方法是，询问受访者他们的企业是否进行内部 R&D，如果是，是否持续进行 R&D（有长期进行 R&D 的员工），或只是偶尔进行（需要时）。建议调查收集关于持续或临时内部 R&D 活动的数据，作为技术专长的基本代理指标（见第 4.3.2 小节）。

新兴技术和使能技术所包含的专业知识

5.80 对于企业使用或开发新兴技术和使能技术（Enabling Technology）的

能力，特别是在多个产业应用的技术，有相当大的政策利益。过去，政策关注的领域包括生物技术的使用、先进制造方法、纳米技术、信息通信技术和应用。最近关注的领域包括量子计算、人工智能（AI）和机器人技术，以及基于互联网的应用程序，如云服务和大数据分析。

5.81 新兴技术的专业知识可以通过一个开放性问题或特定技术清单来衡量。

5.82 第一种方法，可以向受访者提出一个开放性问题，要求他们指出对其企业重要的新技术，并描述他们每项技术的专业水平。问题结果可以与现有感兴趣的技术列表进行比较，也可以用于构建数据驱动的分类法。但是这种方法的主要缺点是，可能会出现许多对政策目的作用有限的既定技术。

5.83 第二种方法，给受访者一个预先定义的技术清单，询问他们是否使用每种技术。关于使用的问题可以区分为在公司运营中使用技术的能力和进一步开发或修改技术的能力。该方法已用于调查先进制造和服务技术的使用情况，包括生物技术、纳米技术的使用调查，以及机器人、光子学、人工智能和机器学习等其他使能和新兴技术（加拿大统计局，2016）。它还用于专门调查信息通信技术的使用情况，重点关注在商业流程中采用的信息通信技术（OECD，2015b）。

5.84 第二种方法需要做到：

①覆盖可能与目标业务群体相关的所有新兴技术，实现完整性。服务和制造企业及特定服务或制造企业的相关技术的最佳列表可能有所不同。

②清晰和准确性，保证受访者能够识别列出的技术，并能够准确识别企业使用的技术。需要设置一个“不知道”的选项，因为受访者可能不熟悉许多技术。

③要求覆盖新兴技术，同时排除广泛已采用的技术。因此需要不断更新新兴技术列表。

5.85 第二种方法的缺点是，许多新兴技术只与个别产业相关，因此只有极少数公司可能积极开发或使用该技术。

5.86 不建议在一般创新调查的核心部分使用或开发新兴技术清单，因为这些问题将占用相当大的调查问卷空间，而对于大多数公司而言只能获取很少的信息。而技术清单更应该用于代表性商业调查，如作为创新调查中的特设模块，应侧重于广泛应用的已扩散的技术。

5.87 在线创新调查的一个可行的替代方案是针对新兴技术的使用问题，或为可能使用这些技术的公司提供专业应用技术的问题。例如，有关生物技术使用的问题只发送给已使用生物技术的公司，而关于人工智能使用的问题只能发送给信息技术（IT）密集型产业的公司。

5.88 识别新兴技术专长的另一种方法是分析公开的专利申请数据。这些数据包含了与发明相关的技术领域的信息及关于权利要求的性质的非结构化信息（OECD，2009）。专利数据可以与其他企业数据联系起来，尤其是使用专利申请中关于发明人和受让人姓名和地址的信息。但是，专利数据的局限在于，它遗漏了那些只将现有技术应用于其业务的公司，没有参与申请专利发明的技术开发过程。此外，并非所有的技术开发活动都会产生发明专利，企业也不会为其所有发明都寻求专利保护。

5.5.2 设计能力

5.89 设计能力可分为 3 类，根据其技能组合和目的进行定义：

①工程设计，包括技术规格、加工和原型施工；

②产品设计，确定产品的形状、颜色、图案、软件的用户界面或者服务的用户体验；

③设计思维，这是一种系统的方法，用于处理产品、服务或系统的设计。

5.90 工程设计和产品设计经常存在重叠部分，但前者可以是 R&D 的一部分，后者侧重于用户体验，通常在设计部门、设计实验室或外包给设计咨询公司进行。

5.91 企业的设计能力可以通过确定具有设计相关职责（职业）或技能的人员来衡量。这些职业或技能与工程设计和产品设计都相关，并有望在以下几个方面获得高分：

①计算机辅助设计、技术图纸、模型构建和渲染中所使用的设计技术、工具和原理中包含的知识和技能；

②工程科学和技术的实际应用（如将原理、技术、程序和设备应用于商品和服务的设计和生产）；

③解决问题和批判性思维技能，利用证据、逻辑和推理来确定替代解决方案、结论或解决问题的方法的优缺点；

④能够针对特定主题或情况提出新颖、具有创造性的解决方案，或提出解决问题的创造性方法；

⑤根据客户实用性、外观、安全性、功能、可用性、预算、生产成本 / 方法、市场特征和趋势等因素，评估设计思想可行性的技能；

⑥与客户及工程、营销、生产或销售人员交流的技能。

5.92 收集设计部门存在的数据可能无法获得一些小公司或服务行业公司的设计能力的信息，因为这些公司可能将设计活动与其他业务职能结合起来，因此不将设计活动作为单独的独特活动执行。劳动力设计能力可以通过询问受访者上述相关设计技能的掌握情况和重要性来确定。正式资格和认证的重要性可能因设计的应用领域（如工程领域）和实际经验水平而有所不同。

5.93 与使用专利来衡量技术专长类似，设计注册的公开数据可用于识别某些设计活动。设计权保护对象的形状、颜色或图案。因此，它们只涉及企业设计用途的一个方面，侧重于有形商品。国家及欧盟知识产权局（EUIPO）等国际知识产权组织为设计提供知识产权。注册设计的数据可以与其他公司数据相联系，前提是公司的名称和地址可用于其他数据源。当设计包含功能性能特征时，也可以通过注册设计权以外的方式保护设计，如版权或专利。

设计思维

5.94 设计思维是设计过程中的系统方法，运用设计方法来识别需求、确定问题、产生想法、开发原型和测试解决方案。它可用于系统、商品和服务的设计（Brown，2008）。

5.95　设计思维的使用往往不满足 R&D 的新颖性和不确定性要求，但是，收集设计思维的数据对制定政策很重要，因为该方法可以支持服务业企业和制造业企业开展创新活动，从而提高竞争力，获得经济效益。

5.96　测度设计思维很困难，因为有几种方法都具有相似的目标，并且设计方法可以在不采用系统设计思维方法的情况下使用。因此可以询问受访者，他们的企业是否使用了设计思维活动一部分的特定方法，例如：

①发散思维或进行头脑风暴；

②了解客户体验的技巧，特别是使用人种学领域的研究方法（观察人们在现实环境中如何使用产品，培养用户对产品需求的同理心等）；

③共同设计或共同创造（潜在用户参与设计概念的产生）；

④原型设计和测试。

5.97　除了用于理解用户体验的人种学方法外，企业还可以使用其他方法从商品和服务的实际或潜在用户那里获取信息。这些信息可以发起或补充设计活动，如识别与新的或现有的商品或服务相关的机会和问题。在数据收集过程中，可以询问是否使用了以下从用户那里获取信息的方法：

①销售或营销人员的反馈；

②评估用户主动提及的产品体验报告（社交媒体、在线评论等）；

③结构化数据收集（反馈表、专用用户调查、专题小组）。

5.98　关于用户参与能力和实践的问题可以在丹麦统计局和芬兰统计局实施的创新调查（Kuusisto et al.，2014）中找到。

5.99　设计能力对公司商业战略的重要性可以通过“将公司定位在‘设计阶梯’上”的问题来确定。“设计阶梯”是丹麦设计中心提出的概念（Galindo-Rueda et al.，2015；Galindo-Rueda et al.，2016）。建议使用以下 4 种类别收集此数据：

①完全没有设计活动；

②设计用于开发商品和服务的美学形式或风格，但设计活动不是系统进行的；

③将设计思维方法整合到产品开发过程中；

④设计是公司商业模式的关键战略要素。

5.100 在使用设计能力问题之前，应先描述产品设计和设计思维，因为受访者理解设计概念的方式存在国家和语言上的差异。

5.5.3 与数字技术和数据分析相关的能力

5.101 数字技术包括生成、存储、处理、交换或使用数字数据的电子工具、系统、设备和资源。数码化是将传送信息（如声音、图像、打印文本）的模拟信号转换为二进制位。数字化是指组织、产业、国家等应用数字技术或增加数字技术，如改造现有任务或实现新任务。因此，这个概念涉及数码化如何影响经济或社会。

5.102 数字化为企业提供了大量创新机会（OECD，2017）。管理数字技术、生成、访问、链接、处理和分析数据（包括使用人工智能）及开发新的信息通信技术应用程序的能力对于利用这些创新机会至关重要。在这种情况下，劳动力具有的数字化技能尤其重要。

5.103 获取企业数字化能力的出发点是收集不同数字技术的使用数据，包括计算机基础设施（服务器技术）、人工智能、互联网连接设备、自动化、移动通信技术、云计算，用于协作、通信和价值交换（如通过社交媒体）的数字技术和用于规划和管理的数字技术（如企业资源规划、客户关系管理）或分布式账本（区块链）。

5.104 数据收集还应获得公司使用数字技术能力的数据。衡量指标包括是否存在独立的 IT 部门、公司年度 IT 预算的规模（包括硬件和软件）、劳动力中数字技能的普及率（如软件编程技能、数据库技能、计算机工程技能）、电子商务产生的销售额，以及公司是否有 IT 战略或数字策略。同样，收集数字技术能力对公司总体战略和领导能力的重要性或所占据中心地位的数据也是重要的。

5.105 数字技术的一个共同特点是它们有可能将各种业务活动和业务功能连接起来，形成一个集成系统，在不同的功能和单元之间进行结构化的数据交换。不同业务功能（生产 / 交付服务、物流、营销 / 销售、产品开发、管理）的数字集成及与供应商和客户的数字连接数据可以提供有关公司数字能力和使用状况的宝贵信息。

5.106 在数字时代，一个日益重要的能力是使用普及的大型数据源和工具以实现商业智能。数字技术允许企业在企业内部及与供应商和用户相关的一系列业务运营中生成和存储大量数据（通常是实时的）。这些数据是商业战略、商业模型、产品和商业流程的开发越来越重要的来源。对这些能力的衡量可以通过针对数据分析方法和工具的问题来实现,数据分析可能是在公司内部进行，也可能是由外部提供的服务，主要包括：数据库管理系统、数据挖掘工具、机器学习、数据建模、预测分析、用户行为分析和实时数据分析。

5.107 数字化创新包括信息通信技术的产品创新或商业流程创新，以及在很大程度上依赖信息通信技术进行开发或实施的创新。定性研究发现，数字化创新很普遍，它们在所有产业的创新中所占比例都非常高（OECD，2015b）。因此，识别包含或通过使用数字技术开发的创新几乎没有价值。相反，数据收集应获取有关企业数字化能力的信息，这些信息才是企业创新能力的关键组成部分。

5.108 数字化能力是一种多方面结构，它体现了企业从数字化中获益并应对相关挑战的能力。衡量数字化能力的一些相关维度包括以下指标：

①在不同业务职能范围内和跨业务职能范围内实现数字集成；

②获取和使用数据分析来设计、开发、商业化和改进产品，包括有关公司

产品用户及其与此类产品交互的数据；

③访问网络并使用适当的解决方案和架构（硬件和软件）；

④有效管理隐私和网络安全风险；

⑤为数字环境采用适当的商业模式，如电子商务、参与式平台等。

5.109 这些指标适用于公司内部的管理和一般劳动力技能、基础设施和实践。

5.110 数字平台是数字时代的一个显著特征。平台整合了价值链各个阶段的生产商和用户。它们通常会形成一个生态系统，在这个系统中，用户对商品和服务提出需求，生产者进行开发、销售，生成和交换数据。企业参与数字平台的数据及企业在这些平台中的地位（无论企业是否拥有平台，或者能否控制其他企业进入平台、控制平台上共享的信息等），都可以提供企业利用数字技术获得商业机会潜力的信息。数字平台活动将在第 7.4.4 小节中进行讨论。

5.111 专门的信息通信技术（ICT）调查（OECD，2015b）是收集企业使用信息通信技术数据的主要工具。降低响应负担的最具成本效益的选择是将信息通信技术调查的数字能力和使用数据与创新调查的数据联系起来。如果一个国家没有专门的信息通信技术调查，或者无法建立数据链接，创新调查可以选择直接收集数字技术使用的数据。面临的挑战在于确定当前技术和新兴技术的相关列表，同时排除调查时几乎所有公司都使用的技术（见第 5.5.1 小节）。

5.6 建议总结

5.112 本章介绍了大量与创新相关的商业能力。一般建议将创新调查收集的数据分为关键指标和补充指标。关键指标的数据应尽可能收集，补充指标应仅在与数据用户相关且资源允许的情况下收集。值得注意的是，其中一些指标可能在管理性资源（如知识产权登记）中获得，或者已在信息通信技术调查或其他调查中收集，或者可通过公司层面的数据链接获得。本章讨论的其他能力的数据可通过创新调查、专门调查和试点研究中的特设模块收集，或使用非常规来源的实验方法收集。

5.113　数据收集的关键指标包括：

①就业人数（全时当量）（第 5.2.1 小节）；

②总营业额（第 5.2.1 小节）；

③公司开始经营活动的年限（第 5.2.3 小节）；

④公司所有权状态（独立、国家集团的一部分、跨国集团的一部分）（第 5.2.4 小节）；

⑤销售地域分布（本地、国内、国际）（第 5.3.1 小节）；

⑥出口份额（第 5.3.1 小节）；

⑦成本与质量对公司竞争战略的重要性（第 5.3.1 小节）；

⑧受过高等教育的就业者比例（第 5.4.1 小节）；

⑨设计能力水平（第 5.5.2 小节）。

5.114　数据收集的补充指标（给定空间或资源）：

①家族企业地位（第 5.2.4 小节）；

②产品线数量（第 5.3.1 小节）；

③创新管理：企业内的创新责任（第 5.3.4 小节）；

④创新管理：支持内部知识交流的方法（第 5.3.4 小节）；

⑤按主要教育领域划分的就业人数（第 5.4.2 小节）；

⑥新兴技术的技术专长（第 5.5.1 小节）；

⑦数字能力（可通过专用信息通信技术调查收集）（第 5.5.3 小节）。

参考文献

Australian Bureau of Statistics（2016），“Business Characteristics Survey Management Capabilities Module 2015-16”，Australian Bureau of Statistics, Canberra.

Bloom，N. and J. Van Reenen（2010），“Why do management practices differ across firms and countries？”，*Journal of Economic Perspectives*，Vol.

24/1，pp. 203-224.

Bloom，N. and J. Van Reenen（2007），“Measuring and explaining management practices across countries”，*The Quarterly Journal of Economics*，Vol. 122/4，pp. 1351-1408.

Brown，T.（2008），“Design thinking”，*Harvard Business Review*，June，pp. 84-92，https：//hbr.org/2008/06/design-thinking.

Cohen，W.M. and S. Klepper（1996），“Firm size and the nature of innovation within industries：The case of process and product R&D”，*The Review of Economics and Statistics*，Vol. 78/2，The MIT Press，pp. 232-243.

Cohen，W.M. and D.A. Levinthal，（1990），“Absorptive capacity：A new perspective on learning and innovation”，*Administrative Science Quarterly*，Vol. 35/1，pp. 128-152.

Eurostat/OECD（2007），*Eurostat-OECD Manual on Business Demography Statistics*，OECD，Paris，www.oecd.org/sdd/39974460.pdf.

Galindo-Rueda，F. and V. Millot（2015），“Measuring design and its role in innovation”，*OECD Science，Technology and Industry Working Papers*，No. 2015/01，OECD Publishing，Paris，https：//doi.org/10.1787/5js7p6lj6zq6-en.

Galindo-Rueda，F. and A. Van Cruysen（2016），“Testing innovation survey concepts，definitions and questions：Findings from cognitive interviews with business managers”，*OECD Science，Technology and Innovation Technical Papers*，OECD Publishing，Paris，http：//oe.cd/innocognitive.

Helfat，C.E. and J.A. Martin（2015），“Dynamic managerial capabilities：Review and assessment of managerial impact on strategic change”，*Journal of Management*，Vol. 41/5，pp. 1281-1312.

Helfat，C.E. et al.（2007），*Dynamic Capabilities：Understanding Strategic Change in Organizations*，Blackwell Publishing，Oxford.

Huergo，E. and J. Jaumandreu（2004），“Firms’ age，process innovation and productivity growth”，*International Journal of Industrial Organization*，Vol. 22/4，pp. 541-559.

ILO（2012），*International Standard Classification of Occupations：ISCO-*

08, International Labour Organization, Geneva, www.ilo.org/public/english/bureau/stat/isco/index.htm.

Klingebiel, R. and C. Rammer (2014), "Resource allocation strategy for innovation portfolio management", *Strategic Management Journal*, Vol. 35/2, pp. 246-268.

Kuusisto, J., M. Niemi and F. Gault (2014), "User innovators and their influence on innovation activities of firms in Finland", *UNU-MERIT Working Papers*, No. 2014-003, United Nations University - Maastricht Economic and Social Research Institute on Innovation and Technology (MERIT), Maastricht, www.merit.unu.edu/publications/wppdf/2014/wp2014-003.pdf.

OECD (2018), *OECD Glossary of Statistical Terms*, OECD, Paris, https://stats.oecd.org/glossary/detail.asp? ID=2692 (accessed on 2 August 2018).

OECD (2017), *OECD Digital Economy Outlook 2017*, OECD Publishing, Paris, https://doi.org/10.1787/9789264276284-en.

OECD (2015a), *Frascati Manual 2015: Guidelines for Collecting and Reporting Data on Research and Experimental Development*, The Measurement of Scientific, Technological and Innovation Activities, OECD Publishing, Paris, http://oe.cd/frascati.

OECD (2015b), *The OECD Model Survey on ICT Usage by Businesses: 2nd Revision*, Working Party on Measurement and Analysis of the Digital Economy, OECD, Paris, www.oecd.org/sti/ieconomy/ICT-Model-Survey-Usage-Businesses.pdf.

OECD (2013), "Knowledge networks and markets", *OECD Science, Technology and Industry Policy Papers*, No. 7, OECD Publishing, Paris, https://doi.org/10.1787/5k44wzw9q5zv-en.

OECD (2009), *OECD Patent Statistics Manual*, OECD Publishing, Paris, https://doi.org/10.1787/9789264056442-en.

O*NET (2018), *The O*NET® Content Model*, https://www.onetcenter.org/content.html (accessed on 2 August 2018).

Østergaard, C., B. Timmermans and K. Kristinsson (2011), "Does a different view create something new? The effect of employee diversity on innovation”，*Research Policy*，Vol. 40/3，pp. 500-509.

Statistics Canada（2016），*Survey of Advanced Technology*，Statistics Canada，www.statcan.gc.ca/eng/survey/business/4223.

UNESCO/UIS（2015），*International Standard Classification of Education：Fields of Education and Training 2013（ISCED-F 2013）*，UNESCO/UNESCO Institute for Statistics，Montreal，http：//unesdoc.unesco.org/images/0023/002350/235049e.pdf.

UNESCO/UIS（2012），*International Standard Classification of Education：ISCED 2011*，UNESCO/UNESCO Institute for Statistics，Montreal，http：//uis.unesco.org/sites/default/files/documents/international-standard-classification-of-education-isced-2011-en.pdf.

US Census Bureau（2018），*Survey of Business Owners（SBO）*，www.census.gov/econ/overview/mu0200.html（accessed on 2 August 2018）.

WIPO（2004），“What is intellectual property？”，*WIPO Publications*，No. 450（E），World Intellectual Property Organization，Geneva，www.wipo.int/edocs/pubdocs/en/intproperty/450/wipo_pub_450.pdf.

第 6 章 企业创新和知识流动

知识是企业最具战略意义的资源之一。对于从事创新活动的公司来说，如何获取和部署知识尤其重要。本章主要研究创新系统中企业和其他参与者之间知识流动和交流的测度。它描述了支持知识交流、扩散和开放式创新的概念框架。该框架为如何衡量流入和流出知识流、创新的内外部知识来源、创新协作伙伴及知识流动的推动因素和障碍等主要问题提供分析基础。此外，在获取企业与高等教育和公共研究机构之间基于知识的联系方面提出了具体建议。

6.1 引言

6.1 知识是企业最具战略意义的资源之一。对直接或间接参与创新活动的公司而言，如何获取和部署知识尤为重要（见第 2.2.2 小节）。知识流动包括有意识和无意识地传播知识。知识交流（有时在狭义的语境中称为知识转移）是指有意识将知识从一个实体传递给另一个实体（OECD，2013）。

6.2 人们对知识流动的兴趣源于知识是由创新系统的多个参与者生成、分配和使用，如企业、大学、公共研究机构（PRI）、作为产品创新用户的客户和个人。企业也可以利用外部知识资源进行创新活动（Chesbrough，2003；Dahlander et al.，2010）。此外，信息也可以交换，但除非得到人们的理解并转化为知识，否则是无用的。

6.3 企业可以在其组织范围内或从外部获取知识，包括其主要客户、投资者、知名专家和其他潜在新知识来源的群体（Enkel，2010）。

6.4 由于新技术和新商业模式的出现，支持知识流动和形成知识网络的因素已经发生了变化。数字信息和通信技术大大降低了复制、存储和分发数据和信息的成本，并使得用货币和非货币模式来获取和利用知识成为可能。从不同来源获得知识和其他创新投入的新方法和平台已经出现，如众包思想和问题解决方案（通过奖励、荣誉、锦标赛、黑客活动——专家会面以开发专业软件方案的协作活动等）、众筹及使用数字在线平台获取用户对商品和服务的评论和建议。知识产权（IP）可用于创建支持知识流动的知识市场，同时确保知识创造者能够从开发新知识的投资中获得收益。

6.5 衡量企业和创新系统其他参与者之间的知识流动，有助于更好地了解他们在创新活动中劳动分工的相对重要性（见第 3.2.2 小节）、各产业知识网络的差异、这些网络随时间的变化情况、知识流动对创新成果的影响，以及企业管理知识能力的方法。有关知识流动的数据可以帮助政策分析人员和业务经理确定影响此类流动的机会和制约因素，以及使企业能够吸收外部知识的因素。

6.6 如第 2 章所述，本章重点关注企业与创新体系中其他参与者之间的知识流动和相关交流。第 6.2 节提供了知识流动和开放式创新的概念框架和基本原理。该框架将企业部门的创新视为一个基于跨组织边界的管理知识流动的高度分散的流程。

6.7 第 6.3 节提出了在创新调查中衡量知识流动的具体方法。除了调查之外，描绘知识流动和创新扩散通常还需要使用其他数据来确定参与者、产出和结果之间的联系。数据收集提案包括其他公司或组织在企业创新开发和应用中的作用（见第 3 章）、企业创新活动的外部定位（见第 4 章）、创新协作活动、创新的主要思想和信息来源及基于知识产权注册活动和交易的测度。此外，对于如何衡量企业与高等教育和公共研究机构之间的联系及如何衡量与外部各方进行知识流动的障碍和挑战，提供了额外的指导。最后，第 6.4 节对所有建议进行了简要总结。

6.2　知识流动与创新：关键概念与定义

6.2.1　创新扩散

6.8　创新扩散的概念包括支持产品和商业流程创新的思想传播过程（创新知识扩散），也包括其他企业对此类新产品和商业流程的使用（创新产出扩散）。如果产品或商业流程与公司先前提供的产品或商业流程有显著差异（定义见第 3 章），公司可能会进行创新。在某些情况下，会完全替换或废弃以前使用的产品和商业流程。

6.9　创新扩散的过程和结果都具有政策和研究意义，因为扩散扩大了思想和技术的经济影响和社会影响，特别是当它们的使用具有协同效应和互补性的情况下。创新扩散还可以创造知识流动，从而导致进一步的创新，例如，所采用的商业流程会带来显著的改进（Rosenberg，1982；Hall，2005）。创新扩散的预期速度和性质也决定了创新的动机。

6.10　根据本手册前面介绍的概念，当企业做到以下几个方面时，便可认为企业是创新扩散活跃的：

①只要所采用的产品或商业流程与企业先前提供或使用的产品或商业流程有显著差异，则对产品或商业流程加以极少或者不加以额外修改就采用。但这些创新可能只相对于企业是新的。

②利用其他企业或参与者的想法、经验、产品或商业流程，开发出与企业最初提供或使用的产品或商业流程不同的产品或商业流程。

③使其他各方能够利用其创新或相关知识。例如，向另一家企业提供知识产权、使用创新成果需要的隐性知识，或者是实际运用需要的知识。

6.2.2　知识流动

6.11　所有企业都与其他参与者进行知识互动。知识网络由一组企业和其他行为主体共享的知识交互或联系组成，包括可以搜索、传递和创造知识的知识元素、知识库和媒介，它们彼此因一些关系而互相联系，这些关系能促成、塑造或限制知识的获取、传递和创造（Phelps et al.，2012）。知识网络包括两个主要组成部分：知识类型及接收、提供或交换知识的行为主体。

知识类型

6.12 知识可以被“捕获”或体现在“对象”中，如数据库、软件程序、专利、出版物、公开演示和专有技术。知识可按以下标准分类：

①知识被编纂或隐性程度，以及将知识转移给其他方并直接使用的容易程度（Polanyi，1958；von Hippel，1988）。这对于使用知识的竞争有影响。当编纂和复制成本较低时，可使用的知识数量不会随着其他企业或个人的使用强度而减少。编纂的知识可以通过文章、书籍、公式、模型、材料、数据库和知识产权（如专利）进行转移。相比之下，隐性知识只能在使用它的人的头脑中获得（Breschi et al.，2001）。如果知识持有者没有将其编纂成法典或口述使其可用，则属于隐性知识。

②排他性，即防止其他方使用知识的能力。部分排他性是隐性知识和需要相当专业知识才能理解的知识的特征。知识应用中的排他性可以通过知识产权的转让和执行实现，也可以通过保密、协议或社会规范等其他方式产生。

③知识已经存在或具有前瞻性的程度，即知识是否有待开发。例如，通过协作共同产生新知识的协议，通常需要承诺积极参与生产新知识和交流实现这一目标所需的现有知识。

6.13 不同类型的知识可以是互补的，从而为知识流动创造了动力，在某些情况下还可以将知识产权集中到互补的知识上。

知识流动的参与者

6.14 所有组织、代理或个人都可以参与知识流动。可以使用以下几个标准对与公司互动的实体和个人进行分类：

①参与者的经济活动（如产业），因为知识交流的类型、获取或创造新知识的竞争压力及排他性都因产业而异。

②参与者的机构隶属关系（见第 5.2 节）。例如，参与者可能是公共研究

机构、独立公司，或者是国内或跨国集团的一部分。机构隶属关系影响着对知识及其使用的所有权和控制、创造知识的主要资金来源及其可用的知识来源。

③知识的供应商或使用者：参与者可以使用、提供、搜索知识，或同时充当知识的供应者和使用者。

④能力属性：这些属性决定了个人和组织从其他实体获得知识的吸收能力，包括通过所有权与企业关联的实体，以及大学或其他企业等独立实体（见第 5.3 节）。

⑤实体之间的相关性或距离，如所有权关系、地理距离、过去的知识流动和共同网络成员资格。为了确定“距离”的相关度量，以测试或预测知识流动发生的可能性，通常需要使用基于正式联系（例如，作为共同供应链的一部分）或参与者之间的相似性的标准。

知识流动类型

6.15　在双方（知识的生产者和接受者）没有明确协议的情况下，知识流动也可能发生，例如，当一家公司逆向设计竞争对手的创新时，或当其人员通过阅读出版物获得知识时，知识流动都会发生。此外，知识流动可以通过两方或多方之间的正式联系有意识地发生。例如，通过所有权的联系或者参与合作企业。有意识的知识流动也可能通过在贸易展览会或会议上的讨论非正式地发生。在某些情况下，规章可能要求公开披露信息。例如，在某些市场中要求提供产品的特征数据，或在专利申请中要求充分描述发明。

6.16　无意识的知识流动会导致不必要的信息传递给竞争对手。另外，某些类型的流动可能是非法的，如通过工业间谍获得的知识。公司不能阻止专利中包含的知识流向竞争对手，但他们可以因对手滥用知识产权保护的知识而获得损害赔偿。

6.17　区分基于现有知识的事后有意识的知识流动和支持新知识创造的事前知识流动是很重要的。后者意味着对结果的不确定性更大，并要求对未来知识及其价值的产生和分配达成明确或隐含的一致。

6.18 表 6.1 列出了事后（现有知识）和事前（前瞻性知识）条件下有意识知识流动机制。涉及现有知识的交易分为无实体的、基于知识产权的机制和将知识嵌入其他商品和服务交易的机制。后者包括通过收购其他公司或购置设备转移知识。为创造预期知识而进行的交易也可分为两种类型的协议，一种是公司与供应商签订合同，提供定制知识；另一种是双方协作开发知识产品。

表 6.1　有意识知识流动机制的类型和实例

现有知识	前瞻性知识
基于知识产权的非实体机制	**寻求知识解决方案**
保密和保密协议， 知识产权（IP）许可（独占、非独占）， 专利池协议（也可能涉及未来权利的承诺）， 知识产权的出售或转让， 在特许经营协议中包含知识产权， 专有技术合同（通过技术数据以有形形式转让）	咨询服务、 研究服务、 研究成果众包奖励
嵌入式知识交易	**共同开发新知识**
并购转让知识产权和其他知识型资本； 购置设备，一站式方案协议（交付使用并入技术的设施）； 材料和数据传输 / 使用协议	共同开发计划、 研究合资企业、 研究 / 商业化联盟、 临时借调以共享或交换人员、 网络成员协议（取决于网络内交换的性质）

资料来源：OECD（2013），“Knowledge networks and markets”，https：//doi.org/10.1787/5k44wzw9q5zv-en.

6.19 向其他参与者提供知识的协议可以基于不同形式的补偿，如递延财务补偿、提供其他服务回报、交换其他形式的知识或共同拥有知识产权。参与者也可以寻求非金钱奖励，如提高声誉，或者他们可以将“免费”知识与其他专有服务捆绑在一起。知识也可以在不期望补偿的情况下提供，如免费提供知识，或者在关联公司之间共享。

6.2.3　开放式创新

6.20　几十年来，人们已经意识到，知识流动对于提高企业创新活动效率的重要性（Kline et al.，1986；Teece，1986），并在本手册前几版中进行了讨论。第一次欧洲共同体创新调查（CIS）中包括了有关技术知识流入和流出的问题。开放式创新的概念（Chesbrough，2003）强调了公司“利用有目的的知识流入和流出来加速内部创新，并分别扩大创新的外部使用市场”的优势。开放式创新范式提高了参与者对知识生产和使用的分布性质的认识，以及从专业网络和市场获取知识的重要性的认识（Arora，et al.，2001）。

6.21　尽管“开放”一词在科学和创新领域有多种不同的解释（见专栏 6.1），但开放式创新是一个有用的总括概念，用于概括创新活跃型企业边界内现有和前瞻性知识流动形式。

6.22　从开放式创新视角将流入和流出知识定义如下：

①当一家企业在其创新活动中获得并吸收外部来源的知识时，就会产生流入（或向内）的知识流动。这包括知识获取和采购活动，其中一些已在第 4 章中描述。

②当一家企业有意让其他企业或组织使用、合并或进一步发展其知识或想法，并开展自己的创新活动时，就会发生流出（或向外）的知识交流。例如，一家企业将其技术、专利或原型许可给另一家企业。

6.23　将流入和流出的知识流动相结合的公司被称为“双管齐下”（Cosh et al.，2011）。这些公司从事联合或联合的过程，而这些过程可能涉及从公司内外部寻找新的知识来源和知识重组。创新协作是一个耦合过程的例子，所有合作伙伴都参与流入和流出的知识流动。有关流入和流出的知识流动的数据可以用以确定企业在创新网络中的位置。

6.24　人们很少衡量对外开放创新活动，特别是在官方统计领域。企业通常使用的对外战略是向其他企业出售或许可其知识或发明获得收入，知识服务企业通常使用的对外战略是根据合同向第三方提供研究与试验发展（R&D）或相关服务。公司还可能遵循的对外战略是其他企业或客户有权免费使用其创新。如果创新被用于市场标准中，企业将扩大市场；如果其他企业采用其创新，使得企业占据市场支配地位，可用于销售其他服务，这都会使公司受益。

专栏 6.1　“开放”概念在科学与创新中的应用

开放式创新是指创新类知识跨越各个组织边界的流动，包括利用许可、协作、合资等方式来产生和共享知识。这种“开放”的概念并不意味着知识是免费的（即“无偿”）或者使用时无限制（即“自由”）。定价和使用限制通常是获取知识的关键条件。

“开源”一词通常用于由不同贡献者共同开发的创新。虽然开源输出（如软件代码）可以包含在销售的产品中，但很少向贡献者支付版税费用，而且通常对这些输出的使用方式没有明显的限制。同时，可能还需要在“开源”的基础上提供对开源输出的后续添加。

“开放科学”是指提高科学方法和数据的透明度，提高研究人员数据、工具和材料的可用性和可重复性，以及提高研究人员和公众获得研究结果（特别是在公共资助的情况下）的可用性。

“开放访问”通常是指免费在线访问内容（如文档）或数据的能力，并且具有最低的版权和许可限制。这一术语也适用于通过将免费和无约束的信息与服务捆绑在一起来获得收入的企业的商业模式。另一种访问模式是企业收取在开放访问站点上发布信息的费用，就像开放期刊一样。

调查实践者理解这些不同用途的“开放”概念的关键是要避免在调查问题中错误使用这个术语。相反，应该充分描述与调查相关的主要属性。

资料来源：OECD（2013），“Knowledge networks and markets”，https：//doi.org/10.1787/5k44wzw9q5zv-en；OECD（2015a），“Making open science a reality”，https：//doi.org/10.1787/5jrs2f963zs-en.

合作、协作和协同创新

6.25 尽管这 3 个概念经常可以互换使用，但它们有不同的含义。在本手册中，定义如下。

6.26 当双方或多方参与者同意对一项或多项任务承担责任并且双方共享

信息以促成共识时，便会产生合作。如果一家创新活跃型企业通过向另一家企业提供其需求的详细说明，从另一家企业获得想法或投入，则称为该公司与另一家公司合作。

6.27 协作需要多方的协调活动，运用所有人的贡献解决共同明确的问题。协作需要明确共同目标，且可能需要对投入、风险和潜在利益的分配达成一致。协作可以创造新知识，但未必带来创新。协作协议中的每个合作伙伴都可以将所得知识用于不同的目的。

6.28 当两个或多个合作伙伴之间的合作导致创新时，就会出现协同创新或“耦合开放式创新”（Chesbrough et al.，2014）。对创新衡量的一个重要影响是，汇总企业报告中的创新数量可能会导致高估，高估的规模取决于协同创新的普遍程度。

6.29 联合、联盟、合资企业和其他形式的伙伴关系都是可用于创新活动的知识流动的机制，当然其中每一种都可用于其他目的。在联合和联盟中，企业与其他组织一起参与活动，或是汇总资源以实现共同目标。参与者保持其独立的法律地位，联合体对每个参与者的控制通常仅限于涉及共同目的的活动，特别是利润分配。联合体依据合同组成，合同中规定了每个成员的权利和义务。当两家或两家以上的企业投资资金（获得股权）创建第三家共同拥有的企业时，则出现了合资企业，他们也可以将自己的一些资源（如知识产权）转让给共同拥有的公司。

6.3 收集有关知识流动及其与创新的关系的数据

6.30 知识管理是某个组织为引导、控制、获取、使用和分享其范围内外的知识而对所有活动进行的统筹协调。第 5 章讨论了内外部知识流动的管理。

6.3.1 一般问题

6.31 知识流动的复杂性给测度带来了挑战。企业可以与不同地点的多个参与者基于知识建立联系，并在创新和扩散过程的不同阶段寻找不同类型的知识对象。他们可能签订各种知识交流协议。此外，通过合并、收购和出售改变企业边界可能会影响内外部知识流动的结构。这种复杂性还会降低主体法的能力，从而无法提供足够的细节来跟踪知识源随时间的变化。这方面的研究可以从第 10 章讨论的客体法中获得灵感。

6.32 通过将调查数据与其他来源联系起来，可以克服知识流动调查数据的一些局限性，如关于共同发明、共同拥有知识资产和共同出版物的数据。连接买卖双方的管理交易数据也可用于映射某些类型的基于知识的交互。

6.33 本节中的建议包括衡量内部知识流动（在企业内部，或通过和所有权关联的企业之间）和外部知识流动（与非关联公司或组织进行的知识流动）。跨国公司关联方之间的知识流动是一个需要特别关注的高研究兴趣和高政策兴趣的特例。

6.34 非创新型企业和创新活跃型企业都可以定期扫描其环境，寻找潜在有用的创新知识，还可以向其他企业提供创新相关知识。建议收集有关这些活动的数据，以防止对流入和流出知识流动的报告不足，并用于创新倾向的研究。关于知识流动的其他细节可能只与创新活跃型公司有关。

6.3.2 创新活动的知识流动数据

6.35 第 4 章建议收集外部供应商进行 7 种创新活动的定性数据。外部供应商的数据是衡量从外部来源到企业的知识流动的指标，如提供设计、培训或 R&D 服务，这些服务包含嵌入其中的知识，或为企业提供用于开展创新的新知识。

有关创新成果和责任划分的数据

6.36 创新活动中的劳动分工（见第 3.2.2 小节）允许企业从其他企业或组织获取知识、必要能力和补充资产，以开展创新活动。

创新的流入知识

6.37 如表 6.2 所示，调查可以收集有关内部和外部来源对创新的相对贡献的信息，包括从复制其他企业或组织已经使用的创新到完全由内部开发的创新。表 6.2 中的模型问题区分了明确的“模仿”创新（项目 a）、需要部分内部创新活动的创新（项目 b）、需要大量外部投入的创新（项目 c）、外部投入作为与其他企业或组织的合作协议的一部分的创新（项目 d），以及主要由内部开发的创新（项目 e）。利用内外部知识（项目 b、c、d）的创新不一定比主要由内部开发的创新（项目 e）包含更多或更少的新颖特性；相反，它们可能意味着专业化程度更高。

表 6.2　衡量外来知识流动对创新的贡献

企业的产品创新 / 商业流程创新
a. 复制其他企业或组织已经使用的产品 / 商业流程，企业没有或很少进行其他更改
b. 通过调整或修改其他企业或组织提供的产品 / 商业流程（包括逆向工程）而进行的开发
c. 直接或通过中介机构从其他企业或组织获得的想法、概念和知识而发展
d. 作为与其他企业或组织的合作协议的一部分，所有参与方都提供创意或专业知识
e. 主要由企业自行开发，包括从构思到实施整个流程

6.38 对于数据收集，表 6.2 中的选项数量可以根据研究和政策兴趣进行更改。例如，项目 b 和项目 c 可以组合，或者项目 e 可以分解，以确定外部来源在实施阶段中的作用。

6.39 认知测试表明，很难对其他参与者在创新中的作用做出准确的反应，尤其是在创新过程的不同阶段（Galindo et al.，2016）。这部分由于受访者将“开发创新”的概念解释为适用于整个创新过程，包括实施阶段。这与基于 R&D 中对“开发”的解释不同，它仅适用于理念、概念或设计的开发，和 OECD 2015 年《弗拉斯卡蒂手册》（OECD，2015b）中对“实验开发”的定义一样——另见第 4 章中有关 R&D 的章节。为避免解释上的差异，关于内外部来源作用的问题应明确哪些项目包括开发和实施活动。

6.40 表 6.2 中所列的选项区分了各种各样的流入知识来源战略。例如，它们使研究能够确定服务创新是否可能比商品创新更需要外部投入，以及商业流程创新和产品创新之间的知识源的战略差异。

6.41 由于一个企业可以有多个产品或商业流程创新，关于流入知识流动的问题应该允许受访者在表 6.2 中选择多项，也可以要求受访者确定表中最常用的选项。或者，采用第 10 章中描述的客体法以识别公司最具经济价值的创新方法。

6.42 收集的向内知识流动数据可用于鉴定其他数据，以确定受访者的企业是否有新企业（NTF）创新或新市场（NTM）创新。符合项目 b 或项目 c 标准的创新更有可能是新市场创新，而符合项目 a 标准的创新更有可能是新企业创新。但是，符合项目 a 标准的创新也可能是新市场创新，如当企业的市场是本地区域。除了表 6.2 中的数据外，建议收集企业市场上的数据（见第 5.3.1 小节），以确定如何开发新市场创新。

6.43 受访者可能会低估了其他企业或组织在其所在企业创新中的作用，尤其是当从外部获得最初概念，但在企业内部进行开发工作时。为了减少此类报告不足的情况，主要由内部开发的创新项目 e 应放在其他选项之后。

知识内流的来源

6.44 建议收集关于不同知识内流来源和来源地理位置的数据。为了便于国际比较，建议将 2015 年《弗拉斯卡蒂手册》（OECD，2015b）中的机构分类用于创新数据收集，如表 6.3 所示。

6.45　如表 6.3 所示，可根据政策和研究需要，对《弗拉斯卡蒂手册》中的机构部门进行分类。

①建议将关联和非关联业务知识来源分开。

②同样重要的是，将家户及其成员与其他私人非营利组织分开。

③根据主要经济活动定义，研究机构组成了高政策兴趣群体。在《弗拉斯卡蒂手册》的不同章节中，可以找到所有类型的研究机构（见第 2.4.1 小节）。测度建议见下文第 6.3.4 小节。

表 6.3　创新的知识内流来源

	国内		世界其他地区
	本地 / 区域	在同一国家的其他地方	国外
a）商业企业			
关联企业			
其他、无关企业[①]			
b）政府			
政府研究机构			
其他政府部门和机构			
c）高等教育			
d）私人非营利组织			
私营非营利研究机构			
其他私人非营利组织			
家户 / 个人			

资料来源：改编自 OECD（2015b），《弗拉斯卡蒂手册 2015：研究与试验发展数据收集和报告指南》，http：//oe.cd/frascati。

①包括其他商业（公共或私人）研究机构。可以为收集数据创建单独的子类别。

6.46　来源的地理位置可以进一步细分，如“国内”可分为本地和同一国家其他地方；“世界其他地区”可以细分为欧盟、自由贸易区、大陆等主要地区。

知识外流

6.47 尽管在第一个欧洲共同体创新调查中就通过有关许可知识产权、咨询或 R&D 服务、设备销售、与其他公司的沟通及员工流动等问题来调查知识外流，但到目前为止，很少有数据收集活动获得了关于对外知识流动的数据。对外知识流动数据收集的缺点是，受访者可能不知道他们企业的知识是否被用于另一家企业的创新，除了已签订明确的知识交换协议的情况外，如为知识产权的许可收取持续使用费。过去调查中使用的类别，如“员工流动性”和“与其他企业的沟通”不够精确，不一定能够很好地聚焦于企业之间的知识转移。表 6.4 给出了知识外流的直接机制示例。

6.48 原则上，关于对外知识流动的问题与所有公司都相关，而无论其创新状况如何。

6.49 表 6.4 中的项目 a 与所有领域的专业知识服务提供商有关，包括 R&D、软件、工程、设计和创意服务；项目 b 和项目 c 涵盖了所有选择通过许可或通过向其他方免费提供的方式从其知识中获取价值的部门的公司活动。这些问题可以帮助确定这些策略和相关的知识流动。

表 6.4 衡量知识外流的直接机制

a. 协助其他企业或组织（如通过 R&D 或咨询合同等）开发产品或商业流程
b. 将单独或与产品捆绑的知识产权许可给其他企业或组织（包括免费许可，如交叉许可协议的一部分）
c. 从许可知识产权中收取使用费
d. 秘密披露对其他企业或组织的产品或商业流程创新（包括专有技术协议）有潜在用途的知识
e. 公开披露对其他企业或组织的产品或商业流程有创新潜在用途的知识，包括发布标准信息

6.50 关于对外知识流动的信息可以帮助解释专业和创意服务产业中企业报告的产品创新。这些企业的受访者可能会将提供给客户的知识视为某种情况下的产品创新。

6.51　参考表 6.3 中的类别（包括家户），可以通过有关接受方类型的问题来补充知识外流问题。可收集有关基准年内知识外流所获得收入的数据，以协助研究整个系统的创新工作分工。

创新协作与协同创新

6.52　可以通过协作或协同创新来开发创新。由于这些创新方法在开放式创新范式中非常重要，建议使用表 6.3 中给出的模式的修改版本来收集关于协作或协同创新的伙伴类型的数据，该版本将非关联企业分解为供应商、客户等，并询问有关合作伙伴的地理位置信息（表 6.5）。在可行情况下，可以收集关于协同创新和协作的单独数据，但不建议收集关于合作的数据。由于协作可以产生不用于创新的中间知识或标准，因此，协作问题与观测期内所有创新活跃型企业相关。

表 6.5　创新协作伙伴类型

	国内		世界其他地区
	本地 / 区域	在同一国家的其他地方	国外
a）商业企业（关联和非关联）			
供应商（设备、材料、服务）			
专业知识服务提供商和商业（私人或公共）研究机构			
客户（设备、材料、服务）			
竞争对手 / 投资者 / 其他业务			
b）政府			
政府研究机构			
其他政府部门和机构			
c）高等教育			
d）私人非营利组织			

续表

	国内		世界其他地区
	本地 / 区域	在同一国家的其他地方	国外
私营非营利研究机构			
其他私人非营利组织			
家户 / 个人			

6.53 表 6.5 中列出的问题收集了不同空间下协作伙伴的定性信息。另一个问题是，在观测期内，哪种类型的协作伙伴对公司的创新活动做出了最有价值的贡献（另见第 10 章）。

6.3.3 创新的创意或者信息来源

6.54 建议调查收集各种创意和信息来源对创新的重要性的数据。表 6.6 列出了相关可能来源。

表 6.6 创新的创意和信息来源的度量

一般来源	示例和可能分类	使用程度 / 重要性
内部资源[①]		
市场营销部		
生产 / 物流 / 交付部门		
设计部		
研发部		
数据库		
前 6 个月雇用的员工（包括经理）		
其他关联企业[②]		
非关联企业		
供应商（设备、材料、服务）		
知识服务提供者和商业（私人或公共）研究机构		
客户（设备、材料、服务）		

续表

一般来源	示例和可能分类	使用程度 / 重要性
竞争对手 / 投资者 / 其他		
政府		
政府研究机构		
政府供应商和客户		
政府规章、标准		
政府网站、可搜索的存储库 / 数据库，包括知识产权登记册		
高等教育机构		
部门、团队、教员		
研究生		
私营非营利机构和个人		
私营非营利研究机构		
其他私人非营利组织		
作为客户或用户的个人 / 家户		
作为志愿者的个人③		
企业为促进商业活动而支付的个人③		
其他来源④		
有关科学和贸易的出版物		
会议		
贸易展览会		
商业网站、可搜索存储库或数据库		
商业 / 贸易标准		

①可以选择按几个关键业务功能进行分类。如果使用这些选项，那么没有 R&D 部门、设计部门等的企业需要“不相关”的响应选项。

②与内部资源类似的分类法也可用于关联企业。

③包括众包投入、参与共同创造活动、焦点小组等。

④非特定参与者或参与者群体的来源。

6.55　这个列表比协作伙伴更广泛，因为它还包括无生命的数据源，如不属于特定参与者的出版物，以及企业内部的数据源。另一种方法是询问企业，如果没有从表中列出的一个或多个来源获得的知识，企业是否有部分创新不可能实现（Mansfield，1995）。

6.3.4 与高等教育和公共研究机构的互动

6.56 数据收集可以使用专门模块或问卷来获取与创新系统中特定参与者（与本企业有着各种基于知识的关系）政策相关性的信息。政策上特别感兴趣的是将企业与高等教育机构（HEIs）和公共研究机构（PRIs）联系起来的基于知识的互动渠道。

6.57 高等教育机构可以在国民账户体系（SNA）的 3 个机构部门 [企业、政府和为家户服务的非营利机构（NPISH）] 的任何一个中找到，可以是公共的或私人的。作为特例，在《弗拉斯卡蒂手册》中，高等教育被单独确定为一个主要部门，包括高等教育研究所。

6.58 虽然没有对公共研究机构的正式定义（有时也称为公共研究组织），但它必须满足两个标准：①把 R&D 作为主要的经济活动（研究）；②由政府控制（依据公共部门的正式定义）。因此，私人非营利研究机构被排除在外。

6.59 公共研究机构可以在国民账户体系中的企业、为家户服务的非营利机构和政府 3 个部门中找到。企业部门的公共研究机构是公共企业，属于企业创新调查的范围，除此之外还有私营的、面向市场的研究机构。政府部门的公共研究机构可能与政府部门和机构有不同程度的联系。为家户服务的非营利机构部门的公共研究机构不以有经济意义的价格销售其产品，也不受政府或企业部门的任何单位的控制，尽管它们可能从这些来源中获得其实质性收入。

6.60 在某些情况下，除了政府控制的研究机构外，在国家调查中，将其与公共研究机构的联系范围扩大到私人研究机构（这些私人研究机构可能高度依赖于政府直接或间接资助其 R&D 活动）是很有用的。

6.61 表 6.7 列出了企业与高等教育机构 / 公共研究机构交流知识的可能渠

道清单。这有助于收集每种类型机构的单独数据，而这些机构通常在创新系统中发挥着不同的作用。可以在知识渠道问题的后面增加关于这些互动的高等教育机构 / 公共研究机构的地理位置和与企业的邻近度的问题。

表 6.7　衡量企业与高等教育机构 / 公共研究机构之间基于知识的互动渠道

主要类型	可能的基于知识的交互渠道
所有权联系	该公司完全或部分归高等教育机构 / 公共研究机构所有
	该公司完全或部分归为在高等教育机构 / 公共研究机构工作的个人所有
	该公司起源于高等教育机构 / 公共研究机构，目前独立于原机构
知识来源	公司员工参加高等教育机构 / 公共研究机构组织的会议和网络
	公司使用由高等教育机构 / 公共研究机构维护的信息或数据仓库
	公司定期从高等教育机构 / 公共研究机构获得知识
	该公司从高等教育机构 / 公共研究机构拥有的专利中获得知识
交易	公司委托高等教育机构 / 公共研究机构提供特别的 R&D 服务
	该公司委托高等教育机构 / 公共研究机构提供其他技术或知识服务
	该公司从高等教育机构 / 公共研究机构获得专业教育和培训
	该公司从高等教育机构 / 公共研究机构购买特殊商品，如材料、样品等
	公司使用高等教育机构 / 公共研究机构的基础设施，如实验室设施或设备
	公司许可或以其他方式从高等教育机构 / 公共研究机构获得知识产权
	公司提供专业设备或产品供高等教育机构 / 公共研究机构使用
	公司已将知识产权转让给高等教育机构 / 公共研究机构
协作	该公司与高等教育机构 / 公共研究机构签订了合作研究协议
	该公司已资助高等教育机构 / 公共研究机构的主席、奖学金或研究
	公司使用了高等教育机构 / 公共研究机构的设施，如设备
基于人的交互	公司的一些员工在高等教育机构 / 公共研究机构有职位
	公司任命高等教育机构 / 公共研究机构的员工担任顾问或董事会职务
	公司通过借调或实习来接待高等教育机构 / 公共研究机构的员工或学生
	公司的一些员工通过借调或实习由高等教育机构 / 公共研究机构接待
	公司的一些员工在高等教育机构 / 公共研究机构学习课程
	公司在高等教育机构 / 公共研究机构为学生举办创意竞赛

6.3.5 知识产权和知识流动

6.62 企业可以利用知识产权促进内外部的知识流动和知识交流。非创新型公司也可以这样使用知识产权。例如，如果他们拥有的知识产权早于观测期，也应将其纳入有关知识产权使用的数据中。知识产权的相关用途如表 6.8 所示。

表 6.8 在知识流动中使用知识产权的潜在问题

知识内流（相对应的例子可以用于确定知识外流）
使用开源或其他免费可用的知识产权
从其他非关联方获取的知识产权，其中知识产权包含在商品或服务或部分技术援助或专有技术中
收购了另一家企业的控制股权或财务利益，包括获得现有或未来知识产权
来自非关联方的独家或非独家许可的知识产权，但不将知识产权包含在商品或服务中（包括在创建衍生产品或分拆过程中获得的知识产权）
其他形式的知识交流
参与交叉许可协议，无论是否有财务支付
为现有的或新的知识产品池提供知识产权

6.3.6 知识流动的障碍和不良后果

6.63 第 7.6 节介绍了政策、规章和劳动力市场条件带来的创新障碍，作为评估企业创新外部影响的一部分。其中两类挑战是针对知识流动特有的（表 6.9）：第一类包括企业在与他方互动生产或交流知识时的制约因素；第二类包括其他组织获取或使用企业产生的知识所导致的不良后果。后者包括侵犯企业知识产权，以及竞争对手利用企业知识的法律策略。

表 6.9 衡量知识互动的障碍和非预期结果

挑战	可能项目
A．障碍	
企业在与他方互动生产或交流知识时的制约因素	• 失去对珍贵知识的控制 • 协调成本高 • 失去对战略的控制

续表

挑战	可能项目
企业在与他方互动生产或交流知识时的制约因素	• 难以找到合适的合作伙伴 • 难以建立信任 • 对触发反垄断政策执行的担忧 • 担心员工泄露有价值的信息或专有技术 • 对解决争议的潜在成本的担忧 • 缺乏足够的时间或财政资源
B. 非预期结果	
当其他组织使用企业的知识时，会产生不希望的或意想不到的结果	• 伪造公司产品 • 侵犯公司知识产权（包括版权） • 违反保密规定 • 互联网安全漏洞 • 被起诉侵犯知识产权 • 起诉其他方侵犯知识产权 • 竞争对手围绕本企业的知识产权进行“设计” • 竞争对手反向设计了企业的产品

6.4　建议总结

6.64　本章确定了对政策和其他研究目的有价值的知识流动的特征。适用于所有公司一般数据收集问题的建议如下，而本章介绍的其他类型的数据适用于专门的数据收集。

6.65　数据收集的关键问题包括：

①知识内流对创新的贡献（表 6.2）；

②按地点划分的创新协作伙伴（表 6.5）；

③创意和信息来源，但不包括内部资源的详细信息（表 6.6）；

④知识互动面临的障碍（表 6.9，A 部分）。

6.66　一般数据收集（给定空间或资源）的补充问题包括：

①按地点划分的创新知识内流来源（表 6.3）；

②知识外流（表 6.4）；

③企业与高等教育机构 / 公共研究机构之间基于知识进行互动的渠道（表 6.7）；

④知识流动使用的知识产权（表 6.8）。

参考文献

Arora，A.，A. Fosfuri and A. Gambardella（2001），“Specialized technology suppliers，international spillovers and investment：Evidence from the chemical industry”，*Journal of Development Economics*，Vol. 65/1，pp. 31-54.

Breschi，S. and F. Lissoni（2001），“Knowledge spillovers and local innovation systems：A critical survey”，*Industrial and Corporate Change*，Vol. 10/4，Oxford University Press，pp. 975-1005.

Chesbrough，H.（2003），*Open Innovation：The New Imperative for Creating and Profiting from Technology*，Harvard Business School Press，Boston.

Chesbrough，H. and M. Bogers（2014），“Explicating open innovation：Clarifying an emerging paradigm for understanding innovation”，in *New Frontiers in Open Innovation*，Oxford University Press，Oxford.

Cosh，A. and J.J. Zhang（2011），“Open innovation choices – What is British Enterprise doing？”，UK Innovation Research Centre，Imperial College and University of Cambridge.

Dahlander，L. and D. Gann（2010），“How open is open innovation？”，*Research Policy*，Vol. 39/6，pp. 699-709.

Enkel，E.（2010），“Attributes required for profiting from open innovation in networks”，*International Journal of Technology Management*，Vol. 52（3/4），pp. 344-371.

Galindo-Rueda，F. and A. Van Cruysen（2016），“Testing innovation survey concepts，definitions and questions：Findings from cognitive interviews with business managers”，OECD，Paris，http：//oe.cd/innocognitive.

Hall，B.（2005），“Innovation and diffusion”，in *The Oxford Handbook of Innovation*，Oxford University Press，Oxford.

Kline, S. and N. Rosenberg (1986), "An overview of innovation", in *The Positive Sum Strategy: Harnessing Technology for Economic Growth*, National Academies Press, Washington, DC.

Mansfield, E. (1995), "Academic research underlying industrial innovations: Sources, characteristics, and financing", *The Review of Economics and Statistics*, Vol. 77/1, pp. 55-65.

OECD (2015a), "Making open science a reality", *OECD Science, Technology and Industry Policy Papers*, No. 25, OECD Publishing, Paris, https://doi.org/10.1787/5jrs2f963zs1-en.

OECD (2015b), *Frascati Manual 2015: Guidelines for Collecting and Reporting Data on Research and Experimental Development*, The Measurement of Scientific, Technological and Innovation Activities, OECD Publishing, Paris, http://oe.cd/frascati.

OECD (2013), "Knowledge networks and markets", *OECD Science, Technology and Industry Policy Papers*, No. 7, OECD Publishing, Paris, https://doi.org/10.1787/5k44wzw9q5zv-en.

Phelps, C., R. Heidl and A. Wadhwa (2012), "Knowledge, networks, and knowledge networks: A review and research agenda", *Journal of Management*, Vol. 38/4, pp. 1115-1166.

Polanyi, M. (1958), *Personal Knowledge: Towards a Post-Critical Philosophy*, Routledge, London.

Rosenberg, N. (1982), *Inside the Black Box: Technology and Economics*, Cambridge University Press, Cambridge.

Teece, D. (1986), "Profiting from technological innovation: Implications for integration, collaboration, licensing, and public policy", *Research Policy*, Vol. 15/6, pp. 285-305.

von Hippel, E. (1988), *The Sources of Innovation*, Oxford University Press, New York.

第 7 章　测度影响企业创新的外部因素

了解公司运营的背景对于收集和解释企业创新数据至关重要。系统的创新观强调了外部因素的重要性，这些外部因素可以影响企业的创新动机、创新活动类型，以及创新能力和结果。外部因素也可以是公共利益集团的商业战略、公共政策或协同社会行动的目标。本章将讨论企业外部环境的特征，这些特征可以影响创新，也可以影响管理者在做出战略选择（包括创新）时需要考虑的相关挑战和机遇。这些外部因素包括消费者、竞争对手和供应商的活动，劳动力市场、法律、监管、竞争和经济条件，以及为创新提供的技术和其他知识类型的价值。

7.1　引言

7.1　系统的创新观通过将企业的创新活动概念嵌入政治、社会、组织和经济系统中，来强调外部环境的重要性（Lundvall，1992；Nelson，1993；Edquist, 2005; Granstrand et al., 1997）。这些外部因素可以影响公司的创新动机、创新活动、能力和结果。外部因素也可以是公共利益集团的商业战略、公共政策或协同社会行动的目标。

7.2　本章以创新的相关文献和以前的测度经验为基础，确定了外部环境中的主要相关元素和数据收集的优先级。这些因素包括外部环境或背景因素，通常与公司的内部驱动因素、策略和行为密切相关。企业的环境背景因素部分是管理选择的结果，如进入特定市场的决定。因此，对结果（如业务绩效）的研究需要有关公司内部能力和战略（见第 5 章）及外部因素的数据。

7.3　企业创新活动受到的外部影响可以通过直接或间接的方式测度。间接测度获取的外部因素对公司影响的信息并不专门涉及创新。在这种情况下，外部因素对创新的影响在数据收集后确定，如通过计量经济学分析。间接测度的优势在于可以收集所有类型的公司数据，无论其创新状况如何。相比之下，直接测度方法要求受访者自我评估外部因素与特定创新维度的相关性及其影响，这些问题需要有限的额外分析。然而，这些直接问题可能会存在认知偏差，或者没有足够的时间让受访者评估外部因素对公司创新活动或结果的影响。

7.4 如第 2 章所强调的，企业创新的框架条件的背景信息可以通过多种来源收集。在某些情况下，可以通过专家或行政来源，如预算和立法记录，来获得可靠的定量和定性信息。与创新相关的潜在外部因素的数量足够大，从而保证了对商业环境的专用数据收集。本章包含有关获取企业外部环境数据（通过连接现有信息或收集新信息）的建议，这些数据可以帮助解释创新的发生率及其结果。

7.2 企业创新外部环境的主要因素

7.5 公司的外部环境包括超出管理层直接控制范围的因素。管理者在做出战略选择时，需要考虑这些因素创造的挑战和机遇。这些因素包括客户、竞争对手和供应商的活动；劳动力市场、法律、监管、竞争和经济条件，以及提供与创新价值相关的技术和其他类型的知识。企业的内部环境处于管理层的控制之下，指的是企业的商业模式、生产和创新能力，以及财务和人力资源（见第 5 章）。

7.6 图 7.1 概述了可能影响企业创新的外部因素。存在 5 个主要因素：空间和位置因素、市场、知识流和网络、公共政策、社会和自然环境。第 6 章已经介绍了知识流和网络，本章接下来讨论其中 4 个因素。

7.7 空间和位置因素定义了公司的管辖位置及其与产品和劳动力市场的接近程度（见第 7.4 节）。这些因素可以影响成本和消费者需求意识（Krugman，1991）。当政策、税收、公共基础设施、社会和其他因地点而异的因素的详细数据无法获得时，公司在地区或国家层面的位置可以作为这些因素的替代变量。

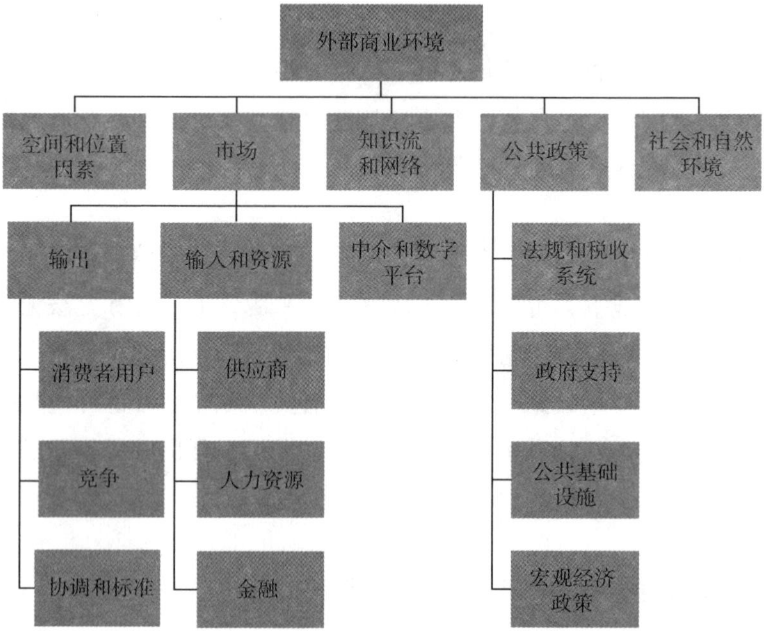

图 7.1　企业创新的主要外部环境因素

7.8　市场是主要的背景因素（见第 2 章），这些因素也受到公司自身决策的影响。数据收集的相关信息（见第 7.4 节）包括向公司提供商品和服务输入的供应商的特征、公司当前和潜在市场的需求结构、金融和劳动力市场，以及有关产品市场竞争程度和标准的数据。由于围绕在线平台的几个市场的重组，中介机构和平台的信息越来越重要（见第 7.4.4 小节）。

7.9　公共政策可以通过直接和间接的方式影响商业活动。监管和执法框架影响公司如何与其创新成果相适应（见第 5 章），以及公司参与的多重关系和交易，而税收制度则影响商业活动的成本。政府还可以使用税收制度和其他政策来支持企业，包括创新支持。其他可以影响企业的公共部门包括基础设施服务的提供和宏观经济政策的管理，这可能影响企业启动和成功运用创新的能力。关于公共政策的数据收集，请参阅第 7.5 节。

7.10 社会和自然环境可以直接和间接地影响商业活动。社会因素可以影响公众对创新的接受程度及与社会责任相关的企业政策。更大的社会变革可以推动全系统的创新，如向低碳经济的转型。商业活动及其产品对自然环境的影响也可以推动企业创新，如企业希望通过“绿色”创新来减少这些影响。企业还可以参与创新活动以应对可预测的自然环境变化，如对气候变化的适应。有关此维度的数据收集，请参阅第 7.6 节。

7.11 这些不同因素表现出大量的叠加和相互作用。例如，公共政策可以通过市场影响公司商业环境的演变，即通过调节垄断或利用市场机制来减轻商业活动的负面环境影响。市场、政府和社会制度与规范可以加强有用知识的有效性，企业利用这些可用知识进行创新，并塑造第 6 章中讨论的知识流和网络。

7.3 商业活动的地点

7.12 公司在市场中的地位也受到特定商业活动在何处进行决策的影响。公司可以自己（在公司内）进行活动，或者可以从供应商（公司外）购买商业活动作为服务。在公司内部或外部开展活动的决定将影响公司所进行的创新类型。此外，关于特定商业活动是在国内还是在“世界其他地方”进行的数据可用于定位公司在全球价值链中的位置。要收集这类信息，可以询问受访者哪些业务活动（与第 3 章中的商业流程创新类型一致）在公司的企业集团内部（或外部）进行及活动位置（国内或世界其他地区）（表 7.1）。收集这些信息，对于记录跨国公司（MNEs）附属公司及其海外附属公司的国内母公司的外包和离岸外包活动尤为重要（见第 5 章）。

表 7.1　商业活动及其地点

商业活动	企业或企业集团内		企业和企业集团以外	
	国内	世界其他地方	国内	世界其他地方
a. 商品和服务生产				
b. 配送和物流				
c. 市场和销售				

续表

商业活动	企业或企业集团内		企业和企业集团以外	
	国内	世界其他地方	国内	世界其他地方
d. 信息和交流				
e. 经营管理				
f. 产品和商业流程开发				

资料来源：基于第 3 章中使用的商业流程分类，以及业务功能的位置和外包调查。

7.13 公司的位置也会对影响创新的许多其他外部和内部因素产生作用。相关的位置因素将在下文中进行讨论。

7.4 市场与企业创新环境

7.14 市场提供了企业交换商品和服务以实现其目标的媒介。本节确定了市场媒介对创新的影响，并描述了测度方法。

7.4.1 企业产品的市场

产业和产品

7.15 竞争和技术机会因产品市场而异，将直接影响创新活动和投资的决策。公司的产品市场可以使用联合国核心产品分类（CPC）系统来识别，该系统是所有商品和服务的主要全球参考，并为商品和服务统计数据的国际比较提供了框架。CPC 根据产品的物理特性、其他内在特征和工业来源将产品归入一个 CPC 类。或者，基于产品类型和生产方法，可以将企业根据其主要经济活动或产业进行分类（见第 9 章）。

主要产品市场

7.16 基于公司产品或产业分类的数据不足以确定市场条件对公司活动的影响，因此需要其他数据作为补充，如公司的主要市场。

7.17　公司的主要市场（按产品或产业）可以影响其市场实力、面临的竞争水平及潜在的进入壁垒。主要市场的相关问题包括销售额、竞争对手数量，以及公司的主要市场中是否存在跨国公司。下面提供对竞争的进一步讨论。

地理市场

7.18　有关公司市场地理覆盖范围的数据，有助于解释公司是否具有“新市场”（New-to-Market）创新（见第 3 章）、竞争对手的位置和用户需求的多样性（见第 5 章）等信息。此外，创新数据的用户可能对自创立以来就服务于外国或数字市场而“天生就全球化”（Born-Global）的公司数据感兴趣。

消费者类型

7.19　企业可以面向 3 种主要类型的客户销售产品：政府 [企业对政府（B2G）]、其他企业 [企业对企业（B2B）] 和个人消费者 [企业对消费者（B2C）]。一家企业可以同时向多种类型的客户销售产品。

7.20　确定 B2G 活跃企业与研究政府在创新中的作用相关。收集有关公司是否签订向政府出售产品的新协议的数据，以及区分协议中政府层级（国家、地区或地方）的数据都是研究所感兴趣的。对于 B2B 活跃的公司，数据收集时应区分销售给独立公司和销售给通过所有权关联的公司。

主要消费者

7.21　由于调查回应困难，调查不可能收集到公司所有客户的特征数据。一种解决办法是关注公司的主要客户，可以是企业、政府或私人非营利组织，或个人消费者。以企业或政府组织为主要客户身份的数据对于竞争和网络的研究具有重要价值，但是出于机密性考虑，受访者可能不愿意提供此类信息。其中一些信息可以从其他来源获得，如年度报告。值得注意的是，收集和处理指定来源的数据要求创新调查机构或组织谨慎管理，并具备资源和数据处理的能力。如果无法获得公司主要客户的名称和其他详细信息，则可以选择询问公司是否拥有主导客户（如占总销售额的 10% 或更多）、其三大客户的销售份额，以及该公司的主导产业或三大客户的产业。

消费者对创新的影响

7.22 来自企业、政府和个人的消费者和用户需求是所有类型创新的主要驱动力，而不仅仅是产品。公司可以使用多种方法或渠道来识别用户对新产品或改进产品（或商业流程）的需求，包括：

①调查或关注客户群体，包括与参加了产品路演的客户进行调查或讨论。

②与客户共同开发或共同创建新的或改进的产品或商业流程的概念和想法（见第 5.5.2 小节）。

③用户创新是指无论企业同意与否，消费者或最终用户对公司的产品进行调整的活动，或者用户开发出全新产品的活动（von Hippel，2005，1988）。公司可以采用和销售这些改进产品或新产品。

④利用产品使用过程中产生的计算机或传感器数据。

7.23 公司可以使用这些渠道从其客户或用户处收集以下类型的信息：

①详细的规范要求，如当业务客户提供新商业流程、软件、服务等的技术规范和其他规范时。

②有关客户愿意为新产品或改进产品特性支付的价格的信息。

③关于公司商业流程的质量或可靠性的评估，如服务输送。

④可用于改进公司产品或商业流程的其他数据，如用户与产品之间交互的行为和性能数据。

7.24 这些问题与所有公司有关，无论其创新状况如何（见第 3 章）。通过收集公司主要客户类型（公司 / 政府 / 消费者）的数据，或通过收集 3 种主要客户类型中每一种的客户参与度数据，可以改进说明。从客户获取有价值的信息所使用的方法及使用这些方法的强度可能因客户类型而异。

7.25 对客户在创新中的作用的评估，也可以从公司如何（或是否）在其创新活动中使用客户数据的信息而受益。数据收集时，可以询问受访对象如何使用特定措施来满足客户需求，如降低成本、提高产品质量、缩短交货时间、增强售后服务功能、更大的风险分担（即基于寄售的付款）、延长营业时间等。

7.26 关于政府需求对创新活动影响的证据，可以通过区分政府采购协议的参与方式来获得：

①正式要求创新以满足采购规范。

②没有正式要求创新，但需要创新才能满足规范。

③既不要求也不需要创新来履行合同规范。

7.27 尽管大多数关于采购和创新的研究都侧重于与政府签订的合同协议，但对于公司提供商品或服务的企业或其他经济实体，要收集其采购要求的数据，这种结构同样适用（Appelt et al.，2016）。

7.4.2 市场中的竞争和协作

竞争

7.28 竞争是市场的一个决定性特征，可以对创新产生重大影响。有关市场竞争的信息可以间接从公司市场的地理位置数据、公司服务的客户类型获得（见上文），或直接从公司面临的竞争程度或类型的问题中获得。

7.29 产品市场竞争的关键指标包括竞争对手的数量、竞争对手的相对规模（比被调查公司更大或更小）或者对公司市场竞争强度的定性测度。调查可以包括有关公司主要竞争对手的特征或身份的问题，如是否是跨国公司。

7.30 创新调查可以获得有关新竞争者进入公司市场的信息，获得对未来竞争压力来源的预期，包括具有颠覆性商业模式的新进入者或具有竞争性创新成果的公司。来自不受监管或非正规部门的竞争压力可能是某些产业、国家和地区创新活动的重要推动力。企业还可能被要求对来自不同类型的公司或组织的当前或预期的竞争压力进行评级。

7.31 创新调查可以询问公司的任何产品或商业流程是否因竞争对手的创

新而全部或部分过时。关于过时的信息将为创造性破坏过程提供证据，这是创新和发展文献的一个主要原理。

7.32 企业对竞争压力的反应及创新在这种反应中的作用，是创新研究所感兴趣的。可能的反应包括第 8 章讨论的创新目标及其他行动，如价格变动、人员调整、撤资、兼并和收购等。

7.33 买方垄断的情况（存在单一买方的市场情况）会影响公司的运营、盈利能力，以及进入新市场或重新设计商业流程的能力。从公司的角度来看，这既适用于对其产品的需求（潜在买家的数量），也适用于其供应商（如果公司是某种类型投入的唯一买主）。

7.34 数据收集可以获得商业投入市场的特征，主要通过：查询公司主要投入市场的竞争程度，关键商品或服务的替代来源的存在性，采用减少供应商依赖的战略，以及与供应商建立战略伙伴关系或制定风险分担协议。

7.35 激烈的竞争、高技术变革率和公司市场对创新的高需求，可能导致产品生命周期缩短。在这些条件下企业必须经常更新产品，从而提高产品创新率，并使得产品创新占总销售额的比例很高（见第 8.3.1 小节）。

7.36 数据收集可以确定竞争和产品市场条件在推动创新方面的重要性。表 7.2 提供了一个相关因素的清单。受访者可能被询问每个因素的重要性，或其与每个项目的一致程度。

表 7.2 可影响创新的竞争和产品市场特征

拟纳入针对竞争的问题项目
基本测度问题
竞争者数量①
主要竞争者特征——如是否为跨国公司，数字平台②
潜在竞争强度的定性测度

续表

拟纳入针对竞争的问题项目
贵公司的商品 / 服务需要快速升级才能保持相关性
贵公司主要市场的技术发展很难预测
贵公司的商品 / 服务很容易被竞争对手的产品所取代
新竞争对手的进入是对贵公司市场地位的主要威胁
您的竞争对手的行动很难预测
贵公司在市场上面临着激烈的竞争
您的市场价格上涨往往会导致客户立即流失
您所在市场的客户在购买前很难评估产品质量

资料来源：基于各种创新调查中使用的竞争问题。

①对于在多个产品市场中运营的公司，有必要关注最重要的市场。

②具有数字商业模式的竞争对手也具有相关性（见第 7.4.4 小节）。

市场中的协作和标准

7.37 在市场环境中，建立在简单合作或一定标准上进行的协作，作为商业战略和活动的推动者和工具，发挥着重要作用。

7.38 第 6.3 节描述了如何收集有关创新的协作实践的数据。这些信息可以通过不一定涉及创新的相关协作数据来补充，如联盟（Alliances）、合资企业（Joint Ventures）、公私合营关系（Public-Private Partnership）、供应商—客户关系网络（Supplier-Customer Networks）、财团（Consortia），以及与其他企业和产业协会的合作措施。

7.39 标准在许多市场中起着重要的协调作用，可以影响产品和商业流程创新的特征。标准通常由协商确定，并由相关公证机构批准，这些机构为产品、流程和组织的特征提供规则或指南，并得到普遍和反复的应用（Blind，2004）。经特定标准认证的公司可以为潜在客户提供其产品和流程完全合规的保证（Frenz et al.，2014）。

7.40 调查可以通过询问以下行动对公司的重要性，来评估标准在公司市场及其创新活动中的作用：

①重要产业或市场标准的认证（为特定产业的公司提供具有优先级的标准清单）。

②证明产品或商业流程创新符合相关产业或市场标准的能力。

③积极参与制定相关产业标准。

④拥有或可以使用知识产权（IP）对使用产业标准的重要性，即当无牌照方无法在不侵犯知识产权的情况下遵守标准时。

7.41 标准可能是重要的知识来源，因此可以包含在创新信息来源列表中（表 6.6）或作为创新目标。遵守标准也可以成为创新目标（表 8.1）。

7.42 对创新系统转型的广泛政策兴趣和研究兴趣（见第 2.2.1 小节），也可以保证包含对互补创新重要性问题的考虑，这些创新是由系统中其他参与者引入的。例如，某一创新的广泛采用，可能有赖于其他产业或支持性基础设施中发生的互补创新。

7.4.3 投入市场

7.43 除了将客户作为创新思想的来源之外，公司还可以从供应商、劳动力市场和金融市场获得创新活动的其他投入。

供应商

7.44 企业可以从提供商品（设备、材料、软件、组件等）、服务（咨询、商业服务等）或知识产权的公司或组织处获得投入。

7.45 数据收集不可能识别公司的所有商品、服务或知识产权的供应商。一种选择是对特定类型的供应商收集数据，如设备或商业服务供应商，或者最重要的商品或服务供应商。公司最重要的供应商的相关信息包括其主要经济活动、地点、跨国地位，以及是否通过所有权与受访者公司联系起来。供应商的身份也可以被要求用来支持数据连接和网络分析，但这种方法与询问公司主要客户的问题一样，面临着机密性和响应困难的挑战。另一种方法是获得材料、设备等份额的数据，如从公司 3 个最重要的供应商处获得。可以进一步要求获得基于供应商的关系的性质细节，如是否涉及协作、共同投资和风险分担，或特许经营协议的信息。这还可能包括选择供应商的标准问题（如技术能力、声望、价格、认证、地理位置接近等）。

7.46　调查始终将供应商定位为重要的信息来源和创新协作伙伴（见第 6 章）。通过供应商参与度表（表 7.1）中列出的每项活动的问题，并针对不同供应商关系的背景进行一些调整，可以获得对供应商在创新中所起作用的进一步认识。在与供应商签订的采购合同中，公司是否需要创新来满足合同规范，也可以用来评估供应商对创新的影响。

人力资源和劳动力市场

7.47　第 5 章提供了关于公司如何测度人力资源和其对内部能力的贡献的指导。这种内部能力与公司运营的劳动力市场密切相关。公司在劳动力市场上寻找个人并雇用他们服务。其中一些人负责建立和维护公司的内部能力，包括创新所需的能力。由于人力资本和创新能力之间的紧密联系，高技术和高素质劳动力市场值得关注（Cohen et al.，1990；Jones et al.，2012）。劳动力市场的效率和特征可以对公司的战略和绩效产生广泛的意义。公司和个人之间的劳动力市场交易也受到监管（见下文第 7.5 节）和社会规范约束，这些规范难以与其他市场特征分割开来。

7.48　与技术工人或参与创新的工人相关的两个劳动力市场特征是：劳动力市场的地理范围和新员工的就业历史。地理范围是关于公司从何处招聘员工，包括当地、区域、国家或国际。关于这一主题的数据收集可以体现从更远的地方吸引工人的需求，并且与国内和国际人口移徙的研究有关。就业历史涉及公司新员工的主要来源，这与知识流动的研究有关。个人可以在离开教育系统时被直接受雇，如具有硕士或博士学位的新毕业生；也可能在一段时间的待业或失业后，或紧接着上一段工作被雇用。后者可以分解为主要来自竞争对手、其他公司（如供应商）或政府的招聘。

7.49 有关劳动力市场状况的数据，可以面向全部劳动力和参与创新的高技能或合格人员收集。重要的是指明问题是针对所有员工，还是仅涉及参与创新活动的员工。

金融市场

7.50 金融市场在为创新和其他活动分配资源方面发挥着核心作用（Kerr et al., 2014）。它们决定了企业的创新投资能力及其实际资金来源（见第 4 章）。

7.51 在考虑金融市场时，一个基本的区别是股权（以换取公司所有权份额）和债务（产生偿还借款金额的义务）。表 7.3 列出了不同类型的内部和外部的资金来源。受访者可能会发现很难区分活动的资金来源，包括涉及或不涉及创新的活动，如商业投资、兼并和收购、负债支付或股东收购。另一种方法是收集有关公司整体融资的信息，问题可以根据观测期内的过去行为或未来计划来确定。此外，可能会询问受访者不同资金来源的可用性和可负担性。使用无形资产作为抵押品与创新融资研究具有高度相关性。

表 7.3　一般和特定创新活动的融资类型

来源	融资类型	举例
内部		通过留存利润或资产处置 来自附属公司或所有者的转移和贷款
外部	股权	普通股 风险投资或私募股权 天使投资
	债务	债券和债务、可转换债务 银行贷款、透支 贸易信贷、保理、租赁、预订 信用卡 来自家人和朋友的借款 来自政府或政府支持的信贷机构的贷款
	混合	次级贷款 / 债券、夹层融资、可转换债券、优先股
	金融转移	补助金和补贴 私人捐款和慈善事业

7.4.4　中介和数字平台

7.52　市场可以包括鼓励和支持不同类型客户之间交易的中介，从而创建供应商—客户关系。网络效应可以为供应商和客户创造可互换的角色，从而改变市场动态和关系。例如，网络允许媒体公司、内容提供商和广告商同时作为内容的供应商和用户，知识经纪人或大学和研究机构的知识转移部门等作为中介，将潜在的知识使用者与知识生产者联系起来。调查中，可以收集关于知识经纪人和知识产权使用的数据来协调知识的转移（见第 6.3.5 小节）。

7.53　数字化促成了基于技术的虚拟市场平台的出现，这些平台通过不同用户、买方或供应商之间的竞争和协作交易，来捕获、传输和货币化数据（见第 5.5.3 小节）。这些虚拟市场平台为已建立的和新的公司提供了互补技术、产品或服务的开发和销售空间（Evans et al.，2016）。因此，这些平台为创新的发展和扩散提供了土壤。

7.54　数字平台上的数据收集主要在信息和通信技术调查中进行。但是，创新调查可能包括关于公司是否提供、使用或竞争数字平台，以及商品或服务是否以数字化方式订购或交付的基本问题。数据收集可以询问受访者公司是否进行以下活动：

①提供数字平台服务，或拥有数字平台业务模式。

②使用数字平台提供商的服务。

③与数字平台服务提供商竞争（或处于竞争中）（表 7.2）。

④与数字平台服务用户竞争（或处于竞争中）。

7.5　企业创新的公共政策环境

7.5.1　规章

7.55　规章（Regulation）是指公共机构和政府部门实施的规章制度，其影响着市场活动和私营部门的经济行为（OECD，1997）。各种各样的规章制度可以影响企业、产业和经济的创新活动（Blind，2013），包括产品市场、贸易和关税、财务、公司治理、会计和破产、知识产权、健康和安全、就业和劳动力市场、移民、环境和能源等方面。为了将数据应用于研究，必须针对特定市场或目的获得有关规章的数据。例如，产品市场规章可以分解为确保用户的健康或安全、能源效率、使用后的回收等方面。数据收集可以确定每个监管区域是否成为变革的障碍，是否需要创新以符合规范，或者是否与公司无关。如果公司根据规章做出变更，可以询问公司是否需要对创新进行投资以符合规章要求。

7.56 或者，调查可以收集合规成本最高的规章类型的信息，以及哪些规章对开发产品或商业流程创新，或进入新市场的决策影响最大，规章（地方、区域、国家、超国家）的管辖权也具有研究意义。

7.5.2 政府支持计划

7.57 政府支持计划代表政府将资源直接或间接转移给企业，可以是金融支持，也可以是实物补贴。这种支持可以直接来自政府当局，也可以是间接的，如消费者获得补贴去购买特定产品。企业可以从针对商业活动 [如研发（R&D）或新机器的购置] 或商业活动的结果（如过去创新活动产生的收入流或污染物排放水平的降低）两个方面的公共支持中受益。与创新相关的活动和成果是政府支持的共同目标。国家和国际规章将监督政府向公司提供支持的条件，因此，对于不同形式和水平的政府创新支持，需要能够反映其程度和影响的证据。

7.58 数据收集可以获得有关公司是否从公共机构获得直接财政支持的信息，可能也会同时获得提供支持的政府级别的信息。研究政府财政支持对创新的影响，需要有关创新型企业、创新活跃企业和非创新型企业的政府支持的性质和数量的数据。这包括确定专门以促进创新为目标的政府支持部分，第 4 章关于创新融资来源的指导对这方面是有帮助的。

7.59 关于政府支持的调查和管理性数据资源，可以与分析公共支持政策效果有效地结合起来。与政府支持计划相关的数据性可以与创新调查的数据联系起来，可以的话，最好使用两个数据库中的公共商业识别号码。除了减少受访者回应困难之外，对于研究政府计划支持创新的个体和综合影响，这种做法可以提供更精细和准确的量化信息。但是在使用行政性数据时，必须全面覆盖所有实质性的创新支持计划。第 11.5 节还讨论了评估政府政策的数据要求。

7.60 对于调查受访者，可以问及他们是否了解政府对创新的支持，以及他们是否考虑申请。如果他们申请，询问是否获得支持；如果是，询问他们获得支持的金额（价值）。政策研究也可以从公司在特定地方、区域或国家支持计划方面的经验数据中受益。

国际比较

7.61 为了进行国际比较，应将政府支持计划的经验或使用的数据归类到共同的政策工具类别中。表 7.4 列出了对此类工具进行分类的可能方法。理想情况下，还应按工具类型收集信息，因为这将影响企业对所收到的政府支持数量问题的解释。例如，以接近商业利率从担保贷款中获得的公司净值，可能低于不需要偿还的非常小的赠款。

表 7.4　在创新调查中对政府政策工具进行分类的可能方法

特点	测度的示例和注释
按支持创新能力或活动的意图分类	使用第 4 章中的创新活动列表及与创新相关的功能列表，如人员开发和网络集成，还可以包括对商品或服务生产的补贴
按政策目标分类	可以使用社会经济目标的分类，但这尚未经过全面测试，并且可能难以回答
按工具种类分类	赠款和补贴、代金券、税收补贴、贷款、贷款担保、股权注入，诱导性奖品，服务和其他实物支持
按负责任的政府层级分类	地方、区域、国家、超国家和国际规则
按支持的条件分类	政策可以提供无条件转移，或者可以按照自由裁量（如竞争）或非自由裁量，按需提供支持
支持的财务价值	不同的工具需要不同的估值方法（OECD，1995），因此，除了直接补助等基本转移支付，受访者可能无法提供支持财务价值的可靠估计

资料来源：改编自 OECD（2015），《弗拉斯卡蒂手册 2015：研究与试验发展数据收集和报告指南》，http：//oe.cd/frascati，以及 OECD 的 STIP COMPASS 数据库对于创新政策倡议和工具采用的分类法（https：//stip.oecd.org/）。

7.62《弗拉斯卡蒂手册 2015》（*Frascati Manual* 2015，OECD，2015）为支持 R&D 的不同类型的工具提供了分类系统。这种分类可以适用于支持创新的工具（表 7.5）。

7.63 除了这些支持工具的转移或补贴内容之外，可能其他要素对企业也有价值，如在申请和授予过程中获得的经验，或通过成功申请传达给创新系统中其他参与者的信号。

表 7.5　支持创新的主要政策工具类型

资助	政府补助，或其他创新活动转移，这些通常与特定的创新项目有关，并有助于解决部分相关成本
股权融资	政府对商业股权的投资
债务融资	用于创新的政府贷款
债务融资担保	政府为促进第三方投资某公司的创新活动提供担保
支付货物和服务	从公司购买商品或服务，隐含或明确要求公司将创新作为协议的一部分
税收激励	创新活动和相关结果的税收减免，如对 R&D 支出的激励或有利的知识产权制度
使用基础设施和服务	为企业创新活动提供直接或间接的基础设施和服务，如为 R&D 提供补贴，测试或成形设施，或允许访问相关数据、网络或咨询资源。 这可能包括向公司分配凭证，以允许它们从经批准的提供者（如大学、研究中心或设计顾问）处获得某些类型的专业化服务

资料来源：改编自 OECD（2015），《弗拉斯卡蒂手册 2015：研究与试验发展数据收集和报告指南》，http：//oe.cd/frascati。

7.5.3　创新和公共基础设施

7.64 公共基础设施由政府所有或由政府直接管制。因此，公司部分或全部出资、交付和管理的受监管基础设施，仍然可以被视为公共基础设施。这种基础设施，包括系统和设施，可以提供多种相互依赖的用途。公共基础设施的技术和经济水平极大地影响着经济的功效、发展和绩效。这就保证了应将公共基础设施纳入可影响创新的外部因素中。表 7.6 提供了在收集公共基础设施数据时，基于基础设施与公司的相关性和基础设施质量的一般分类方法，如可访问性、用户的可负担性、弹性和适应性。

表 7.6　与公司创新潜在相关的公共基础设施类型

一般类型	举例	相关性 / 质量评估水平
运输	机场、铁路、公路、桥梁、水路和海洋设施（如港口）	
能源	开发、存储、传输 / 分配	
信息和通信	电信网络、邮政服务、广播等	
废物处理	固体废物管理、危险废物、废水	
供水	收集和净化、储存、分配	
知识基础设施	教育机构、图书馆、资料库、数据库等	
卫生	医院、诊所、外展服务等	

7.65　基础设施的公共政策可以对提供或使用基础设施的公司的创新产生不同的激励作用。表 7.6 中包含的基础设施类型由特定产业代码［全部经济活动的国际标准产业分类（ISIC）］隐式定义，可用于识别提供基础设施服务的公司。如果 ISIC 数据不够详细或不可靠，数据收集时可以询问受访者是否是每种类型基础设施的提供者或用户。

7.5.4　宏观经济政策环境

7.66　评估企业对政府实施的宏观经济政策的看法可能与本话题是相关的，包括货币、公共支出和税收政策。此外，可以询问受访者哪些宏观经济变量（如通货膨胀、汇率、消费者需求）对其公司的创新活动计划影响最大。

7.6　创新的社会和自然环境

7.6.1　创新的社会背景

7.67　企业部门的创新调查不适合收集有关创新的一般社会环境的信息，如公民对知识产权、企业家精神或新技术的态度，这些信息应通过社会调查收集。但是，创新调查可以从业务经理那里获取有关社会因素对其公司决策的作用的数据，如表 7.7 所示。表中提出的项目提取了国家统计组织和学术研究人员在各种调查中捕获的若干因素，主要关注个人作为消费者或潜在雇员的角色。反馈选项可以从“非常不同意”到“非常同意”。结果可以按公司规模或产业进行汇总，并与实际创新绩效数据相关。

表 7.7 收集有关公司社会环境特征的信息

	同意 / 不同意程度
消费者喜欢收到有关贵公司商品和服务的详细信息	
消费者愿意向贵公司提供个人数据，以换取（更好的）商品和服务	
消费者对贵公司商品和服务的偏好变化很快	
消费者愿意为包含新技术或设计的商品或服务支付更多费用	
知识产权受到市场中消费者和企业的尊重	
贵公司定期遇到腐败行为	
公共利益团体影响了贵公司的商业投资决策	
环境组织影响了公司的商业投资决策	
大学毕业生准备在贵公司内进行创造性和创新性的工作	
大学毕业生被吸引到为贵公司工作	
贵公司的员工有兴趣建立分拆公司（Spin-off Firms）以抓住时机	

7.6.2 自然环境

7.68 自然环境可能是影响企业决策的重要外部因素。除了经济活动部分依赖于自然环境（旅游、农业、渔业、采矿等）的公司之外，所有产业的公司都有必要制定公司与自然环境关系的战略。

7.69 可能影响所有商业活动的环境因素包括环境设施的变化、洪水和其他自然灾害、流行病和传染病、气候变化，以及水、土壤和空气污染。有关这些条件的相关信息可以从其他来源获得，包括保险数据和污染物水平的国家数据。

7.70 对于特别受自然环境影响的产业或地理位置来说，他们可能有兴趣收集企业是否通过创新应对环境因素，或环境因素是否会对创新构成障碍。

7.7　企业创新的外部驱动因素和阻碍

7.71　根据具体情况，外部因素可以作为创新的驱动力或创新的障碍，如药品的产品质量规章，这些规章可以为新进入者创造障碍，同时为活跃在市场中的公司的特定类型的创新活动提供激励。外部因素也可以为发展竞争优势提供机会和激励，从而为公司创造新的价值。因此，外部因素和创新目标（见第 8.1 节）密切相关。

7.7.1　创新的外部驱动因素

7.72　可以推动创新的外部因素可分为三大类：①公司的市场环境；②包括规章在内的公共政策；③社会环境。表 7.8 列出了每个类别中的潜在驱动因素。根据政策利益，可以收集更详细的驱动因素数据。例如，规章的类别可以分解为特定类型，或者关于资金可用性 / 成本的类别可以侧重于特定的资金来源。

表 7.8　关于综合收集外部创新驱动因素数据的建议

整体领域	具体领域	作为创新驱动力的重要性（低、中、高、不相关）
市场	国内消费者	
	进入国际市场	
	供应商和价值链	
	技能的可用性 / 成本	
	融资的可用性 / 成本	
	竞争对手	
	标准	
	知识市场	
	数字平台	

续表

整体领域	具体领域	作为创新驱动力的重要性（低、中、高、不相关）
公共政策	规章	
	法院的运作和规则的执行	
	税收	
	公共支出（水平和优先事项）	
公共政策	政府支持创新	
	政府对创新的需求	
	公共基础设施	
	整体政策稳定	
社会	消费者对创新的响应能力	
	有利于创新的舆论	
	经济参与者之间的信任程度	

7.7.2 创新的外部障碍或阻碍

7.73 创新障碍阻止非创新型企业参与创新活动，或妨碍创新型企业引入特定类型的创新。创新障碍会增加成本或产生技术问题，但通常是可以解决的。关于创新障碍或阻碍的数据收集，应确保所有问题都同时适用于创新活跃和非创新型企业，并且可以捕捉两类企业之间障碍意识的差异（D’Este et al., 2012）。意识中的不对称性可能会妨碍对影响业务创新的因素的分析。此外，对障碍问题的回答可以代表未能捕捉实际障碍的事后“理由”，或某些障碍作为创新驱动因素的作用。

7.74 关于障碍或阻碍的数据收集可以遵循表 7.8 中提供的因素列表，并进行一些修改。例如，“技能的可用性 / 成本”可以改为“缺乏技能 / 高技能成本”，“公共基础设施”可以改为“公共基础设施不足”等。

7.75 关于障碍或阻碍的问题还可能包括公司内部因素，如缺乏创新的内部融资，公司内缺乏熟练的员工，或者缺乏资源来阻止高技能员工离开公司而为竞争对手工作。

7.76 针对驱动因素和障碍分别提出问题的另一种方法是使用单个项目列表,如表7.8所示,并询问受访者每个项目对创新的贡献程度或阻碍创新的程度。

7.8 建议总结

7.77 本章确定了公司环境中可能影响创新活动的一系列外部因素。为了测度这些因素，建议：

①采用中立和平衡的用语来测度创新的潜在外部驱动因素，同时考虑到环境或背景因素的双重障碍 / 激励效应。

②尽可能使用与所有公司状况都相关的问题，无论其创新如何。

③使用有关企业对外部因素的反应行为的问题，而不是要求受访者应用启发式方法来估算影响的问题。

7.78 本手册中的通用建议是与本章的背景最相关的，即应当优先将考虑到政策用户对创新框架条件研究需求的条目包括在内，因为不可能在一次调查中包括所有维度。

7.79 下面给出了数据收集的一般建议。本章涉及的其他类型的数据适用于专门的数据收集活动。

7.80 数据收集的关键问题应包括：

①公司的产业和主要市场（另见第 5 章）。

②竞争和产品市场特征（表 7.2）。

7.81 政府政策和对创新的支持（表 7.4 和表 7.5 中不同类型工具的使用）创新的驱动因素或障碍（表 7.8）。

7.82 数据收集中，关于国家优先项、空间或资源的补充问题包括：

①客户的其他特征，包括用户要求，主要客户的销售份额及主要客户的产业（第 7.4.1 小节）。

②业务活动和价值链的位置（表 7.1）。

③规章对创新的影响（第 7.5.1 小节）。

7.83 本章介绍的其他主题建议在调查中偶尔使用或在实验中使用。

参考文献

Appelt, S. and F. Galindo-Rueda（2016），“Measuring the link between public procurement and innovation”，*OECD Science, Technology and Industry Working Papers*，No. 2016/03，OECD Publishing，Paris，https：//doi.org/10.1787/5jlvc7sl1w7h-en.

Blind，K.（2013），“The impact of standardization and standards on innovation”，*Nesta Working Papers*，No. 13/15，Nesta，London，www.nesta.org.uk/report/the-impact-of-standardization-and-standards-on-innovation/.

Blind，K.（2004），*The Economics of Standards：Theory，Evidence，Policy*，Edward Elgar Publishing，Cheltenham.

Cohen，W.M. and D.A. Levinthal，（1990），“Absorptive capacity：A new perspective on learning and innovation”，*Administrative Science Quarterly*，Vol. 35/1，pp. 128152.

D’Este，P. et al.（2012），“What hampers innovation？ Revealed barriers versus deterring barriers”，*Research Policy*，Vol. 41/2，pp. 482-488.

Edquist，C.（2005），“Systems of innovation：Perspectives and challenges”，in *The Oxford Handbook of Innovation*，Oxford University Press，Oxford，pp. 181-208.

Evans，P.C. and A. Gawer（2016），“The rise of the platform enterprise：A global survey”，*The Emerging Platform Economy Series*，No. 1，The Center of Global Enterprise.

Frenz，M. and R. Lambert（2014），“The economics of accreditation”，*NCSLI Measure*，Vol. 9/2，pp. 42-50，https：//doi.org/10.1080/19315775.2014.11721682.

Granstrand, O., P. Patel and K. Pavitt (1997), "Multi-technology corporations: why they have 'distributed' rather than 'distinctive core' competences", *California Management Review*, Vol. 39/4, pp. 8-25.

Jones, B. and D. Grimshaw (2012), "The effects of policies for training and skills on improving innovation capabilities in firms", *Nesta Working Papers*, No. 12/08, Nesta, London.

Kerr, W.R., R. Nanda and M. Rhodes-Kropf (2014), "Entrepreneurship as experimentation", *Journal of Economic Perspectives*, Vol. 28/3, pp. 25-48.

Krugman, P. (1991), *Geography and Trade*, MIT Press, Cambridge, MA.

Lundvall, B.-Å. (ed.) (1992), National Innovation Systems: Towards a Theory of Innovation and Interactive Learning, Pinter, London.

Nelson, R. (ed.) (1993), *National Innovation Systems. A Comparative Analysis*, Oxford University Press, New York/Oxford.

OECD (2015), *Frascati Manual 2015: Guidelines for Collecting and Reporting Data on Research and Experimental Development*, The Measurement of Scientific, Technological and Innovation Activities, OECD Publishing, Paris, http://oe.cd/frascati.

OECD (1997), *The OECD Report on Regulatory Reform: Synthesis Report*, OECD Publishing, Paris, https://doi.org/10.1787/9789264189751-en.

OECD (1995), Industrial Subsidies: A Reporting Manual, OECD Publishing, Paris.

von Hippel, E. (2005), *Democratizing Innovation*, MIT Press, Cambridge, MA.

von Hippel, E. (1988), *The Sources of Innovation*, Oxford University Press, New York.

第 8 章　企业创新的目标和结果

第 8 章讨论企业创新目标和结果的不同测度方法，扩展了第 3 章介绍的创新特征的测度标准。本章不仅讨论了企业追求的各种创新目标和结果的若干定性衡量标准，还对产品和商业流程创新成果的量化指标进行了评估，并在给出最终建议之前，概述了衡量创新成果所面临的挑战。

8.1　引言

8.1　创新的计划和开发阶段包括确定创新希望实现的一个或多个目标。目标可以指创新本身的特征，如规格或市场和经济目标。创新的结果可以通过与目标类似的项目列表来捕获，但体现的是创新的实际效果，还可能包括公司最初目标中未指明的其他效果。

8.2　企业创新的经济目标可以包括创造利润，产品创新带来的销售量或品牌意识的提高，以及商业流程创新带来的成本节约或生产力提升（Crépon et al.，1998）。其他目标包括公司能力、市场或购买其产品的客户类型的改变，以及新的外部联系的建立。

8.3　创新成果包括公司目标的实现程度，以及创新对其他组织、经济、社会和环境的更广泛的影响。更广泛的影响可能会被企业视为创新目标，也有可能不会。这些影响包括不同类型的溢出效应和外部性，可能改变市场竞争结构、刺激或阻碍其他组织的创新活动。创新的更广泛的影响也可能促进或阻碍社会目标的实现，如改善就业、健康和环境条件，或者帮助解决或影响其他社会挑战。

8.4　许多公司的共同目标是增加整体利润，或提高销售量和市场份额。理想情况下，研究创新对这些结果的影响应使用管理性数据并通过计量经济学分析确定创新的效果（见第 11 章）。但是，收集仅限于创新带来的成果的数据（如创新的销售份额或利润率）对研究也很有价值。

8.5　本章介绍了衡量创新目标和结果的不同方法。第 8.2 节讨论了企业追求的各种创新目标和结果的定性衡量标准，第 8.3 节包括对产品和商业流程创新成果的量化评估。在提供最终建议之前，第 8.4 节介绍了衡量创新成果所面临的挑战。

8.2　企业创新目标和结果的定性衡量标准

8.2.1　创新目标和结果的类型

8.6　创新目标包括反映企业创新活动的动机和基本策略的可确定的目标（见第 5.3.1 小节）。收集创新目标的数据，有助于研究企业参与创新活动的决策驱动因素，如竞争的激烈程度或进入新市场的机会，以及研究公司如何响应这些驱动因素，如提高公司运营效率或增强创新能力。有关目标的数据还可以帮助理解计划中的创新特征，如公司的目标是大幅改变其商业流程还是仅进行微小调整。此外，创新目标的数据可用于构建创新概况（见第 3.6.2 小节）或其他对创新型企业进行分类的系统。

8.7　创新成果是可观察到的创新成效。在调查中，结果数据基于创新型公司中受访者的感受。企业可能会，也可能不会成功实现其创新目标；创新也可能带来额外的影响，这些影响不属于公司的最初目标。

8.8　许多创新目标和结果可以通过相同的项目列表来捕获。表 8.1 列出了可实现为结果的目标，按影响范围分组包括：市场、生产和交付、公司组织、环境和社会。创新目标总是有意的，但结果可能是非有意的。

表 8.1　按影响范围划分的创新目标和结果测度

公司产品市场
升级商品或服务
扩展商品或服务范围
创造新市场
进入新市场或使现有产品适应新市场
增加或维持市场份额
提高商品或服务的声誉、品牌知名度或曝光度
遵守市场规章
采用标准和认证
生产和交付
升级过时的工艺技术或方法
提高商品或服务的质量
提高生产商品或服务的灵活性
提高生产商品或提供服务的速度
降低每单位产出的劳动力成本
降低每单位产量的材料、能源成本或运营成本
缩短产品上市时间
商业组织
提高吸收、处理和分析知识的能力
改善与其他组织的知识共享或转移
改善公司价值链的效率或功能
提高公司内部的沟通水平
改善或建立与外部经济实体（其他公司、大学等）的关系
提高商业弹性和适应变化的能力
改善公司员工的工作条件、健康或安全
实施新的商业模型
对标准的制定做出贡献
经济、社会和环境
减少对环境的负面影响 / 产生环境效益
改善公共健康、安全或保障

续表

改善社会包容程度
改善性别平等程度
提高生活质量或福利
遵守强制性规章
遵守自愿标准

8.9 影响市场的目标和结果主要涉及产品创新，尽管一些商业流程创新也可以起到间接作用，如通过提高服务质量或加强营销从而提高其知名度或声誉的创新。“公司产品市场”列表下列出的目标包括：公司是否计划改变其产品组合（增加其商品或服务范围）、进入新市场、瞄准现有市场（增加或维持市场份额）或改变客户对公司产品的看法（提高其声誉或知名度）。同时企业可能还需要遵守市场规章，如满足产品排放或回收标准。

8.10 生产与交付的创新目标和结果，涉及公司运营的成本和质量。它们主要与商业流程创新有关，尽管部分产品创新也可以起到一定作用，如产品材料的变化降低了每单位产量的原材料成本。

8.11 影响公司业务组织的目标和结果可以捕捉商业流程创新对公司能力的影响。其中一些影响可以提高公司吸收、处理和分析知识的能力，其他因素会影响公司适应变化或改善工作条件的能力，并确保公司本身的持续发展。

8.12 影响经济、社会或环境的创新结果受到外部性创新目标的影响，如减少对环境的影响或改善健康和安全。其他项目涉及创新对更广泛的社会目标的贡献，如社会包容、公共安全或性别平等。为遵守标准或规章而进行的产品和商业流程创新都有助于实现环境和社会目标。

8.13 建议至少收集到有关创新目标和结果这两者之一的数据。由于一些目标和结果很常见，数据收集应基于其对公司的重要性使用排序量表。成果数据只包括创新，而目标数据收集应包括所有已完成、正在进行、推迟或放弃的创新活动。

8.14 如果同时收集创新目标和创新成果的数据，则建议将这两组问题限制在创新的话题中，以确保目标和结果之间的可比性，并排除那些正在进行、推迟或停止的创新活动。

8.15 可以使用单个问题收集有关目标和结果的数据。在这种情况下，建议使用目标的重要性量表。创新结果的相应选项应包括目标是否实现，结果是否在没有相应目标的情况下发生（即它是无意的），以及是否“尚无法判断”。

8.16 只有发生在数据收集观测期内的结果可以被观察到；某些影响可能只在观测期后发生，因此将无法观察到。不建议将观测期延长至 3 年以上，或收集观测期之前发生的创新的结果数据。虽然这两种方法都可以更全面地反映创新成果，但由于受访者回忆过去目标的能力下降，这些方法也会降低数据的可靠性。此外，在观测期之前收集创新成果数据可能会破坏数据收集的逻辑，并对其他问题的回答产生负面影响。

8.2.2 与商业战略相关的创新目标和成果

8.17 除了表 8.1 中列出的基本目标和结果外，还可以收集有关创新和商业战略之间关系的数据，包括创新对公司商业战略的贡献（见第 5.3.1 小节），创新对公司内部进行实质性变化的需求程度，以及创新对公司经营所在市场的影响。如上所述，可以仅针对目标，或同时针对目标和结果收集相关数据。所有战略的创新目标或结果都应按顺序进行衡量。

8.18 表 8.2 提供了有关公司商业战略的创新目标或结果的数据收集选项。第一组创新目标和结果涉及企业如何将其产品创新定位于市场，相关策略包括关注不同的细分市场（专业化），现有产品的多样化或扩展（多元化），以及针对特定客户的解决方案（定制）。有关内部能力的目标和结果包括提高员工的技能水平，如提高其学习吸收能力（见第 5.3.4 小节），更加高效或更有效果的创新活动组织方法，以及管理风险的方法。

表 8.2　衡量商业战略的创新目标和结果

将公司的产品定位于市场
加强在不同细分市场的地位
多样化或扩展现有产品
为特定客户制定解决方案
建立新的商业模式
内部能力和组织
提升员工技能
组织创新活动
管理可能阻碍创新的风险（安全和网络风险等）
根据竞争对手定位公司
模仿或适应竞争对手的创新
首次进入市场商品或服务创新
首先在市场上使用商业流程创新
技术领先
设计领导力
成本优势

8.19　创新目标也可以成为公司对于竞争对手的战略的一部分（见第 5.3.1 小节）。例如，公司可以专注于模仿或采用，首次进入市场战略，技术、设计或成本领先。对模仿或采用的关注是一种“追随者”策略，其中公司的创新落后于竞争对手的创新。相反，追求领导战略的公司力求在竞争对手中保持领先地位。领导力可以基于产品创新的设计特征或技术功能，或者基于商业流程创新的质量或成本优势。首先进入市场的策略可以基于模仿其他市场中的商品或商业流程，或基于技术、设计或成本领先。

8.20　创新可以对市场的结构和驱动力产生重大影响，如显著的成本优势、新颖的产品特性或网络效应等可以将竞争对手赶出市场或阻止新竞争者进入。其他导致市场转型的影响包括供应商或使用公司创新的其他商业机构的战略变化。当创新导致某些产品或流程过时，或公司创建其他公司可以使用的新颖在线平台时，其他公司的商业模式可能会发生变化。

8.21 有关公司创新战略对市场影响的信息与政策密切相关。但是，如果受访者有可能违反现有法规，如反竞争行为，他们可能不愿意评论自己公司战略的影响。因此，如表 8.3 所示，最好询问关于创新影响的基本的和中性的问题，这些一般影响来自所有活跃在受访者市场的公司。

表 8.3 衡量业务创新对市场的潜在影响

公司市场竞争者数量的变化（增加 / 减少 / 无变化）
进入公司市场所需的资本和人力资源投资变化（增加 / 减少 / 无变化）
在公司所在市场表现活跃的供应商的业务战略变化（是 / 否）
公司所在市场中的商业用户对产品的策略变化①（是 / 否）

①仅与市场中销售给其他企业的公司相关。

8.3 创新成果的量化测度

8.22 产品和商业流程创新的定量结果测度值得关注，原因有 3 个。首先，需要定量数据来研究创新对于创新型企业和创新销售市场的经济意义；其次，这些数据可用于分析创新支出的有效性和效率及其对创新结果的影响，以及企业如何组织其创新活动（例如，他们的协作情况、信息来源、保护其知识产权的方法和收到的公共资金支持）；最后，定量结果数据与研究创新对其他组织、经济、社会和环境的影响有关。

8.3.1 产品创新的量化测度

产品创新占据的销售份额

8.23 “创新销售份额”指标可以定义为在参考年份中，受访者估计的源于产品创新的销售额占总销售额的份额。它是公司层面上表现产品创新经济意义的指标（Brouwer et al.，1996）。此外，企业层面创新销售份额的数据汇总，可以衡量特定产业或市场总销售额中产品创新的销售份额。如果还有来自进口和国内生产的总销售数据，则销售份额数据还可用于估算国内产品创新所满足的产业总需求份额。

8.24　如果创新和销售之间的测度时间相对较短，创新的结果可能是销售额非常低或没有销售额。有几个因素会影响产品创新与销售之间的时间差距，包括观测期间创新发生的时间及营销和销售创新产品所需的时间。定制的和昂贵的机器更可能预售（如飞机），而一些消费品可能会经历缓慢、渐进的销售增长。平均而言，与 1 年期相比，如果使用 3 年作为观测期，创新销售问题可能会获得更好的结果。

8.25　建议收集创新销售份额数据，作为产品创新的产出衡量标准。进一步建议收集以下 3 类市场（相加应为 100%）的产品创新的销售份额（新产品和改良产品）：

①在观测期间引入的产品创新对公司市场来说是新的。

②在观测期间引入的产品创新仅对公司来说是新的。

③在观测期间未更改或仅略微修改的产品。

8.26　在某些情况下，可以按产品创新类型（商品或服务）或销售地点（国内或国外市场）分解创新销售份额。但是，对于将商品和服务合并为单一产品的公司而言，按照创新类型进行分类将是困难的，如当资本设备制造商将设备销售与服务维护合同结合时。

8.27　对于研究和政策，一种有用的分类方法是根据新颖程度，如上面给出的例子。其他按新颖性分解的方法包括：

①来自新产品或改进产品的销售。

②来自世界第一、市场第一，或仅是公司第一的创新的销售（见第 3.3.2 小节）。

③来自任何竞争对手都无法获得的创新销售，或者来自与竞争对手已经提供的产品相同或非常相似的创新。

8.28 受访者可能会发现难以提供创新销售份额的确切数字。另一种方法是提供回应类别，如“0”“大于 0 至小于 5%”“5% 至小于 10%”等。回应类别的范围定义需要比较小，以提供有用的数据。

8.29 按市场类型划分的创新销售份额信息，有助于区分以前存在于公司市场的产品创新扩散和作为市场新产品的产品创新。此外，准确解释市场新产品的销售份额需要这些产品销售的地理市场数据。产品创新仅对当地市场来说是新的，与对国内或国际市场来说是创新相比，其新颖程度可能会有所不同。可以询问受访者公司的市场新产品对他们的本地、区域或国家市场来说是否是新的，或者是否是“世界第一”的产品创新（见第 3.3.2 小节）。能够收集“世界第一”产品创新的创新销售份额数据，对于产品创新的能力和概况（见第 3.6.2 小节）的研究也很有价值。

8.30 创新销售份额受到公司市场中技术和需求变化速度的影响，高变化率导致产品生命周期缩短。第 7.4.2 小节讨论了可能导致产品生命周期短的这些和其他外部因素。

产品创新的其他量化测度

8.31 产品创新的量化产出指标是观测期间产品创新的数量。这需要谨慎测度，因为受访者可能难以估计创新的数量，特别是对于具有多项创新的大型公司、包含多个子系统的高度复杂的产品，或可能受到大量或微小变化影响的多种产品。为解决这些问题，创新数量的数据收集应使用预定义的类别（如 0、1、2、3 ～ 5、6 ～ 10、11 ～ 20、20 以上），并指示受访者不要将同一产品的微小变化视为不同的产品创新。

8.32 计算产品创新数量的数据对于解释有关创新目标和结果的数据非常有用。例如，各种创新目标可能与产品创新的数量和多样性正相关。观测期内完成的创新项目份额的指标，也可以从创新项目数量的数据中计算出来（见第 4.5.2 小节）。

8.33 有关产品创新的经济意义或市场成功度的数据，可以通过询问受访者公司的一般绩效预期（就销售额或利润增加而言）及满足这些期望的产品创新份额来收集。关于绩效期望和实际结果的问题，基于销售或利润的变化，可以使用预定义的回应类别（如“0”“大于 0 至小于 25%”“25% 至小于 50%”“50% 至小于 75%”“75% 至小于 100%”“100%”）。

8.34 产品创新的其他定量结果指标包括产品创新的利润率和公司产品创新的市场份额占同类产品市场总销售额（包括竞争对手销售的产品）的比重。这两个指标比创新销售份额更能衡量产品创新的经济和市场成功度。利润率（加价程度）是经济成功的衡量标准，与公司产品创新相对于同一市场中其他产品的竞争优势正相关。同样，高市场份额表明产品创新能够胜过市场上其他公司的产品。相比之下，产品创新的高创新销售份额仍然可能导致公司的经济优势降低，如当公司停止销售旧产品或公司以低利润率来销售大量产品创新时。

8.35 受访者可能觉得提供产品创新的利润率或市场份额数据，比提供创新销售份额更难，特别是如果公司拥有大量具有不同利润率和市场份额的、需要进行平均的产品创新。此外，受访者可能将利润率和市场份额数据视为高度敏感的数据。数据收集时可以利用相关性的测度来减少响应困难，如产品创新的平均利润率与其他产品的平均利润率之间的差异。另一种选择是仅收集公司最重要的产品创新的利润率和市场份额数据（见第 10 章）。

8.3.2 商业流程创新的定量结果数据

8.36 与产品创新相比，受访者在估测商业流程创新的定量结果时可能面临更大的困难。企业通常不会收集由商业流程创新带来的节约的数据。此外，商业流程创新可能涉及非常不同的运营领域，需要针对每种商业流程设置不同指标（Davenport，1993）。另一种方法是收集公司最重要的商业流程创新的定量数据（见第 10 章）。

8.37 对于某些类型的商业流程创新，一个相关指标是在观测期间直接受这些创新影响的公司人员的百分比。该指标对于衡量整个组织中商业流程创新的影响具有重要价值。但是，它并未提供有关商业流程创新是否成功或是否对运营产生了任何正面或负面影响的信息。

8.38 第二个指标是由于商业流程创新带来的销售变化。这一测度指标可以由提高效率来降低成本或提高产品质量的商业流程创新来驱动。可以询问受访者，商业流程创新是否直接或间接地导致了销售增加，如果是，则询问增长的规模，使用预定义的尺度。有用的类别是："0""大于 0 至小于 1%""1% 至小于 2%""2% 至小于 5%""5% 至小于 10%""10% 或更多"。该指标在概念上类似于产品创新中的创新销售份额指标。

8.39 对于大型企业的受访者来说，商业流程创新的这些定量结果指标可能很难估计；对于不直接用于生产活动的特定类型的商业流程创新同样如此，如经营管理。这些指标更适合中小型企业，或者与产品直接相关的商业流程创新的问题，如受生产、交付和物流商业流程创新影响的销售份额。

8.40 许多商业流程创新旨在提高公司运营的效率，但通常很难将个别创新对应到特定结果。与使用前相比，或与未提高效率的商业流程创新相比，提高效率的创新应直接或间接地降低成本。为了量化商业流程创新带来的成本降低，可以询问受访者这样的创新是否直接或间接地降低了运营成本，如果是，询问降低的规模（Piening et al.，2015）。有关降低成本的问题应该涉及每单位产出的成本或每次操作的成本，以便在增加或减少的生产或运营量中将规模相关的成本变化因素排除在外。为减少回应困难，应使用预定义的回应类别。使用这种方法的调查经验表明，回应类别应通过较小差异划分，如"0""大于 0 至小于 2%""2% 至小于 5%""5%"至小于 10%""10% 至小于 20%""20% 或更高"。

8.41 其他商业流程创新旨在改善流程的质量特征，如灵活性、适应性、速度、精度、准确性或客户友好性（与许多提供服务的商业流程相关）。在某些情况下，提高质量的商业流程创新可能会增加单位成本，但这些额外成本可以通过增加相应的产出价值来抵消或转亏为盈。

8.42　作为质量管理的一部分，提高质量的商业流程创新的相关量化指标已经被制定（Powell，1995）。这些指标包括创新带来的商业流程时长改善（交货时间、处理时间、准时交付）和商业流程创新对产出质量的改善（客户满意率、缺陷率、准确率、返工率、报废率）。其中，许多定量指标需要在每个问题中建立个性化的量表，如按时交付的产品份额、对业务过程满意的客户份额、废料在总产量中的份额或需要返工的产品份额。其他指标包括改进流程的复杂程度（步骤数）和员工满意度。其中一些质量指标专为不同产出单位的制造过程而设计，与化学品等连续制造产业或服务产业的商业流程创新相关性较低。其他指标可以应用于所有产业，如客户满意率（通常是对商品或服务满意的客户份额）、准确率（产生预期结果的操作份额）或员工满意率。对于服务业，许多这些指标难以应用或相关性较低（如废品率）。

8.4　测度面临的问题

8.43　选择主观还是客观的数据收集方法，将对可获得的创新目标和结果信息产生重大影响。主观方法要求询问企业在观测期间的所有创新（或创新活动）目标或结果。如果创新（或创新活动）的目标或结果不同，那么受访者很难获得每个目标或结果的平均重要性。相反，关注个别创新的客观方法（见第 10 章）将减少回应困难并提高特定目标和结果的数据准确性，但代价是不能获得更广泛的目标数据。

8.44　在数据收集中询问关于结果的问题，是假设受访者能够估测其公司创新结果。对于某些结果，如销售额的变化，这种假设可能是有效的；而受访者可能会发现难以评估其他一些结果，如减小公司外部环境影响的效果。

8.45　询问公司创新的绩效影响时，受访者可能会存在偏向于积极影响的偏见，这对受访者而言比创新的副作用更为明显。例如，产品创新可能促使公司雇用新员工来进行创新的开发、生产和营销，但同时也会由于客户转向新的或改进的产品，导致同一公司的其他产品需求下降，进而导致生产和营销其他产品的员工被裁员。受访者更有可能回想起创新所带来的就业增长，而非创新取代其他产品线的负面就业效应。此外，受访者可能会发现难以评估正面或负面的间接影响，如当创新减少旧产品的销售的同时，旧产品安全记录却比新产品更好。

8.46 上述一些问题可以通过使用计量经济学方法来解决，这些方法在控制了可能的偏差影响下，估计创新成果（见第 11.5.2 小节）。计量经济学方法已经被应用于分析生产力绩效、就业结果、盈利能力和衡量竞争力。这些分析受益于本章所述的创新成果数据，如产品创新的销售额，或商业流程创新对销售或成本的影响。

8.5 建议总结

8.47 下面给出了对于一般数据收集的建议。补充数据适用于专门的数据收集练习。

8.48 数据收集的主要建议包括：

8.49 按影响范围分类的创新目标和结果（表 8.1）。
①商业战略的创新目标和结果（表 8.2）。
②创新销售占总业务销售额的份额。

8.50 在出版时，关于商业流程创新的定量结果数据非常缺乏，这严重阻碍了对商业流程创新在经济增长中的作用的理解。因此，一个重要建议是试验第 8.3.2 小节中讨论的一个或多个建议指标。

8.51 补充建议（给定空间或资源）包括：
①产品创新的数量。
②创新对市场的主要影响（表 8.3）。

参考文献

Brouwer, E. and A. Kleinknecht (1996), "Determinants of innovation: A microeconometric analysis of three alternative innovation output indicators", in *Determinants of Innovation: The Message from New Indicators*, Palgrave Macmillan, London, pp. 99-124.

Crépon, B., E. Duguet and J. Mairesse (1998), "Research, innovation and productivity: An econometric analysis at the firm level", *Economics of Innovation and New Technology*, Vol. 7/2, pp. 115-158.

Davenport, T.H. (1993), Process Innovation: Reengineering Work Through Information Technology, Harvard Business School Press, Boston.

Piening, E.P. and T.O Salge (2015), "Understanding the antecedents, contingencies, and performance implications of process innovation: A dynamic capabilities perspective", *Journal of Product Innovation Management*, Vol. 32/1, pp. 80-97.

Powell, T.C. (1995), "Total quality management as competitive advantage: A review and empirical study", *Strategic Management Journal*, Vol. 16/1, pp. 15-37.

第三部分　收集、分析、报告企业创新数据的方法

第 9 章　收集企业创新数据的方法

本章基于前面章节中介绍的概念和定义，为收集企业创新数据提供了方法论上的指导。该指南针对创新统计数据的生产者及需要了解创新数据如何产生的高级用户。尽管还有其他潜在的来源，但本章重点关注如何使用企业创新调查，来收集企业内与创新相关的活动和结果的不同维度的数据，以及其他背景信息。本章中的指导涵盖数据收集的整个过程，包括设定企业创新调查的目标和范围、识别目标人群、设计问卷、抽样程序、数据收集方法和调查协议、调查后的数据处理，以及统计结果的发布。

9.1　引言

9.1　本章为收集企业创新数据提供了方法论上的指导。如第 2 章所述，收集创新数据的方法指南是度量创新框架的必要组成部分。创新数据可以通过客体法获得，如在网上或行业期刊中的新产品发布（Kleinknecht et al.，1993）和对创新的专家评估（Harris，1988）。创新数据的其他来源包括企业年度报告，网站，对员工教育成果的社会调查，向资助研究与试验发展（R&D）或创新的区域、国家和跨国机构提交的报告，向提供创新奖励的机构提交的报告，收集由企业资助的合同型研究（Contract Research）数据和大学知识产权许可数据的大学知识转移办公室，商业登记，行政来源，以及对创业、研发和信息通信技术（ICT）使用情况的调查。许多现有的和潜在的未来来源可能具有“大数据”属性，也就是说，它们太庞大或太复杂，无法通过传统工具和技术处理。

9.2　虽然这些数据源可用于不同目的，但它们都有局限性。许多数据源在产业或国家层面上涵盖的创新范围不具有代表性，因为其数据是基于自我选择的：只有选择发布产品公告、申请研发资金或从大学获得知识许可的企业才被包括在内。来自商业登记及社会、创业和研发调查的信息通常是不完整的，仅涉及创新的一个方面。虽然网络抓取技术可以在网上发布的文档上自动搜索创新活动，并在未来可能成为越来越有价值的创新数据来源，但是企业年报和网站对创新活动的报道是不一致的。另外两个限制是，正如第 3 章至第 8 章所讨论的，这些来源中都没有提供关于所有公司所采取的全部创新战略和活动的一致的、可比较的数据，而且许多来源不能准确地与其他来源联系起来。目前，唯一一套完整的、具有一致性和可联系性的数据的来源是基于商业登记的专门创新调查。

9.3 企业创新调查的目标是从权威受访者（如首席执行官或高级管理人员）中获取关于公司内部创新的高质量数据。该目标的实现受很多因素影响，包括目标人群的覆盖率、数据收集的频率、问题和问卷的设计及测试、调查样本框的构建、用于实施调查的方法（包括识别被调查单位内的合适受访者）和调查后数据的处理。所有这些主题都与国家统计机构（NSOs）及有兴趣通过调查和分析来收集创新活动数据的国际组织和研究人员有关。

9.4 国家统计机构在国家商业统计框架内开展的企业创新调查必须遵循问卷和调查设计中的国家惯例。本章中的建议涵盖了大多数国家统计机构可以实现的最佳做法。同时本章所提的建议将有益于在官方统计框架之外（如国际组织或学术界）实施的调查（OECD，2015a）。但资源及法律的限制可能使调查组织难以实施所有的最佳做法。

9.5 在调查中决定收集的数据类型应与数据用户协商，包括政策分析人员、业务经理和顾问、学者等。国家统计机构调查的主要用户是政策制定者和政策分析人员，因此，问题的选择应与负责创新和商业发展的政府部门及机构进行协商。学术界开展的调查也可以从与政府或企业的协商中受益。

9.6 数据收集的目的（如构建国家、区域指标或用于研究）将在很大程度上影响调查方法的选择。如果只需要国家层面的指标，样本可以小一些，而如果用户需要关于子群体、纵向面板数据或罕见创新现象的数据，则需要更大的样本。此外，调查的目的将对调查问卷中包含的问题类型产生重大影响。

9.7　本手册所包含的关于创新问题的建议比单一调查所包含的要多。第 3 章至第 8 章和第 10 章为创新调查问卷中定期收集的关键问题和不定期纳入的补充问题提出建议。基于补充建议或手册其他部分的不定期纳入的问题可以被包含在专注于特定主题的一次性模块中，也可以被包含在单独的专业调查中。本章中的建议与完整的创新调查、专业调查及其他调查中包含的创新模块相关。

9.8　本章相较于前几版提供了更多关于最佳实践调查方法的细节。国家统计机构的许多读者将熟悉这些做法,且并不需要就一系列问题提供详细的指导。然而,这个版本是为国家统计机构和全球创新数据的其他生产者和用户设计的。因此,来自其中一些组织的读者可能会在本章中找到对他们工作有价值的细节。除了本章之外，商业调查通用指南的其他来源包括 Willeboordse（1997）的编著和 Snijkers 等人（2013）的编著。当前和最近的调查实践，以及以新方法收集数据的实验示例的相关链接在本手册在线版的补充材料中（http：//oe.cd/oslomanual）。

9.9　本章的结构如下：第 9.2 节涵盖了与创新调查相关的目标总体和其他基本特征。第 9.3 节讨论问卷和问题设计。在随后的章节中讨论了一些调查方法问题，包括抽样（第 9.4 节）、数据收集方法（第 9.5 节）、调查方案（第 9.6 节）和调查后处理（第 9.7 节）。本章最后简要回顾了有关出版和传播创新调查结果的问题（第 9.8 节）。

9.2　调查总体及其他基本特征

9.2.1　目标总体

9.10　第 2 章和 OECD（2015b）定义的商业企业部门是企业创新调查的对象。包括：

①所有常住公司，包括合法注册的企业，而不考虑股东常住地。也包括准公司，即能为所有者带来利润或其他经济收益的单位，法律将其认定为独立于

其所有者的法人实体，设立的目的是以具有经济效益的价格参与市场生产。它们既包括金融公司也包括非金融公司。

②非常住企业的非法人分支机构，因其长期从事经济领域的生产活动，也可被视为常住企业，并且看作该部门的一部分。

③为市场提供商品、劳务或为企业提供服务的所有常住非营利机构。包括独立的研究机构、诊所和其他机构，它们的主要活动是生产商品和服务，并以收回全部经济成本的价格出售。还包括由商业协会控制并由捐款和会员资助的实体。

9.11 商业企业部门既包括私营企业（上市交易或非上市交易），也包括政府控股企业（简称“公共企业”或“公共公司”）。对公共企业来说，商业企业和政府部门之间的界线是由该单位在市场基础上运作的程度决定的。如果一个单位的主要活动是以具有经济意义的价格生产商品或服务，那么它就被认为是一个商业企业。

9.12 与国民账户体系（SNA）（EC et al.，2009）的定义一致，每个单位的常住地是与其联系最紧密的，并在其中从事一年或一年以上经济活动的经济领土。经济领土可以是任何需要统计的地理区域或管辖区域，如国家、州、省或地区。企业在国家内拥有一个依法成立和注册的经济利益中心。企业常住国家可以与股东的国家不同，子公司常住国家也可以与母公司不同。

9.13 构建样本或普查所需要考虑的目标总体的主要特征有统计单位的类型、单位主要活动所属的产业、单位的规模和单位的地理位置。

9.2.2 统计单位和报告单位

9.14 企业为实现其目标在各个层面组织创新活动。关于创新工作融资和方向的战略决策通常是在企业层面决定的。但这些决策也可以在企业集团层面进行，不管企业集团的国界如何。企业级别以下的管理者 [即基层单位或单一活动单位（KAU）] 也有可能做出与创新相关的日常决策。

9.15 这些决策可能跨越国界，特别是在跨国公司（MNEs）的情况下。这可能使识别和调查负责决策的人变得困难，特别是当国家统计机构或其他数据收集机构仅有权从国内单位收集信息时。

统计单位

9.16 统计单位是搜集信息并最终编制统计数据的实体，换言之，它是为达到收集创新统计数据的目的而存在的机构单位。统计单位可以是接收信息并汇总统计数据的观测单位，也可以是为提供更详细或同质数据，借助估计或推算方法，对观测单位进行拆分或合并而创造的一个分析单位（UN，2007；OECD，2015b）。

9.17 对于活跃在不同产业或单位分散在不同地理区域的大型复杂经济实体来说，需要划分统计单位。根据其所有权、控制链、经济活动的同质性及其所在地可以划分出几种统计单位的类型，即企业集团、企业、基层单位（位于单一的地点，只进行单一的生产活动）和 KAUs（只参与一种生产活动的单位的一部分）（OECD，2015b）。统计单位的选择和收集数据的方法受到很多因素的强烈影响，包括创新统计的目的、单位内创新活动记录的存在及受访者提供有效信息的能力。

9.18 商业调查中的统计单位通常是企业，SNA 将其定义为具有“在财务和投资决策方面的自主权，以及有为生产商品和提供服务分配资源的权力和责任”的最小法定单位（EC et al.，2009；OECD，2015b）。

9.19 在企业创新调查中，应获得目标总体中所有统计单位的描述性识别变量。这些变量通常可从统计商业登记中获得，包括每个统计单位的识别码、地理位置、所进行的经济活动的种类及单位规模。有关统计单位的经济或法律组织，以及统计单位的所有权和公营或私营机构的其他资料，有助于使调查过程更加高效。

报告单位

9.20 报告单位（即提供所需调查数据的企业“层级”）因国家而异（可能在一个国家内），其取决于体制结构、数据收集的法律框架、传统、国家优先事项、调查资源及与受访企业的临时协议。因此，报告单位可以不同于所需的统计单位。故可能需要通过合并、分割或补充（使用插值或估计）报告单位提供的信息，从而与所需的统计单位保持一致。

9.21 公司可以由多个基层单位和企业组成，但对于许多中小型企业（SMEs）而言，基层单位和企业通常是相同的。对于有多种经济活动的企业，区域政策利益集团可能有必要为 KAUs 或基层单位收集数据。然而，对基层单位或 KAUs 取样需要特别注意防止数据汇总期间的重复计算。

9.22 当信息仅在更高级别的集体（如企业集团）中才可获得时，国家统计机构可能需要与这些单位接洽以获得分项数据，如通过管辖权和经济活动来收集信息。这将有利于与其他经济统计数据更好地互通。

9.23 如果调查问卷已完成或已获得中央行政办公室批准，则企业集团可以作为报告单位发挥重要作用。对于控股公司，可以使用多种不同的方法。例如，要求控股公司报告特定产业中企业的创新活动，或者将调查问卷或相关部分转发给公司的其他部门。

9.24 虽然出于政策兴趣或实际考虑可能需要基层单位、KAUs 和企业集团层面的创新数据，但建议只要有可能就在企业层面收集数据，以便进行国际比较。当无法做到这一点时，在收集和报告关于创新活动和支出的数据及相关信息时需要特别注意，这些数据在不同的汇总水平上可能是不可相加的，特别是在跨国公司的情况下。此外，位于不同国家的创新活动可以成为复杂的全球价值链的一部分，这些价值链将分散的供应商和产品及服务的生产过程联系在一起。因此，尽可能正确识别活跃在全球价值链中的统计单位（见第 7 章）以提高与其他数据来源（如外国投资和贸易调查）的兼容性非常重要。

主要经济活动

9.25 企业应根据其主要经济活动，使用最新版的联合国国际标准产业分类（ISIC Rev.4）（UN，2008）或同等的区域 / 国家分类进行分类。国际标准产业分类通过按部门、类别、组和级将产业划分为经济活动，从而实现国际可比性，但在大多数情况下，可以使用部门和类别来定义目标总体。以下建议使用了 ISIC Rev.4 中定义的部门和类别。这些应该随着 ISIC 的未来修订而更新。

9.26 当企业的真实经济活动存在重大不确定性时（如由于非官方分类或过时的原因而无法从商业登记处获得此信息），创新调查可以纳入每个公司生产的主要产品线的问题，如果可能的话，还可以纳入关于不同类型产品线相对重要性的问题（如不同产品类别对营业额的贡献）。这些信息用于为企业划分经济活动，从而进行分级、抽样和分析。

9.27 如第 1 章和第 2 章所述，本手册建议收集大部分 ISIC 定义的产业中的企业创新数据，下面讨论一些有资格的例外情况。当根据经济活动（特别是为了国际比较的目的）定义企业创新调查的建议范围时，一些关键的考虑包括一个产业中非商业参与者的普遍程度、特殊的测度问题（如不稳定的商业登记）及在产业中创新测度的国际经验。

9.28 表 9.1 按部门和类别提供了 ISIC Rev.4 中广泛的行业结构，并确定了为国际比较而建议的经济活动、为国家目的而值得收集的补充性经济活动，以及目前不建议用于企业部门创新调查的经济活动。

表 9.1　纳入企业创新国际比较的经济活动

部门	类别	介绍
建议列入国际比较的经济活动		
B	05—09	采矿和采石
C	10—33	制造业
D	35	电力、煤气、蒸汽、空调供应
E	36—39	供水；污水处理、废物管理和补救

续表

部门	类别	介绍
F	41—43	建筑业
G	45—47	批发和零售业；汽车和摩托车修理
H	49—53	运输与存储
J	58—63	信息和通信
K	64—66	金融和保险
L	68	房地产
M	69—75	专业、科学和技术
为国家数据而收集的补充性经济活动		
A	01—03	农、牧、林、渔业
I	55—56	食宿服务
N	77—82	行政和辅助
S	95—96	修理活动、其他个人服务活动
不建议进行数据收集的经济活动		
O	84	公共管理与国防；强制性社会保障
P	85	教育
Q	86—88	人体健康和社会工作
R	90—93	艺术、娱乐和文娱
S	94	成员组织
超出本手册范围的经济活动		
T	97—98	家户作为雇主的；家户自用活动
U	99	国际组织和机构

注：基于联合国国际标准产业分类第 4 版的部门和类别。

9.29 为收集国家数据和进行国际比较而建议的经济活动包括 ISIC Rev.4 的部门 B 至部门 M，但部门 I（食宿服务活动）除外。在这些领域，在数据收集方面有大量的国家和国际比较经验。

9.30 补充性的经济活动是值得收集的，但其在很大程度上仍未从国际比较的角度加以检验，包括 ISIC Rev.4 的部门 A（农、牧、林、渔业）、部门 I（食宿服务活动）、部门 N（行政和辅助活动）和部门 S 的 95—96 类（修理活动、其他个人服务活动）。对于这些产业，商业登记的国际标准化仍然不完整（特别是对农业而言），目前的经验仅限于少数几个国家的调查。任何正在进行的努力都应该为未来的创新度量提供更好的指导。

9.31　许多经济活动一般不建议通过企业创新调查收集数据，同时不应进行国际比较（企业创新方面）。从国际比较的角度来看，不建议将部门 O（公共管理）、部门 P（教育）、部门 Q（人体健康和社会工作）、部门 R（艺术、娱乐和文娱）和部门 S 的 94 类（成员组织）纳入，因为在许多国家中，政府或私营非营利机构是为家户提供这些服务的主导者或在其中扮演重要角色。但是，可能有国内政策需求，要求将国家调查的覆盖范围扩大到活跃在这些领域的企业。例如，在该国这一领域活跃的大部分单位是商业企业，或者这些企业有权接受对其创新活动的公共支持。

9.32　其他建议排除在外的部门包括由从事非市场活动的行为者主导的部门，这些部门超出了本手册的范围，即部门 T（家户）和部门 U（国际机构）。

单位规模

9.33　虽然通常大型企业会更为广泛和更频繁地报告其创新活动，但各种规模的单位都有可能具有创新活力，所以也应该成为企业创新调查的一部分。然而，较小的商业单位，特别是那些非正式程度较高的商业单位（如没有注册为公司、免除或不申报某些税收的单位等），更有可能从统计商业登记中遗漏。在处于早期发展阶段的国家里，这些单位的相对重要性可能更高。因此，在比较有不同登记类型的小型公司和非正式经济产出程度不同的国家的数据时，可能会面临挑战。在第 3 章中提到的另一个挑战来自对最近创建的公司的创新数据的充分解释，对于这些公司来说，大量的活动可以被认为是新的。

9.34　因此，在进行国际比较时，建议把目标总体的范围限制在雇用 10 人或 10 人以上的统计商业单位，并将平均人数用于划分规模类别。根据用户的利益和资源，调查也可以包括雇用人数少于 10 人的单位，特别是在高科技和知识密集型服务业。这一群体可能包括具有重大政策红利的初创公司和衍生公司（见第 3 章）。

9.2.3 数据联系

9.35 国家统计机构经常使用官方的商业登记来识别创新调查，以及研发、信息通信技术和一般商业统计调查的样本。这为将创新调查与其他调查联系起来以获得一些感兴趣的变量（如研发、信息通信技术、就业、营业额、出口或投资）的区间数据创造了机会。多年来，越来越多的国家统计机构利用数据联系部分消除了在创新调查中收集某些类型数据的需要，尽管只有在使用相同统计单位的调查相联系时，数据联系才可能存在，对于国家统计机构而言，这些统计单位通常是企业。

9.36 数据联系可以减轻受访者的负担，提高应答率，并提高从强制性研发和商业调查中获得的区间数据的质量。然而，在创新调查中，当受访者需要一个相关问题的参考点时，问题必须重复出现，要么唤起他们的记忆，要么为计算子类别或份额提供参考。例如，关于创新支出的问题应该包括一个关于研发支出的问题以供参考，关于不同教育程度的员工数量（或份额）的问题应该在前面有一个关于员工总数的问题。一旦调查完成，对于某些分析，创新调查中关于研发、就业或其他变量的数值就可以由研发和商业调查中的相应数值所替代。当然，这需以分析表明这样可以提高准确性为前提。

9.37 将行政数据和调查数据结合起来的另一种选择是，将从其他来源获得的关于营业额、就业、研发支出、专利申请等数据，预先填写在网上的创新问卷中。这些数据可以为受访者提供即时参考点，减少应答的负担。其缺点是预填的数据可能过时，虽然较老的数据对于观测期第一年的预填数据仍然有用。受访者还应被给予一个选项，以纠正预填数据中的错误。

9.38 在适当的时滞（创新调查后一年或多年）之后，与经济变量的结构化商业统计数据联系起来，对于推断创新活动与结果之间的因果关系的研究是有用的。相关结果包括生产率、就业、出口和收入的变化。

9.39　为协助改善、更新和维持创新调查框，其他调查可能会不定期加入选定的创新问题。

9.2.4　数据收集的频率

9.40　创新调查的频率取决于国际、国家和区域层面的实际考量和用户需求。一些如成本、许多变量缓慢的变化速度、频繁调查对应答负担的影响、连续调查的观测期重叠导致的问题等因素，都会影响创新调查的建议频率。创新对经济增长和福祉的重要性产生了一种政策需求，即倾向于每年更频繁地收集最新数据，特别是对于能够迅速变化的创新活动。年度面板调查还可以促进分析创新投入和产出之间的滞后结构，或创新对经济绩效的影响（见第 11 章）。

9.41　建议每 1 ～ 3 年进行一次创新调查。对于 2 年或 3 年的频率，在资源允许的情况下,可以在交替的年份内进行仅收集关键创新变量的较短的调查。但是,在比较短期和长期调查的结果时需要谨慎,因为调查时长会影响答复（见下文第 9.3 节）。有关创新的信息也可以在没有创新调查的年份里从互联网或其他来源获得。在非调查年度，创新数据可替代来源的选择还有待详细考察。

9.2.5　观测期和参考期

9.42　为确保受访者之间的可比性，调查必须指明创新问题的观测期。观测期是一项调查某个问题所涵盖的时间长度。为了尽量减少回忆偏差，建议观测期不应超过 3 年。参考期是整个调查观测期的最后一年，是收集间隔数据项（如支出或雇用人数）的有效观测期。在使用一年观测期的调查中，参考期和观测期是相同的。

9.43　观测期的长度限定了创新的定义，因此也限定了报告为创新活跃型单位的比例（见第 3 章）。例如，观测期的选择可以影响生产不同生命周期的商品或服务的单位群体（如产业）之间的比较（产品生命周期短的产业更可能更频繁地引入产品创新）。这将影响问卷调查的解释力，并提高了在全国调查中进行充分标准化的必要性（见第 11 章）。

9.44 在某些情况下，解释问题更需要较长的观测期。例如，如果一个创新项目持续数年，短的观测期可能会导致不同的创新活动和产出被分配到不同的年份里，如合作的利用、公共资金的接收和新产品的销售。这可能会妨碍一些对创新模式和影响的相关分析。

9.45 对数据质量的考虑更需要较短的观测期，以便减少回忆偏差。例如，当受访者忘记报告事件时，或者发生伸缩偏差（Telescoping Errors），即当受访者错误地将观测期间之前发生的事件记为在观测期间发生的事件时。

9.46 通过在连续的横截面创新调查中构建一个把企业联系起来的纵向面板，可以把短观测期的质量优势和长观测期的潜在解释优势结合起来（见下文第 9.4.3 小节）。例如，如果基础数据是一年的观测期，那么对于度过了 2 个或 3 个连续年度观测期的企业，可以从其数据中有效地计算出企业在 2 年或 3 年间的创新状况。不是样本中所有企业都能进行重复观测，在这种情况下，就需要额外的假设和努力对此进行处理，如样本流失，或使用抽样方法来减轻某些类型的受访者（如中小企业）的负担时。支持纵向面板调查设计的一个有力论据是，它有助于加强对创新活动与结果之间可能的因果关系分析（见下文第 9.4.3 小节）。

9.47 超过数据收集频率的观测周期会影响连续调查结果的比较。在这种情况下，很难确定一段时间内的结果变化主要是由于非重叠期的创新活动，还是受到与前一次调查重叠期的活动的影响。结果会出现伪序列相关。

9.48 在本手册出版时，各国使用的观测期间在 1 ～ 3 年。这降低了关键指标的国际可比性，如创新的发生率和与其他参与者的协作率。虽然目前尚未就通用观测期的最佳长度达成共识（除了以 3 年为最大限度），但常用观测期的趋同将大大提高国际可比性。因此，建议通过共同努力，对观测期不同长度的影响和使用面板数据解读问题进行额外的试验。这些试验的结果将有助于就观测期最适当的长度达成国际一致。

9.3　问题和问卷设计

9.49　本手册的第 3 章至第 8 章确定了衡量企业创新的不同概念和特征。这些需要以问题的形式进行操作，为实证分析创建有用的数据，如图 9.1 所示。

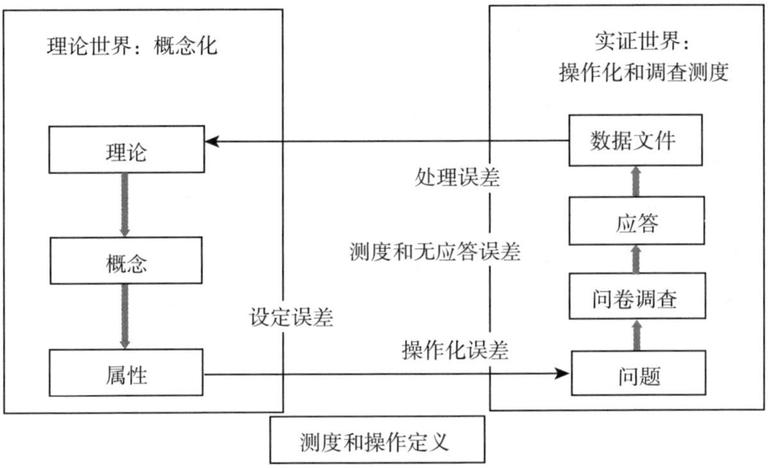

图 9.1　从创新理论到创新数据

资料来源：Snijkers and Willimack（2011），“缺失的环节：在经济调查中从概念到问题”（*The missing link*：*From concepts to questions in economic surveys*）。

9.50　理论概念的操作化可能会导致许多错误，但这些错误可以通过仔细的问题和问卷设计来使其最小化。本手册未提供调查问题的完整示例，因为最终问题的措辞可能会因国家间和国家内不同的背景条件而有所不同。相反，以下部分提供了问题设计和问卷布局的最佳实践指南。良好的问题设计和问卷布局可以提高数据质量，提高应答率，并提高不同调查方法的可比性（见下文第 9.5.4 小节）。

9.51　单个问题的设计和问卷布局受从其他来源获得数据的能力（这可能使一些问题不必要出现）和调查方法的选择的影响（见下文第 9.5 节）。例如，在电话调查中听到网格或矩阵问题是困难、费时的，但在网上和邮寄的问卷调查中，当以视觉方式呈现时则很容易理解。当使用多种方法时，需要考虑这些调查方法中的差异。

9.3.1 问题设计

问题调整和翻译

9.52 所有问题都需要仔细调整和翻译，以确保调查对象按照本手册中的概念和定义解释问题。首先，许多概念和定义不能从字面上作为问题。例如，为了获得能够体现某一个概念的数据，可能需要多个问题（见第 3 章）。其次，必须调整关键术语，使其与不同文化、地区和国家背景的受访者使用的语言相匹配（Harkness et al.，2010）。例如，澳大利亚和加拿大使用“Business”而不是“Enterprise”，因为后者在两国都不是常见的英语用法，因此容易引起误解。“Enterprise”和“Business”这两个词可能也会使来自基层单位或 KAUs 的受访者感到困惑。

9.53 翻译问题对于涵盖多个国家或有多种语言的国家的创新调查尤为重要，因为即使国家调查问卷之间的微小差异也会降低结果的可比性。这些差异可能源于翻译、问题顺序的更改，或者来自添加或删除分类或问题。翻译需要考虑到国家特定的情况（如国家的法律制度和规章），以避免对概念和定义的误解。

问题理解与质量

9.54 问题需要简短，用简单的语言写成，并且明确无误。消除重复（如两个问题询问类似的信息时）和消除询问两个或更多信息项的问题 [通常可以通过两个分句之间使用的“和”（and）来识别] 是很重要的。在可能的情况下，概念和定义应被包括在问题中，因为受访者通常不会阅读补充信息。应尽量少用脚注或在线超文本链接提供解释性信息。

9.55 通过减少受访者的疲劳并保持提供良好答案的积极性，可以提高数据质量。疲劳和积极性都受到问题长度的影响，但是积极性可以通过与受访者相关且有趣的问题来提高。后者对于非创新单位的受访者来说尤其重要，问卷需要与他们相关且引起他们的兴趣，否则他们不太可能做出回答。因此，在理想情况下，所有问题都应与所有行业的所有单位相关（Tourangeau et al.，2000）。

9.56 “满意即可”是指受访者减少完成在线问卷或纸质问卷所需的时间和精力的行为。其中包括在调查完成前放弃（过早终止）、跳过问题、无差异化回答（受访者对问题中的所有子问题给出相同的回答，如对问题中的所有子问题回答“稍微重要”）和快速完成问卷调查（Barge et al.，2012；Downes-Le Guin et al.，2012）。最大限度地减少“满意即可”行为的主要策略是确保所有受访者都对这些问题感兴趣并尽量缩短调查问卷的长度。通过将网格中的子问题数量限制为不超过 7 个，可以减少无差异化回答（Couper et al.，2013）。有 7 个以上子问题的网格问题可以分成几个子群。例如，一个包含 10 个子问题的网格问题可以分为两个主题，一个主题包含 6 个子问题，另一个主题包含 4 个子问题。

定类和定序回答类别

9.57 定性问题可以使用定类回答类别（“是”或“否”）或定序回答类别，如重要性或频率标度。定类回答类别简单可靠，但仅提供有限的信息；而定序回答类别可能会引入一定程度的主观性。这两类问题可能都需要“不知道”或“不适用”的回答类别。

9.3.2 问卷设计

9.58 问卷应尽可能简短，逻辑结构合理，并有明确的说明。在自愿调查中，单位应答率（完成调查问卷的样本百分比）随问卷长度而下降。对于长问卷结束时提出的问题，答复的质量也会下降（Galesic et al.，2009）。影响单位应答率的调查实施因素将在下面的第 9.6 节中讨论。

9.59 问卷的布局会影响受访者理解和回答的意愿，纸质问卷和在线问卷的最佳做法是相似的。在纸质调查问卷上的跳过路径或分支说明需要清晰可见。布局需要结合对页面字体和空白区大小的国家喜好。应在适用的地方重复出现说明，以提高受访者遵循这些说明的可能性。

过滤

9.60 根据受访者对过滤性问题的答案，利用过滤和跳过指令指导受访者回答问卷的不同部分。过滤有助于减轻反馈负担，尤其是在复杂的问卷中，但它们也会带来“满意即可”行为，即受访者对过滤问题回答“不”，以避免完成额外的问题。

9.61 对过滤和跳过指令的需求可以被降低，如通过设计所有单位都可以回答的问题，而不管它们的创新状态如何。这可以为政策和数据分析提供额外的有价值的信息。但是，在某些情况下，过滤是必需的，如当一系列问题仅与报告一项或多项产品创新的受访者相关时。

9.62 在线形式的问卷可以在过滤问题后自动跳转，但这可能会造成受访者对在线问卷的回答与他们对纸质版本问卷的回答不同，回答纸质版本允许受访者查看被跳过的问题，如果他们认为被跳过的问题与其相关，可能会改变想法。当同时使用在线和纸质问卷时，在线版本可以对跳过的问题使用“灰色”，以便受访者可以看到这些问题。这可以提高与纸质版本的可比性。如果在线调查可以收集并行数据——关于填写调查过程的数据（见下面的第 9.5 节），则可以评估每个受访者回答调查问卷的路径，以确定灰色是否对行为有所影响，如受访者可能回过头来改变原来的回答。

问题顺序

9.63 受访者对问题的理解会受到问卷中前面问题所提供信息的影响。因此，添加或删除问题会影响后续的回答，并降低与以前的调查或在其他行政管辖区进行的调查的可比性。

9.64　与所有单位（无论其创新状况如何）都相关的活动的问题应放在创新问题之前，并且不要提及创新。这适用于有关商业能力的潜在问题（请参阅第 5 章）。

9.65　在可能的情况下，问题应按主题排列，以便将类似主题的问题组合在一起。例如，关于知识获取活动的问题应该和关于创新协作的问题放在一起；关于外部参与者对特定类型创新（产品或商业流程）的贡献的问题需要放在与该类型创新相关的部分中。

9.3.3　简式问卷

9.66　对于创新活动很少的部门里的单位和一些小单位，完整创新调查问卷的应答负担相对于其创新活动而言可能较高，从而降低了应答率。在这种情况下，关注一组核心问题的较短的调查问卷可能是有用的。简式问卷也可以用来调查在以往的创新调查中没有报告过创新活动的单位。然而，比利时（Hoskens et al.，2016）和各个发展中国家（Cirera et al.，2016）的实证研究发现，在短问卷和长问卷的受访者中，创新型企业的比例存在显著差异，短问卷中创新型企业的比例较高。这些结果表明，来自短问卷和长问卷的创新数据的比较可能会反映出设计因素，这些设计因素需要被仔细地纳入考虑。

9.3.4　创新调查与其他商业调查相结合

9.67　由于研发与创新的概念和经验接近，一些国家统计机构（NSOs）已经将他们的创新调查与其他商业调查，尤其是 R&D 调查结合起来。原则上，各类商业调查可以与创新调查相结合，如将有关创新的问题与有关商业特征、信息通信技术或知识管理实践的问题相结合。

9.68　联合调查有很多优点，包括：

①只要联合调查能够避免重复问题，而相较于分开调查在篇幅上更简短、更易于作答，那么就可以减少报告单位的应答负担。

②联合调查允许对报告单位内的创新与其他活动之间的关系进行分析，如

信息通信技术的使用。当分开进行的调查无法被联系起来，或者创新调查和其他调查使用的样本不同时，联合调查的好处就凸显出来了。

③联合调查可以减少纸质问卷的印刷和邮寄成本，以及所有类型调查的后续费用。

9.69 另一方面，联合调查也有一些缺点，包括：

①如果联合调查问卷的篇幅长于分开进行的调查问卷时，单位和项目的应答率可能会降低。对自愿参与的调查而言，这最有可能成为一个问题。

②如果调查中各主题有较大的差异，并且与企业内不同功能领域相关，那么可能需要联系组织中的若干人来回答所有问题，这对大型组织来说尤其如此。

③将创新调查和研发（R&D）调查结合起来可能会导致在解释创新和研发问题时出现误差。一些不进行研发的单位的受访者可能会错误地认为创新需要研发，或认为他们可能仅仅是被邀请报告基于研发的创新。正如一些尝试过把研发调查和创新调查结合起来的国家所报告的，这会降低可观测到的创新发生率（但可观测到的研发发生率不受影响）（Wilhelmsen，2012）。此外，一些调查对象会错将创新支出认作研发支出。

④创新调查与其他商业调查的样本框可能不同。就把创新调查与研发调查结合起来的情况而言，创新调查的样本会包括一些不被纳入研发调查的产业（以及小型单位）。

9.70 基于以上考虑，将一个创新调查与另外一个或多个商业调查结合起来的指导准则如下：

①进行研发和创新联合调查时，需要用两个不同的部分且将创新的部分放置在前，以降低非研发单位概念混淆的风险。

②在将创新问题与其他类型的问题（如关于信息通信技术或商业特征的问题）结合起来时，需要在不同部分里分开呈现。与所有单位均有关的问题应放在创新问题的前面。

③只向可能会实施研发的单位发放研发部分的内容，可以进一步减少研发与创新联合调查中概念上的问题。

④为了避免应答率的降低，联合调查的长度应当与分开进行的调查的总长

度相当，尤其是对于自愿参与的调查而言。

⑤应当关注联合调查与独立创新调查中创新结果的不同。调查方法的所有细节，包括减少概念混淆的步骤，都应当进行报告。

9.71　基于以上缺点（如可能让一些受访者认为创新需要研发），作为一般原则，本手册建议不进行创新与研发的联合调查。虽然没有经过检验，但是将创新调查与其他类型的调查（如关于商业战略或商业特征的调查）相结合可能会减少问题。

9.3.5　问卷测试

9.72　创新调查要定期更新，以适应已知的挑战和满足新出现的用户需求。强烈建议从调查目标总体中抽取受访者进行面对面访谈，对所有的新问题和问卷布局特征进行认知测试。

9.73　心理学家和调查研究人员开发的认知测试会收集有关调查回答的口头信息。认知测试被用来评估一个问题（或一组问题）能够度量研究人员想要的构想的能力，以及受访者是否能够提供相当准确的回答。在将调查问卷发送至全样本之前，认知访谈收集的证据可以用来完善问题（Galindo-Rueda et al.，2016）。之前已测试过的问题和布局特征不需要再进行认知测试，除非要通过不同的语言或国家进行测试。以上关于认知测试方法的描述来自 Willis（2015，2005）。

9.74　在认知测试中，不需要随机选择受访者，但至少要从目标总体的以下 3 个子群体的每个可能组合中抽取两名受访者，包括：非创新型和创新型单位、服务业和制造业单位、小 / 中型（10 ～ 249 名员工）和大型（250 名及以上员工）这两种规模的单位。因此，共会产生 16 名受访者。认知测试可能需要经过两轮或多轮，第二轮用来测试第一轮修改的问题。

9.75　除了认知测试，当调查问卷有重大改变，如增加了大量新问题，或者新问题引起了问卷布局的重大改变时，建议从目标总体中随机抽样进行试点调查。试点调查有助于优化问卷中问题的次序安排，并且可以提供关于项目无应答率、逻辑不一致和特定变量波动的有用信息，这对于确定样本大小很有用（见下面的第 9.4.2 小节）。

9.4 抽样

9.4.1 调查框架

9.76 调查样本或普查中的单位是从框架总体(Frame Population)中抽取的。在准备调查时，目标总体（如所有拥有 10 名或以上员工的单位）和框架总体应尽可能接近。在实践中，框架总体可以不同于目标总体。框架总体（如商业登记）可以包括那些不再存在或不再属于目标总体的单位，也可能没有包括那些属于目标总体但未及时更新登记信息的单位。后者可能无法识别雇员快速增加的小企业。

9.77 框架总体应该基于创新调查的基准年份。在基准年份期间，单位的变化可能会影响框架总体，包括产业分类（ISIC 编码）的变化、在此期间诞生的新单位、单位合并、单位拆分和基准年份内停止活动的单位。

9.78 国家统计机构通常会利用为统计目的而建立的最新官方商业登记册来构建样本框架。其他有兴趣进行创新调查的组织可能无法使用该商业登记册。可替代的方法是使用私人持有的商业登记册，但这些商业登记册往往不如官方商业登记册更新及时，因此在 ISIC 产业归类和雇员数量方面可能出现错误。如果数据依赖于对调查问卷做出回答的公司，或者登记册没有收集某些产业的数据，那么私人登记册的代表性也会降低。当不使用官方登记册来构建抽样框架时，调查问卷应当始终包括能够核定受访单位的规模和所属部门的问题。在数据编辑过程中，应排除不符合样本要求的单位。

9.4.2　普查与抽样

9.79　虽然普查的数据比抽样调查更加准确，但一般来说，把整个目标总体作为样本既不可能也不可取，而且一个设计良好的抽样调查往往比普查收集数据更为有效。样本应该使用概率抽样（使用已知的概率）来选择要调查的单位。

9.80　出于法律要求或当抽样层的框架总体较少时，可能会需要进行普查。在小国家或特定部门内，对某些抽样层进行充分抽样后产生的样本规模可能与框架总体相接近。在这种情况下，对抽样层进行普查能提供更好的结果，且几乎不增加额外的成本。普查也可以用于具有高度政策相关性的抽样层，如负责一国大部分研发支出的大型单位或优先产业。一种常见的方法是对中小型企业进行抽样，对大型企业进行普查。

分层抽样

9.81　简单随机抽样（目标总体的所有抽样单位都采用同一个抽样比例）对在一个合意的置信水平上估计所有抽样层的变量值时是低效的，因为对于只有几个单位或者主要变量不太普遍的抽样层，需要有大样本来提供足够的抽样效力。因此，需要根据单位规模和经济活动，对不同的层采用不同的抽样比例。

9.82　分层抽样调查的最佳样本量取决于所期望的估计精度及将单个变量合并到表格结果中的程度。为反映预期的调查无应答率、单位的预期误分类率和抽样调查框架中的其他不足，样本量还应进行调整。

9.83　目标样本量可以使用目标精度或者置信水平，以及抽样层中的单位数量、单位规模和主要变量差异性的数据来计算。每个变量的方差可以从以前的调查中估计，对于新的变量，可以从试点调查的结果中估计。一般而言，所必需的抽样比例将随着总体中单位数量的增加而减少，随着单位规模和总体值变异性的增加而增加，并随着预期的无应答率的增加而增加。

9.84　对于具有异质性的层（主要变量差异性较大）和较小的层，建议使用较高的抽样比例。在只有少数单位的层中，抽样比例应该为100%，如在只有几家大单位的行业或地区里。通过使用与单位规模成正比的概率抽样方法（Probability Proportional to Size，PPS）可以把单位的规模考虑在内，从而降低单位规模较小的层的抽样比例。或者，每个层的单位可以按规模或营业额进行排序，并进行系统采样。不同的层可以采用不同的取样方法。

9.85 对总体进行分层应使每层的单位在创新活动方面尽可能同质化。鉴于单位的创新活动因行业和单位规模的不同而存在较大差异，建议根据主要经济活动和单位规模来构建层。此外，可以根据地区分层以满足政策需要。还可以探讨以年限为基础进行分层的潜在需要。

9.86 对按照雇用人数来分层的建议规模如下：

①小型单位：10 ～ 49 人；

②中型单位：50 ～ 249 人；

③大型单位：250 人及以上。

9.87 根据国家特点，10 人以下或 500 人以上的单位也可以构建层，但国际可比性要求能够准确复制上述 3 个规模的层。

9.88 按主要经济活动分层的单位应当基于最近新的 ISIC 或相当的国内产业分类。最佳的分类层次（部门、类、组、级）在很大程度上取决于影响报告所需精确度的国家情况。例如，专门从事木材生产的经济体可以为这项活动单独划分一层（部门 C 16 类，ISIC Rev.4），而政策关注旅游业对经济增长促进作用的国家可以为部门 I 55 类（住宿服务）、部门 I 56 类（餐饮服务）及部门 R（艺术、娱乐和文娱）创建单独的层。抽样层不应该过度聚集，因为这会降低每层的同质性。

领域（高度感兴趣的子样本）

9.89 数据用户可能对目标总体的子集有特殊兴趣，或者用户可能需要产业或区域层面的详细信息，这些子集被称为领域（或子群体）。为了得到具有代表性的结果，每个领域必须是抽样层的一个子集。最常见的方法是在领域里使用高抽样比例从而产生可靠的结果。此外，建立领域有助于协调不同的商业调查，以及对不同时期具有相似特征的单位进行比较。需要考虑的潜在子样本包括产业分组、规模类别、单位所在区域（州、省、地方政府区域、直辖市、都会区等）、进行研发的单位和单位年限。按照年限分层有助于研究初创的创新型企业。

9.90　领域的相关初步数据可以在国家统计机构开展的代表性调查之外获得，如在引言中提到的由学者、咨询机构或其他组织开展的调查或其他方法。只要遵循良好的实践研究方法，对初创公司或其他领域的学术调查就可以在数据收集方面产生良好的结果或有用的实验。

9.4.3　纵向面板数据和横截面调查

9.91　如前所述，创新调查通常在截面维度重复进行，即每次创新调查都会从给定的总体中抽取一个新的随机样本。横截面创新调查可以被设计成以一组单位为样本的纵向面板的形式，在两次或多次调查中使用一组相同的核心问题。非核心问题在连续调查中可以不同。

9.92　通过加入创新与结果之间的时滞，纵向面板数据可以研究微观层面上创新活动随着时间的变化，还会促进旨在推断创新活动与经济结果之间因果关系的研究，如创新带来的销售份额（见第 8 章）。

9.93　在构造面板调查时，应小心遵守以下若干程序：

①为了减少应答负担，使两种调查的结果一致性达到可接受的水平，并为构建指标收集高质量的横截面数据，应当把面板调查的单位纳入全面的横截面调查。面板调查并不会取代横截面调查。

②分析应确保把面板结果纳入后不会偏离或以其他方式歪曲主要横截面调查的结果。

③面板样本需要定期更新，以根据新进入者、面板消亡（单位倒闭、单位

被移出目标总体）和受访者的疲劳情况而进行调整。样本更新应遵循与初始面板样本相同的分层过程。

9.5 数据收集方法

9.94 调查有 4 种主要的方法：在线、邮寄、计算机辅助电话访问（CATI）和计算机辅助面访调查（CAPI 或面对面访问）。在线调查和邮寄调查依赖于受访者阅读调查问卷，其视觉界面会受问卷布局的影响。虽然面对面访问可以在需要的时候给受访者提供打印出来的问题，但是计算机辅助电话访问和面对面调查都是听觉型的，问题通常会被读给受访者听。

9.95 过去 10 年中，很多国家从邮寄调查转向了在线调查。大多数使用在线形式作为主要调查方法的国家还把提供打印版问卷作为备用方法，这些国家会提供可下载的文件（通过电子邮件或调查网站的链接）或者通过邮寄问卷。

9.96 选择哪种调查方法取决于成本及应答率和数据质量的潜在差异。最近的实验研究发现，纸质调查和在线调查在应答质量或应答率上几乎没有显著差异（Saunders，2012）。然而，这项研究主要关注的是家户调查，几乎没有对企业经理调查进行评估。对不同调查方法的研究，特别是与在线形式的比较，几乎完全是基于对大学生或商业网络面板参与者的调查。因此，关于不同方法对商业调查的影响进行更多探索是有益的。

9.5.1 邮寄调查

9.97 对于邮寄调查，可以向受访者邮寄一份印制好的问卷，附上一个写明地址的已付费信封，让受访者可以使用该信封寄回调查结果。最佳的实践方案是向受访者邮寄一封说明信和一份问卷打印件，然后向未回应者发送 2 ～ 3 封后续提醒邮件，如果需要的话还可以通过电话提醒。

9.98 邮寄调查使受访者易于快速查看整个问卷，以评估问卷长度、问题主题和相关性。如果有必要，一份打印的问卷可以被更多的受访者共享。例如，如果需要一名单独的会计人员来完成关于创新支出的部分（见第 9.6 节关于多个受访者的内容）。一份带有过滤问题的打印版问卷要求受访者仔细遵循接下来该回答哪个问题的说明。

9.5.2　在线调查

9.99　在线调查的最佳实践方案是邮递一封说明信，解释调查的目的，然后是一封附有调查链接的电子邮件。链接的访问需要安全标识符和密码，并使用最新的安全方法。后续需要 2 ～ 3 封电子邮件或邮递信件来提醒未回应者，如有必要，可以通过电话提醒。

9.100　在必要的情况下，如果最初的受访者向其他人提供了用户名和密码，那么调查问卷可以在多个调查对象之间共享（见第 9.6 节）。

9.101　相比于邮寄调查，在线调查在数据质量和成本方面存在以下几个优势：

①如果问题没有完成或包含错误，如某个值超过预期最大值或百分比超过 100%，软件可以通过弹出框通知受访者。在邮寄调查中，需要通过电话联系受访者来纠正错误，这可能要在受访者完成问卷数周后才会发生。由于后续成本的原因，邮寄调查中的缺失值往往通过插补的方式在调查后进行修正。

②与相关问题相邻的弹出文本框可用于添加额外信息，尽管受访者很少使用此功能。

③受访者无法看到在线调查中的所有问题，因此，与纸质问卷的受访者相比，使用“不”这一应答项以避免回答后续问题的可能性较小。因此，在线调查可以减少虚假的否定。

④与其他调查方法相比，在线调查的调查成本会降低，因为在线调查不需要联系受访者去纠正某些类型的错误，数据会被自动输入数据文件中，数据编辑要求比其他方法低，而且邮件和打印成本也降低了。

9.102　与其他调查方法相比，在线调查的主要缺点是一些受访者可能无法完成或拒绝填写在线问卷。在这种情况下，需要另一种调查方法（见下文第 9.5.4

小节）。该在线系统可能还需要进行设计，以便一个单位内的不同人员可以回答调查的不同部分。

收集在线调查中的并行数据

9.103 在线调查软件可以收集关于按键和鼠标点击的并行数据（如确定是否访问了帮助菜单）及应答时间数据，如回答特定问题、部分或整个调查所需要的时间（Olson et al.，2013）。可以对并行数据进行分析，以确定最佳实践，最大限度地减少受访者的不良行为（如过早终止或“满意即可”行为）和受访者难以理解的问题（如问题回答时间远远超过类似问题的平均应答时间），如果受访者后期完成问卷的速度比之前快，那么数据质量会相应降低（Belfo et al.，2011；Fan et al.，2010；Revilla et al.，2015）。

9.104 建议在使用在线调查时收集并行数据，来识别问题设计和问卷布局的问题。

9.5.3 电话访问及面对面访问

9.105 电话和面对面的调查使用计算机辅助的数据采集系统。这两种方式要求可以听到问题，与视觉调查方法相比，可能需要改变问题的形式。采访者必须接受关于访问技巧和如何回答受访者问题的培训，这样受访者的回答才不会因与采访者的互动而产生偏差。这两种访问形式都是自动过滤问题的，受访者不会听到跳过的问题，尽管采访者可以通过调查额外的信息来确认“不”或“是”的回答是准确的。

9.106 与其他方法相比，CATI 方法具有速度优势，在几周内就可以得到结果。就像在线调查一样，CATI 和 CAPI 都可以减少错误和缺失值。与在线调查相比，首先，它们的缺点是成本较高，因为需要对采访者进行培训；其次，与在线调查和邮寄调查相比，CATI 和 CAPI 方法不适合收集需要受访者查询记录以给出答案的定量数据。

9.107　使用 CAPI 方法的主要原因是为了获得高应答率。这种情况可能发生在需要面对面访问以显示对受访者的尊重的文化中，也可能发生在网上或邮寄调查不可靠的地区。

9.5.4　组合的调查方法

9.108　使用一种以上的调查方法可以显著提高应答率（Millar et al.，2011）。在可能的情况下，调查应结合视觉（纸质或在线）或听觉（CATI 或面对面）互补的调查方法，因为受访者回答问题的方式将因调查方法而异。相较于网上或邮寄调查，电话调查会在社会需要的问题上得到更高的分数（Zhang et al.，2017）。由于创新被认为是社会需要的，这可能会导致 CATI 调查得到的创新率高于纸质问卷调查或在线调查。在编制指标和比较使用不同调查方法的国家的结果时，应评估调查方法带来的可能影响。

9.6　调查方案

9.109　调查方案包括实施问卷调查的所有活动，包括联系受访者、获得已完成的问卷及对未受访者的追踪。调查的目标是使应答率最大化，所以方案应提前决定，并确保所有受访者都有平等的机会回答问卷。尽管如此，最佳调查方案可能因国家而异。

9.6.1　识别受访者

9.110　在创新调查中，选择合适的受访者（或大公司内部的部门）尤为重要，因为这些问题是专门设定的，只有一些人可以回答，这些人往往不同于完成其他统计调查问卷的人。在小单位里，总经理是最合适的受访者。应尽可能多地选择了解多的受访者，以尽量减少问卷在单位内被有形或无形地转手给多人的情况。“转手”增加了问卷丢失、乱放或没有人对完成问卷负责的可能性。在大单位里，可能单个人不能回答所有问题，一些“转手”将不可避免。然而，应单独指定一名联络人或一个部门负责协调问卷的完成。

9.6.2 对受访者的支持

9.111 创新调查包含一些受访者可能不完全理解的术语和问题。调查管理者需要培训人员回答可能的问题，并向他们提供基本定义的列表和对问题的解释。

9.6.3 强制调查和自愿调查

9.112 完成创新调查可以是自愿的，也可以是强制的，这两者的执行程度不同。预期自愿调查的无应答率较高，并可能随问卷长度的增加而增加。考虑到预期的无应答率，抽样比例可以增加，但这并不能解决潜在的偏差，该偏差是由无应答单位和应答单位与调查问题相关的特征差异而造成的。减少偏差需要最大限度地提高应答率和代表性（见下文）。

9.113 调查是自愿的还是强制的也会影响结果。例如，在自愿调查中，如果来自非创新型企业的经理比创新型企业的经理更不太可能做出回应，那么计算得到的创新型企业比例将产生正向偏误（Wilhelmsen，2012）。

9.6.4 无应答

9.114 单位无应答发生在样本单位根本不回应时。如果调查机构无法联系到报告单位或报告单位拒绝答复，就可能发生这种情况。项目无应答是指特定问题的应答率等于应答单位中缺失答案的百分比。一般而言，定量问题的项目无应答率总是比定性或定序应答类的问题更高。

9.115 如果遗漏的回答随机分布在所有抽样的单位和所有问题上，那么单位和项目的无应答只是小问题。当单位无应答是随机的时，可以通过增加抽样比例来保持统计效力；当项目无应答是随机的时，可以使用简单的加权方法来估计变量的总体值。然而，两种类型的无应答都可能受到偏差的影响。例如，来自非创新型单位的管理人员应答的可能性较低，因为他们认为调查问卷与其相关性不大，这会使创新型单位在总体中所占的比例被高估。或者，由于时间的限制，创新型单位的管埋者应答的可能性下降。

提高应答率

9.116 良好的问题和问卷设计（见第 9.3 节）及良好的调查方案可以得到高应答率，特别是在自愿调查中。调查方案的两个方面对应答率有很积极的影响：①良好的后续行动，多次提醒未应答者；②对所有联系进行个性化，如使用受访者的姓名和更改提醒电子邮件的措辞。个性化包括通过邮寄方式发送第一封联系信，与通过电子邮件发送第一封联系信相比，这可以显著提高应答率（Dykema et al.，2013）。清楚地传达调查数据的目的和用途对于增进信任和提升参与度至关重要。如果管理人员预期提供真实和仔细考虑过的答案会给他们的企业带来直接好处，那么他们的参与度就会进一步增强。

处理低单位应答率

9.117 高、中、低的单位应答率之间没有明显的界线。根据经验法则，高回应率超过 70% 或 80%，中等回应率在 50% 至 70% 或 80%，低回应率低于 50%。

9.118 除非应答率非常高（95% 以上），否则应答单位与非应答单位之间的差异应使用分层变量进行比较，如单位规模或所属产业。如果应答率较高，且分层变量无显著差异，则可以根据回答的单位计算总体权重。这个过程假设基于以下特征：应答单位和非应答单位的创新行为都是相同的。当抽样层内的行为差异很大时（如大型单位与巨型单位之间），就会出现挑战。

9.119 如应答率中等或较低，建议进行无应答调查（见下文第 9.6.5 小节）。

9.120 如果单位应答率非常低（低于 20%），则无应答调查可能不足以纠正潜在偏差，除非该调查质量非常高，并且涵盖了很大一部分无应答单位。可以对这些数据进行分析，以确定某些层的应答率是否可以接受，并对这些层进行非应答调查。否则，这些结果不应该被用于估计目标总体的特征，因为结果存在偏差的可能性很大。只要结果没有推广到目标总体，就可以使用这些数据来研究变量之间的关联模式。

9.6.5 开展无应答调查

9.121 当需要进行无应答调查时，很多国家统计机构都有自己的规章。当一个抽样层中的单位无应答率超过 30% 时，建议进行无应答调查。无应答调查应从无应答单位中抽取至少 10% 的样（对小规模调查或群体数量较少的层需要抽取更高比例）。

9.122 “无应答调查”的目的是找出应答单位与无应答单位在创新活动上的显著差异。为了改进今后的调查，可能会收集无应答单位不进行回复的原因。在理想的情况下，当无应答调查中的单位应答率足够高，而且回答足够可靠时，可以用来调整总体权重。然而，在调整总体权重时，也应考虑无应答调查中的调查方法所产生的影响（与主调查不同的调查方法或问卷）。

9.123 无应答调查的问卷必须简短（不超过 1 页纸），完成时间不超过 2 ～ 3 分钟。对于主调查问卷在创新产出（产品创新和商业流程创新）和部分创新活动（如研发、工程、设计及其他创造性工作活动等）方面的“是”或“否”问题，无应答调查问卷应逐字复制。如果无法从其他来源获得，无应答调查需要包括关于单位经济活动和规模的问题。

9.124 无应答调查常通过 CATI 进行，因为它有速度优势，只要样本中的所有单位都有工作联系电话号码，就可以获得较短问卷的高应答率。CATI 调查作为邮寄或在线调查的后续调查的缺点是，某些国家的简短电话调查比初始调查更有可能在有关创新活动和产出的问题上得到正向的答复。在这方面的经验是复杂的，不同的国家会得到不同的结果。建议对商业调查方法的可比性进行更多的试验研究。

9.7　调查后的数据处理

9.125　数据处理包括检查错误、插补缺失值和计算加权系数。

9.7.1　错误检查

9.126　如上文第 9.5.2 和 9.5.3 小节所述，使用在线、CATI 和 CAPI 调查方法可以自动识别潜在的错误，并要求受访者进行改正。纸质问卷需要进行以下所有类型的错误检查，但在线调查可能只需要检查超出范围的单位。当发现错误时，应尽快联系受访者或报告单位并要求更正。

超出范围的单位

9.127　应答可能来自目标总体范围以外的单位，如低于最低雇用人数的单位、不属于企业的单位或被排除在 ISIC 范畴之外的单位。在进一步分析中，这些单位的应答必须被排除在外。

数据有效性检查

9.128　这些程序是为了测试答案是否是被允许的。例如，百分比的允许值在 0 ～ 100%。

9.129　应该对比值和区间数据进行额外的数据质量检查，特别是对创新支出。当前的最佳实践是将区间数据与其他可用资源（如研发支出和资本设备支出）进行对比。此外，对创新销售份额和其他区间数据的估计应该检查异常值或其他意外值。这些方法对于在报告的研发和创新支出总额中占很大份额的大型单位尤为重要。

关系检查

9.130　关系检查评估两个变量之间的关系，可以识别硬错误和软错误。当一种关系肯定是错误的时候，就会出现硬错误。例如，如果百分比之和不等于

100%，或者报告的受过高等教育的雇用人数超过总雇用人数。其他关系检查能识别软错误，也就是说应答可能是错误的。例如，一个拥有 10 名员工的单位报告了超过 1000 万欧元的创新支出。这是可能的，但是可能性不大。

路径错误检查

9.131 这些检查测试了所有应该回答的问题是否都得到了回答，即来自创新活动单位的受访者是否回答了所有关于创新支出的问题。错误表明受访者不理解或未遵循过滤指令。

9.7.2 缺失值的插补

9.132 另一种类型的错误是受访者有意或无意地没有回答某些问题，如一个网格问题中的几个子问题被留空了。如果受访者发现没有一个选项是合适的，或者他们不知道答案并且没有提供“不知道”的选项，他们也可能拒绝回答问题。在线调查软件可以强迫受访者回复，但这不建议用于自愿调查，因为它可能会导致受访者放弃回答问卷。

9.133 为了减少成本和应答负担，在某些情况下，缺失值可以通过使用额外的信息来估算，而不是重新联系受访者。使用附加信息应该比简单地使用在层中观测到的平均值更能准确地估计缺失值。在多变量分析中，应该始终标记估算值，以防止它们被作为因变量的值，进而避免产生有偏系数。

9.134 冷卡法插补技术使用其他统计调查（包括以前的调查）或其他相关来源的数据来估计缺失值。例如，受过高等教育的雇员人数的数据可能从另外一个调查中相似类型的单位获得。

9.135 热卡法插补是指利用创新调查中的其他数据，对一些缺失值进行估算。选择哪种热卡插补方法取决于变量的测度水平。区间数据既可以用应答单位所在层中变量的均值进行估算，也可以用回归来预测区间变量的值。在后一种情况下，需要对结果进行检查，以识别出不可信的估计值，如负值。

9.136 可以使用最近填充技术（Nearest-Neighbour Techniques）来估算缺失的定性或定序水平的数值。这种技术使用来自“清白记录”（未违反任何错误检查的“替代者”记录）的数据，以便用“替代者”记录中的值替换缺失值。“替代者”是根据类似的分层变量和有关变量的最大可比性来选择的。例如，对于在合作伙伴方面存在缺失值的定序变量，“替代者”应该尽可能与信息来源的相关变量相似。

9.7.3 计算权重

9.137 需要对抽样调查的结果进行加权，以提供目标总体的代表性估计值。对抽样结果进行加权有多种方法，最简单的方法是对每个样本单位用其所在层的抽样比例的倒数（反比）来加权，这个比例要用每个层的单位无应答数据来修正，这样就得到了实际的样本。例如，如果抽样比例为 10/100，但抽样单位中有 10% 没有应答，则修正后的抽样比例为 9/100。这个程序假设应答单位与无应答单位的创新活动分布是相同的。这个假设可以通过无应答分析来检验，即使这个假设是错误的，只要非应答单位的比例相当小，引入的偏差也可以被忽略。

9.138 不是所有的抽样调查都使用分层——根据定义，普查不需要分层。对于非分层调查，加权应该使用总体抽样比例的倒数，根据总应答率的倒数进行调整。在普查中，可以在调查后构造抽样层，以识别出由公司规模、所属部门、地区等所界定的层内的无应答率。普查加权变量可以由层应答率的倒数来构造。

9.139 如果无应答调查发现初始调查的受访者与无应答调查的受访者之间在统计上有显著差异，如相较于无应答调查，非创新型单位应答初始调查的百分比较低，则应进一步修正最终的加权因子。第一种方法是将每个层划分为多个均匀应答组（RHGs），（假设）组内应答概率相等。可以使用无应答调查的结果来确定 RHGs。第二种方法是在估计阶段使用辅助信息来减少无应答偏差或两阶段抽样估计方法。在后一种情况下，根据经过调查的可能的无应答偏差现象来划分样本（如创新型单位和非创新型单位），并且要分别计算每一组的加权因子。在第二步，加权因子应根据无应答修正因子进行调整，该修正因子代表了应答单位与无应答单位在已调查的现象上的偏差。

9.140 如果框架总体包含所有单位的一些定量或定性信息，如员工人数、营业额、法律地位或地区，则可以通过校准进一步修正权重。校准能够保证对框架变量而言加权样本能加总为总体或总分布，提高精度并降低偏差。其他国家可以使用有效的校准软件，特别是瑞典统计局的 CLAN、法国国家统计和经济研究所（INSEE）的 CALMAR 和加拿大统计局的 G-Est。许多用于计算权重的软件包也可以计算抽样的可变性。

9.8 结果的公布和传播

9.141 创新调查用于编制创新统计数据和指标表，并用于对与创新有关的各种主题进行计量经济学分析。为了产生统计数据和指标，需要用总体权重来产生目标总体的代表性结果。大多数创新调查对许多层使用的是概率样本。对指标而言，调查会产生两种类型的误差：由于选择单位的随机过程而产生的随机误差，以及包含所有非随机误差（偏差）的系统性误差。随机误差的概率应当随结果给出，应该包括置信区间、标准误和适用的方差系数。在给定概率的调查总体中，置信区间的上下限包括了真实但未知的值。可能的话，数据质量报告还应该提供非随机误差的估测。

9.8.1 元数据和质量报告

9.142 统计数据和指标的呈现应包含元数据，包括收集数据的程序、抽样方法、处理无应答的程序和质量指标的信息。这将有利于用户更好地解读数据并判断其质量。国际组织应继续提供详细信息，说明其数据库和报告涵盖的国家所采用的共同和独特的方法。

9.8.2 数据获取

9.143 描述性数据可以通过新闻稿、表格、数据库和报告提供。创新调查数据的计量经济学分析对政策制定具有相当大的价值（见第 11.5 节），但这并不是国家统计机构的主要任务。通过向研究人员提供创新调查微观数据，国家统计机构的内部计量分析可以以较低的成本作为辅助分析。这就需要保持机密性，要么通过提供一个安全的供外部学者访问的数据中心，要么通过建立匿名的数据集。

参考文献

Barge, S. and H. Gehlbach (2012), "Using the theory of satisficing to evaluate the quality of survey data", *Research in Higher Education*, Vol. 53/2, pp. 182-200.

Belfo, F.P. and R.D. Sousa (2011), "A web survey implementation framework: evidence-based design practices", conference paper for the 6th Mediterranean Conference on Information Systems, MCIS 2011, Limassol, 3-5 September, http://aisel.aisnet.org/mcis2011/43/.

Cirera, X. and S. Muzi (2016), "Measuring firm-level innovation using short questionnaires: Evidence from an experiment", *Policy Research Working Papers*, No. 7696, World Bank Group.

Couper, M.P. et al. (2013), "The design of grids in web surveys", *Social Science Computer Review*, Vol. 31/3, pp. 322-345.

Downes-Le Guin, T. et al. (2012), "Myths and realities of respondent engagement in online surveys", *International Journal of Market Research*, Vol. 54/5, pp. 613-633.

Dykema, J. et al. (2013), "Effects of e-mailed versus mailed invitations and incentives on response rates, data quality, and costs in a web survey of university faculty", *Social Science Computer Review*, Vol. 31/3, pp. 359-370.

EC et al. (2009), *System of National Accounts 2008*, United Nations, New

York，https：//unstats.un.org/unsd/nationalaccount/docs/sna2008.pdf.

Fan，W. and Z. Yan（2010），“Factors affecting response rates of a web survey：A systematic review”，*Computers in Human Behavior*，Vol. 26/2，pp. 132-139.

Galesic，M. and M. Bosnjak（2009），“Effects of questionnaire length on participation and indicators of response quality in a web survey”，*Public Opinion Quarterly*，Vol. 73/2，pp. 349-360.

Galindo-Rueda，F. and A. Van Cruysen（2016），“Testing innovation survey concepts，definitions and questions：Findings from cognitive interviews with business managers”，*OECD Science，Technology and Innovation Technical Papers*，OECD Publishing，Paris，http：//oe.cd/innocognitive.

Harkness，J.A. et al.（eds.）（2010），*Survey Methods in Multicultural，Multinational，and Multiregional Contexts*，Wiley Series in Survey Methodology，John Wiley & Sons，Hoboken.

Harris，R.I.D.（1988），“Technological change and regional development in the UK：Evidence from the SPRU database on innovations”，*Regional Studies*，Vol. 22/5，pp. 361-374.

Hoskens，M. et al.（2016），“State of the art insights in capturing，measuring and reporting firm-level innovation indicators”，paper for the OECD Blue Sky 2016 Forum，www.oecd.org/sti/069%20-%20Measuring%20innovation_ECOOM%20August%202016.pdf.

Kleinknecht，A.，J.O.N. Reijnen and W. Smits（1993），“Collecting literature-based innovation output indicators：The experience in the Netherlands”，in *New Concepts in Innovation Output Measurement*，Palgrave Macmillan，London，pp. 42-84.

Millar，M.M. and D.A. Dillman（2011），“Improving response to web and mixed-mode surveys”，*Public Opinion Quarterly*，Vol. 75/2，pp. 249-269，https：//doi.org/10.1093/poq/nfr003.

OECD（2015a），*Recommendation of the OECD Council on Good Statistical Practice*，OECD，Paris，www.oecd.org/statistics/good-practice-toolkit/Brochure-

Good-Stat-Practices.pdf.

OECD（2015b），*Frascati Manual 2015: Guidelines for Collecting and Reporting Data on Research and Experimental Development*，The Measurement of Scientific，Technological and Innovation Activities，OECD Publishing，Paris，http：//oe.cd/frascati.

Olson，K，and B. Parkhurst（2013），"Collecting paradata for measurement error evaluations"，in *Improving Surveys with Paradata: Analytic Uses of Process Information*，John Wiley & Sons，Hoboken，pp. 43-72.

Revilla，M. and C. Ochoa（2015），"What are the links in a web survey among response time，quality and auto-evaluation of the efforts done？"，*Social Science Computer Review*，Vol. 33/1，pp. 97-114，https：//doi.org/10.1177/0894439314531214.

Saunders，M.N.K.（2012），"Web versus mail：The influence of survey distribution mode on employees' response"，*Field Methods*，Vol. 24/1，pp. 56-73.

Snijkers，G. and D.K. Willimack（2011），"The missing link：From concepts to questions in economic surveys"，paper presented at the 2nd European Establishment Statistics Workshop（EESW11），Neuchâtel，Switzerland，Sept. 12-14.

Snijkers，G. et al.（eds.）（2013），*Designing and Conducting Business Surveys*，Wiley Series in Survey Methodology，John Wiley & Sons，Hoboken.

Tourangeau，R.，L.J. Rips and K. Rasinski（2000），*The Psychology of Survey Response*，Cambridge University Press，Cambridge.

UN（2008），*International Standard Industrial Classification of All Economic Activities（ISIC），Revision 4*，United Nations，New York，https：//unstats.un.org/unsd/publications/catalogue？selectID=396.

UN（2007），*Statistical Units*，United Nations，New York，http：//unstats.un.org/unsd/isdts/docs/StatisticalUnits.pdf.

Wilhelmsen，L.（2012），"A question of context：Assessing the impact of a separate innovation survey and of response rate on the measurement of innovation activity in Norway", *Documents*, No. 51/2012, Statistics Norway, Oslo, www.ssb.no/a/english/publikasjoner/pdf/doc_201251_en/doc_201251_en.pdf.

Willeboordse, A. (ed.) (1997), *Handbook on Design and Implementation of Business Surveys*, Eurostat, Luxembourg, http: //ec.europa.eu/eurostat/ramon/statmanuals/files/Handbook%20on%20surveys.pdf.

Willis, G.B. (2015), *Analysis of the Cognitive Interview in Questionnaire Design*, Oxford University Press, Oxford.

Willis, G.B. (2005), *Cognitive Interviewing: A Tool for Improving Questionnaire Design*, SAGE Publications.

Zhang, X.C. et al. (2017), "Survey method matters: Online/offline questionnaires and face-to-face or telephone interviews differ", *Computers in Human Behavior*, Vol. 71, pp. 172-180.

第 10 章　创新度量的客体法

本章从客体角度为收集创新数据提供指导。客体法收集单一、焦点、最重要的创新数据，有利于检索企业创新的促成因素、特征和结果等信息。虽然该方法也可应用于非常规数据源，但本章描述了如何在主体创新调查中实施客体法，主体创新调查涵盖了公司所有的创新活动和创新。由于焦点创新不能代表整个企业的创新情况，因此，客体法主要用来收集用于分析和研究目的的数据。该方法还可用于评估被调查企业是否对创新活动过度报告或报告不足。

10.1　引言

10.1　衡量创新的客体法收集单一的焦点创新（研究对象）的数据。不同于客体法，主体法关注企业并收集企业所有创新活动（主体）的数据（见第 2 章）。客体法的主要目的不是产生加总的统计数据，而是收集用于分析和研究目的的数据。该方法还可以为保证质量提供信息，这些信息指受访者如何解释创新问题及他们是否过度、不足或误报创新。

10.2　客体法可以通过专家评估、商业期刊的创新公告（Kleinknecht et al.，1993；Santarelli et al.，1996；Townsend，1981）或在线来源（公司网站、报告、投资者公告等）来识别焦点创新。另一种使用客体法的办法是将客体法结合到主体创新调查中。调查问卷中除了关注公司整体创新活动的问题外，还可以有一个模块的问题只关注一项创新。DeBresson 和 Murray（1984）率先使用这种方法作为加拿大创新调查的一部分。最近，这种方法已被用于商业企业调查，如加拿大统计局、日本统计局、澳大利亚的学术研究人员（O' Brien et al.，2015，2014），美国（Arora，et al.，2016）及政府部门的创新调查（Arundel et al.，2016）。

10.3 相较于利用专家或公告声明，客体法在识别焦点创新上有若干优势。第一，客体法可以获取所有创新型企业的代表性样本的焦点创新信息，而其他方法容易产生自我选择偏误。第二，客体法可以收集所有创新类型的数据，而利用专家或公告识别创新会产生倾向于成功产品创新的偏误。第三，客体法可以收集仅对本企业来说是新颖的但却不足以在网络或商业期刊中报告的创新信息。因此，出于成本效益考虑，建议通过代表性调查来收集焦点创新的数据。

10.2 在创新调查中包含“客体模块”

10.4 调查时，除了收集一个企业全部创新活动的数据外，还收集焦点创新的数据，有若干优点：第一，把客体法模块纳入创新调查可以设置深度、定量和区间级别问题，这些问题对于要对所有创新合起来进行回答的受访者而言是很困难的，如要求受访者计算某变量在不同创新和创新活动中的平均重要性的问题。可能难以回答的问题还包括不同创新活动的支出和特定技术的使用。其他较难回答的问题包括要求受访者在整个公司内构建“平均”代表的问题，如关于不同知识来源、障碍和结果的重要性的问题。

10.5 第二，对一项焦点创新提问可以确保收集的数据集涉及的是同一项创新。正如 Arora、Cohen 和 Walsh（2016）关于不同创新知识来源经济价值的研究所体现的，这对于分析创新投入、活动和成果之间的关系来说是一个优势。这种办法也有助于其他类型的研究，如评估受访者如何理解创新调查问题的研究（Arundel et al.，2013），同时涉及产品创新和商业流程创新的混合创新研究（Bloch et al.，2016），也包括对商业模式变化的研究。

10.6 尽管如此，不建议在创新调查中仅设置客体问题，或者将相当大比例的调查问题分配给客体模块。询问关于焦点创新的问题无法解决许多研究和政策问题。这些研究和政策问题通常与公司整体相关，如公司的内部能力和战略（见第 5 章）及外部环境（见第 7 章）的问题，也包括用来为全部创新活动构建加总指标的问题，如创新支出（见第 4 章）或创新销售份额（见第 8 章）的数据。

10.7　客体法很少用来构建国家或产业层面的简单统计数据和指标,因为其结果不能完全反映一个经济体或产业的全部创新投入、产出和成果。此外，焦点创新不能代表所有应答企业的创新或创新活动。因此，一家企业最重要的创新的数据不能用来构建需要一家企业全部创新数据的指标，如特定创新活动的总支出、不同类型知识来源对创新的重要性及与不同类型伙伴合作的频率等。

10.8　本手册中用来收集主体层面创新数据的指南可以直接适用于收集客体层面的数据。对于包含客体模块的主体创新调查没有其他方法论上的限制。

10.2.1　在调查中识别焦点创新

10.9　客体模块必须包含初始提示,要求创新型企业的受访者只考虑一项创新，并且将该模块的所有后续问题限制在这项创新内。来自创新活跃但在观测期内没有创新的企业的受访者，也可以被要求考虑一项创新项目。为确保受访者的回答集中于该项创新，可以要求受访者在一个开放问题中提供有关这项创新的简单描述。

10.10　建议让受访者选择在观测期内引入或实施的焦点创新。这确保了创新调查中有关企业一般能力或战略的数据与焦点创新相关，也能根据已知的时滞区间把焦点创新的数据与其他调查的结果数据联系起来。这还可以减少对观测期之前发生的创新的回忆偏差（见第 9 章）。但是，应当允许受访者在回答中包含观测期开始之前发生的与焦点创新相关的活动，如与特定类型合作伙伴开展的合作，或者获得政府为创新提供的补贴。

10.11　调查问卷还应为如何选择焦点创新（或创新项目）提供指导，以提高受访者之间的可比性。可能的选项包括：

①从对公司经济绩效的实际或预期贡献的角度来说最重要的创新；

②在创新总支出中占比最高的创新；

③对销售有最大实际或预期贡献的产品创新；

④对降低成本有最大实际或预期贡献的商业流程创新；

⑤最近期的创新。

10.12 第 1 个选项有若干优点。受访者通常可以很好地理解这个问题，并且受访者通常对这样的创新印象深刻，这可以确保受访者能够回答有关该项创新的问题。此外，最重要的创新通常与许多研究领域相关，如对带来成功的因素的研究。第 1 个选项可以是所有类型的创新，这有助于收集企业认为重要的创新类型的数据，还能够识别可能对公司最有价值的创新投入。例如，受访者可能认为对所有创新活动而言大学作为知识来源的重要性排序是中等的，但是在最重要的创新中考察这一来源的重要性将表明来自大学的知识的价值可能因创新类型而异。

10.13 第 2 个选项要求受访者对不同创新的开发成本有较好的了解。第 3 个和第 4 个选项是第 1 个选项的变体，但仅适用于产品创新和商业流程创新，因此，与不涉及这两类创新的企业无关。第 5 个选项对需要在所有创新类型中随机选择的研究很有帮助。

10.14 除非有使用其他选项的好的研究理由，否则推荐使用第 1 个选项，因为受访者可以更好地理解这个选项，并且这个选项与所有企业都有关。除此之外，第 1 个选项有助于研究能给企业带来最大期望经济效益的创新类型。得到的结果可以按产业、企业规模及其他企业特征构建各种创新类型（如产品创新或商业流程创新）的加总指标，这对受访者的企业来说最具经济价值。

10.15 认知测试表明，受访者能够根据对公司经济绩效的实际或预期贡献来确定焦点创新。对于中小型企业（SMEs）而言，受访者通常可以找到一项与众不同的创新。但对于来自拥有众多不同创新的企业（通常是大企业，但不绝对）的受访者来说，确定一项较为突出的创新是困难的，但是，这并不会影响他们选择一项创新并回答后续问题的能力。相对于总结多项创新的结果，来自拥有众多创新的企业的受访者仍然可能更容易回答关于一项焦点创新的问题。

10.16 如果资源允许，可以对最重要创新的开放式描述的书面信息进行编码和分析，以评估受访者对创新类型和创新新颖性问题的理解（Arundel et al.，2013；Cirera et al.，2016；EBRD，2014）。这要求专家来对书面信息进行编码，但文本挖掘软件工具可以显著降低编码成本。关于新颖性的文本数据也可用于估计受访者是否理解调查问卷上有关创新的定义（Bloch et al.，2016）。

10.2.2 非创新型企业

10.17 创新调查无法询问没有创新或创新活动的企业有关焦点创新或焦点创新项目的问题，但是让非创新型企业的受访者描述观测期内产品或商业流程最重要的变化是有用的。通过分析这些信息，可以确定受访者是否正确地报告了创新，并可以把创新和非创新变化区分开来（Arundel O'Brien et al.，2013）。结合所报告的有关创新新颖性的信息，客体法有助于按照企业特征（如规模、产业）来识别不同类型的创新报告不足或过度报告的可能偏误。

10.3 关于焦点创新的问题

10.18 在设计包含客体模块的主体创新调查的问卷时，应将这一模块放在其他所有创新的问题之后，以确保受访者不会将适用于所有创新活动的问题与仅限于焦点创新的问题混淆。

10.3.1 焦点、最重要创新的特征

10.19 建议在问卷中列出创新类型（2 种产品创新类型和 6 种商业流程创新类型），并要求受访者识别其焦点创新的所有创新类型（见第 3 章）。这可以为具有多种创新类型特征的综合性创新的普遍程度（如产品交付中同时有服务创新和商业流程创新），以及对企业来说哪些类型的创新最为重要提供数据。

10.20 建议收集有关应答企业焦点创新相对重要性的信息。有用的度量包括创新总成本中用于焦点创新的比例及焦点创新对企业绩效表现（如销售额或

利润）的贡献（见下文第 10.3.2 小节）等。结果问题与报告创新项目的受访者无关。

10.21 可以询问受访者关于其焦点创新新颖性的问题,包括该焦点创新对市场来说是新的还是只对公司来说是新的，是否是新商业模式的一部分，以及是否是颠覆性或破坏性创新（见第 3.3.2 小节）等。然而，收集颠覆性或破坏性创新及其他相关类型创新的数据需要检验这些概念在创新调查中是否被恰当地测度。

10.3.2 促进焦点创新的创新活动

10.22 认知测试表明，相较于把所有创新合在一起，提供一项创新的区间水平的支出数据（以货币或人 – 月为单位）对受访者来说更为容易（见第 4 章）。因此，可能可以获取焦点创新发展的整个时期的支出数据，而不仅是参考期的支出数据。

10.23 对于中小型企业和服务业企业，关于单个创新的支出的问题可能是特别合适的，这些企业没有用有单独会计预算、明确界定的项目来组织其创新活动。

10.24 可能获得的焦点创新数据有：

①总时间，用月份来表示，指从提出焦点创新的初步设想到焦点创新被引入与实施的时间；

②一项产品创新的引入年份或一项商业流程创新的实施年份；

③焦点创新的总支出，用货币单位或人 – 月来表示；

④按活动类型分的焦点创新外部总支出（研究与试验发展、培训、设计、工程化和其他创造性工作活动等）；

⑤将产品创新引入市场后的后续活动及相应支出，包括营销、培训和售后服务（见第 4.5.3 小节）。

10.25 其中的一些问题可以询问观测期之前的活动数据，如月份或总支出，但这些活动必须和主要的创新有关。

10.3.3 促进焦点创新的商业能力

10.26 与管理和劳动力技能相关的商业能力是企业的一个特征（见第5章），而且通常不仅限于焦点创新。但是，知识产权（IP）战略和技术能力在不同类型的创新之间可能存在显著差异。

10.27 根据研究兴趣，询问为焦点创新而采用的不同知识产权保护方法是有价值的，如是否为焦点创新申请了专利、设计、商标或其他知识产权，或焦点创新是否受版权和商业秘密保护。此外，还可以询问受访者是否为焦点创新获得许可的技术，或焦点创新是否对外授权（Arora et al.，2016）。

10.28 在客体模块中加入有关技术能力的问题是合适的，可以将技术能力与某项特定创新联系起来。相关的能力包括设计能力（工程设计、产品设计和设计思维）、数字能力和数字平台（见第 5.5 节）。

10.3.4 由焦点创新产生并能够促进焦点创新的知识流动

10.29 内部或外部知识来源类型对于创新活动的价值，因其是被用于识别创新想法、开发和测试想法（如问题解决），还是实施商业流程创新或将产品创新引入市场而有所不同（见第 6.1 节）。在创新过程的不同阶段，知识来源用途和重要性的差异使受访者追踪所有创新变得非常复杂，但是对一项焦点创新询问这样主题的问题可能是可以的。一个选项是询问关于创新原始想法的知识来源和开发创新的知识来源。这些问题可以同时列出内部和外部来源（表 6.6）。

10.30 收集外部参与者对发展焦点创新的贡献的数据也是有趣的，如创新是否复制了市场上已有的产品或商业流程，开发焦点创新是否是与其他组织合作协议的一部分，或焦点创新是否主要由企业自己开发（表 6.2）。除此之外，与不同类型伙伴就焦点创新展开合作的更多信息也是有价值的。

10.3.5 影响焦点创新的外部因素

10.31 外部因素的影响会因创新类型的不同而不同（见第 7 章）。有意义的外部因素包括焦点产品创新中的客户和客户参与类型、对政府支持政策的利用及影响焦点创新的其他外部驱动因素等。

10.32 关于创新障碍的问题，可被用于最重要的创新、正在进行或被放弃的焦点创新项目，或者未达到预期的创新。这方面的信息可用于区分阻碍创新实施、导致结果不满意或者导致创新项目被取消或搁置的因素。

10.3.6 焦点创新的目标和结果

10.33 创新目标和结果因创新类型的不同而有很大差异，因此，收集这些信息对于焦点创新来说很有用。表 8.1 列出了常见的创新目标和结果，如提高消费者满意度或减少环境影响（可以用定类或定序尺度来衡量）。收集定量结果数据对焦点创新来说特别合适，因为相对于所有创新，受访者更易于提供关于基准年份的创新销售份额、一项焦点产品创新的市场份额或利润率，或者焦点商业流程创新所节约的成本等数据。

10.34 如果焦点创新的某项特定的结果高于、等同于或低于企业相同类型的其他创新的代表性结果水平，也可以通过询问受访者来收集关于所有结果类型的数据。例如，可以询问受访者焦点产品创新销售额与企业其他产品创新相比的相对结果。

10.35 如果已经收集了有关焦点创新投入和创新活动的数据，则可以考察影响结果的因素。

10.4　建议总结

10.36　是否在创新调查中包含客体模块，取决于用户（特别是政策分析人员和研究人员）的需求及是否有足够的资源用于分析客体数据（如投入和策略对结果的影响）。如果相关数据仅用来构建加总指标，则不推荐使用客体模块。下面给出了建议放在客体模块中的问题。本章其他类型的数据适合于进行特殊数据收集练习。

10.37　使用客体模块收集数据的关键条目包括：

①将焦点创新定义为在对企业经济绩效预期贡献方面最重要的创新（第 10.2.1 小节）；或非创新型企业中最重要的变化（第 10.2.2 小节），如果可能的话提供开放式描述。

②创新的类型（第 10.3.1 小节）。

③创新新颖性的度量（第 10.3.1 小节）和创新的知识来源。

④创新引入市场或者企业商业流程实施的年份（第 10.3.2 小节）。如果观测期为一年，这将是隐含的。

⑤从相关创新项目或活动的开始到实施之间的时间跨度（第 10.3.2 小节）。

⑥对企业为创新而做出的努力的度量，如焦点创新的总支出（以货币形式或人 – 月数形式）等（第 10.3.2 小节）。

⑦内部和外部参与者对发展焦点创新的贡献,从而识别可能的成功因素(第 10.3.4 小节）。

⑧对结果的度量，如焦点产品创新的创新销售份额或焦点商业流程创新的成本节约（第 10.3.6 小节）等。

10.38　使用客体模块收集数据的补充主题包括：

①焦点创新中知识产权的利用（第 10.3.3 小节）；

②创新的障碍（第 10.3.5 小节）；

③对政府支持政策的利用（第 10.3.5 小节）。

参考文献

Arora, A., W.M. Cohen and J.P. Walsh (2016), "The acquisition and commercialization of invention in American manufacturing: Incidence and impact", *Research Policy*, Vol. 45/6, pp. 1113-1128.

Arundel, A. et al. (2016), "Management and service innovations in Australian and New Zealand universities: Preliminary report of descriptive results", Australian Innovation Research Centre (University of Tasmania) and LH Martin Institute (University of Melbourne).

Arundel, A., K. O' Brien and A. Torugsa (2013), "How firm managers understand innovation: Implications for the design of innovation surveys" in *Handbook of Innovation Indicators and Measurement*, Edward Elgar, Cheltenham, pp. 88-108.

Bloch, C. and M. Bugge (2016), "Between bricolage and breakthroughs–Framing the many faces of public sector innovation", *Public Money & Management*, Vol. 36/4, pp. 281-288.

Cirera, X. and S. Muzi (2016), "Measuring firm-level innovation using short questionnaires: Evidence from an experiment", *Policy Research Working Papers*, No. 7696, World Bank Group.

DeBresson, C. and B. Murray (1984), "Innovation in Canada–A retrospective survey: 1945-1978", Cooperative Research Unit on Science and Technology (CRUST), New Westminster.

EBRD (2014), *Transition Report 2014: Innovation in Transition*, European Bank for Reconstruction and Development, London.

Kleinknecht, A. and J.O.N. Reijnen (1993), "Towards literature-based innovation output indicators", *Structural Change and Economic Dynamics*, Vol. 4/1, pp. 199-207.

O' Brien, K. et al. (2015), "New evidence on the frequency, impacts and costs of activities to develop innovations in Australian businesses: Results from a 2015 pilot study", report to the Commonwealth, Department of Industry,

Innovation and Science, Australian Innovation Research Centre (University of Tasmania), Hobart, www.utas.edu.au/__data/assets/pdf_file/0009/772857/AIRC-Pilot-survey-report-for-DIS_Dec_2015.pdf.

O' Brien K, et al. (2014), "Lessons from high capability innovators: Results from the 2013 Tasmanian Innovation Census", Australian Innovation Research Centre (University of Tasmania), Hobart.

Santarelli, E. and R. Piergiovanni (1996), "Analyzing literature-based innovation output indicators: The Italian experience", *Research Policy*, Vol. 25/5, pp. 689-711.

Townsend, J. (1981), "Science innovation in Britain since 1945", *SPRU Occasional Paper Series*, No. 16, Science Policy Research Unit (SPRU), University of Sussex, Brighton.

第 11 章　统计指标和分析中创新数据的使用

本章为使用创新数据构建指标及数据的统计和计量经济分析提供指导。本章借鉴前几章的建议，提供了按照主题领域绘制创新指标的蓝图。尽管针对的是官方组织和其他创新数据的使用者，如政策分析师和学者，但本章的指导也旨在促进创新数据生产者更好地理解他们的数据是怎样的或可能被如何使用。本章还为未来的试验及创新数据在政策分析和评估中的使用提供建议。最终目标是在确保信任和保密性的同时，确保创新数据、指标和分析能为政府和产业的决策者提供有用的信息。

11.1　引言

11.1　创新数据可以用于构建指标，以及对创新行为和绩效进行多元分析。创新指标可提供关于创新活动、创新、创新产生的环境，以及创新对创新型企业和经济的影响的统计信息。这些指标有利于进行创新活动的探索性分析，追踪一定期间内的创新绩效，以及比较不同国家、地区、产业的创新绩效。多元分析可以识别推动创新决策、产出和结果的不同因素的重要性，但相比之下，创新指标更容易被公众和多数政策制定者理解，也经常被用于媒体对创新问题的报道。这可能会影响对创新的公共政策讨论，并产生对其他信息的需求。

11.2　本章为官方组织和其他创新数据的使用者提供创新指标产生、使用和局限性的指导说明，如政策分析师和学者，他们希望能更好地理解创新指标或自己构建新的指标。多元分析的讨论与可以获得创新微观数据的研究者和政策分析师有关。本章还包括对未来试验的建议。正如第 1 章和第 2 章所讨论的，最终目标是确保创新数据、指标和分析能为政府和产业的决策者提供有用的信息。

11.3 本章的大部分讨论集中在通过创新调查所收集的数据（见第 9 章）。但是，关于指标和分析的指导和建议同样适用于其他来源的数据。对于某些主题，使用其他来源的数据可以大幅促进分析，如研究创新活动对结果的影响（见第 8 章）或企业的外部环境对创新的影响（见第 6 章和第 7 章）。

11.4 接下来的第 11.2 节介绍与企业创新相关的统计数据和指标的概念，并讨论一些理想的性质及可用的主要数据来源。第 11.3 节介绍构建创新指标及利用一览表（Dashboards）、记分牌、综合指数等汇总指标的方法。第 11.4 节以之前章节的建议为基础，绘制了构建不同主题领域的创新指标蓝图。第 11.5 节是对创新数据的多元分析，关注创新结果分析和政策评估。

11.2 企业创新的数据和指标

11.2.1 什么是创新指标，用于哪些方面？

11.5 创新指标是指对在特定时间或地点的总体或样本中观察到的创新现象（活动、产出、支出等）做出的统计汇总度量。为了使具有不同规模或其他特征的单位能够进行比较，通常对指标进行校正（或标准化）。例如，用国家创新支出占国内生产总值（GDP）的百分比这一综合指标来修正不同经济体的规模差异（Eurostat，2014；UNECE，2000）。

11.6 官方统计数据是由国家统计系统（NSS）的组成机构或国际组织统计的。NSS 为政府提供官方统计数据。这些统计数据通常在法律框架内编制，并遵循确保最低专业标准、独立性和客观性的基本原则。NSS 的组成机构也可以发布非官方数据，如实验调查的结果。即使不是由国家统计机构（NSOs）编制的，关于创新和相关现象的统计也逐渐成为许多国家统计系统的核心元素。

11.7 创新指标可以利用来自多个数据源的数据构建，包括一些不是明确设计用来支持创新统计度量的数据来源。构建创新指标的相关来源包括创新和相关调查、管理性数据、商业期刊、互联网等（见第 9 章）。由于网络和其他数字环境产生或提供的数据大量增加，未来可能会更多地使用多个数据源来构建创新指标。自动收集、整理和分析数据能力的增强是扩大数据搜寻策略可能性的另一个关键因素。

11.8 尽管指标被越来越多地用于公司内或其他用途，但企业创新指标，尤其是来自官方来源的指标，通常是为进行政策和社会讨论而设计的，如监测相关政策目标的进展（国家研究委员会，2014）。指标本身也会影响商业行为，包括管理者如何对调查做出应答。结合其他类型的信息，对多元创新指标进行评估，可以帮助使用者更好地理解更广范围的创新现象。

11.2.2 创新指标的理想性质

11.9 创新指标的理想性质包括相关性、准确性、可靠性、时效性、一致性和可获得性，如表 11.1 所示。创新指标的性质取决于统计过程的各个阶段所做的选择，尤其是创新调查的设计和实施阶段会对数据质量产生极大的影响（见第 9 章）。为了实现有用性，指标必须具有多重质量特性（Gault，2013）。例如，如果时效性的延迟意味着指标在政策讨论或决策中没有被考虑，那么具备准确性、可靠性和可获得性的创新指标就会仅有有限的相关性。

表 11.1 企业创新指标的理想性质

特征	描述	说明
相关性	满足实际和潜在使用者的需求	创新涉及改变，会造成数据使用者需求的改变。如果潜在使用者不知道可用的数据或数据生产者不了解用户的需求，相关性就会降低
准确性 / 有效性	提供无偏的创新现象陈述	受访者如何提供信息可能存在系统性差异，这取决于收集方法或受访者的特征。指标可能不能捕捉到所有我们感兴趣的相关现象
可靠性 / 精确性	度量的结果应该在重复进行时是相同的，且有较高的信噪比	结果可能因一个企业内受访者的不同而不同。如果受访者要猜一个问题的答案或样本量太小，可靠性就会下降（如某些产业）

续表

特征	描述	说明
时效性	能足够及时地获得从而对决策有用	在快速的经济变动时期，缺乏时效性会降低指标的价值。按照一定目的短时预报或收集数据可以提高时效性。然而，创新的某些方面是结构性的且变化缓慢。对于这些情况，时效性就不那么重要了
一致性 / 可比性	在逻辑上相连接且相互一致	
	在不同加总水平上可加或可分解	高水平上的加总可以提高可靠性或精确性，但对政策分析来说减少了有用性；低水平上的加总会影响战略行为并扭曲测度
	可按照性质分解	例如，根据创新或创新活动等为不同类型的企业构建指标
	随时间的一致性	应该推广使用时间序列数据。如果能提供充分的证明和解释，序列中断有时可以通过逆向修正来解决
	跨部门、地区或国家的一致性，包括国际可比性	跨地区或国家的可比性要求标准化，以说明经济规模或产业结构的差异
可获得性和清晰性	广泛的可获得性和易于理解，支持元数据和解释指导	存在的挑战是确保预期用户理解指标的含义并使指标“激发公众的想象力”（EC，2010）

11.2.3　创新指标的建议和来源

基本原则

11.10　与一般统计原则（UN，2004）一致，企业创新统计必须是有用的，并且在公正的基础上公开发布。建议国家统计机构和其他收集创新数据的机构使用一致的模式来表示汇总结果，并将其应用于企业创新调查所获得的数据中。只要能够满足保密性和质量要求，数据应能按产业和企业规模进行分解。这些数据是构建指标的基本要素。

国际比较

11.11 用户对基准的兴趣需要国际可比的统计数据。统计机构采用本手册所包含的概念、分类和方法将进一步促进可比性。国家参与欧盟统计局、OECD 和联合国等国际组织的定期数据报告活动，也有助于建立可比的创新数据。

11.12 如第 9 章所述，基于调查数据构建的创新指标的国际可比性会因调查设计和实施的差异而减弱（Wilhelmsen，2012）。这些因素包括强制性调查和自愿调查之间的差异、调查和问卷设计、后续行动和观测期长度。基于其他类型数据源的创新指标也存在可比性问题，如在覆盖范围和报告激励方面。

11.13 另一个影响可比性的因素源于国家在创新特征上的差异，如创新的平均新颖性和企业所服务市场的主要类型。这些背景方面的差异也要求谨慎解释多个国家的指标数据。

11.14 一些由方法论或创新特征差异引起的问题可以通过数据分析解决。例如，一个拥有 1 年观测期（如果可获得）的国家可以用面板数据来估计 3 年期的指标。一些研究已经开发出能够提高在创新新颖性和市场主要指标方面的国家差异可比性的“概况”指标（见第 3.6.2 小节），如创新型企业所占的份额（Arundel et al.，2005）。

11.15 在可能和相关的情况下，建议拓展方法以改进指标的国际可比性，特别是广泛使用的主要指标。

国际来源

11.16 专栏 11.1 列出了 4 个国际可比的创新指标的来源，这些指标全部或部分遵循《奥斯陆手册》的指导，在本手册出版时这些来源均可使用。

专栏 11.1　使用《奥斯陆手册》指导的国际创新数据的主要资源

欧盟统计局的欧洲共同体创新调查（CIS）指标数据库

来自 CIS 的欧洲统计系统（ESS）部分成员国的创新指标：

http：//ec.europa.eu/eurostat/web/science-technology-innovation/data/database。

伊比利亚美洲 / 美洲国家间科技指标网络（RICYT）

部分伊比利亚—美洲国家制造业和服务业的创新指标：www.ricyt.org/indicadores。

经济合作与发展组织（OECD）创新统计数据库

OECD 成员国或合作伙伴经济体（包括 OECD《科学、技术和产业记分牌》中的国家）的特定产业的创新数据：http：//oe.cd/inno-stats。

联合国教科文组织统计研究所（UIS）的创新数据

关注制造业创新统计的全球数据库：http：//uis.unesco.org/en/topic/innovation-data。

非洲联盟的非洲发展新伙伴计划（NEPAD）也在积极推广非洲可比指标的使用。本手册的在线链接将提供创新统计数据和指标的国际和国家来源的最新链接。

11.3　构建企业创新指标的方法

11.3.1　统计指标的加总

11.17　表 11.2 总结了用于构建指标的不同类型的描述性统计和方法。相关统计包括集中趋势、离散程度、相关程度和降维技术的度量。

微观和宏观指标

11.18　指标可以由各种来源、在任何加总水平上进行构建，加总水平可以等于或高于所收集数据的统计单位。对于调查和许多类型的管理性数据，保密限制通常要求指标基于足够的加总水平，从而这些指标的使用者不能识别单个单位的数值。指标也可以基于先前的加总数据来构建。

11.19　加总的共同特征包括企业所在的国家和地区及企业本身的特点，如其产业和规模（使用规模类别，如雇用 10 ～ 49 人等）。对企业层面的数据进行加总需要了解基本的统计数据，并具有将企业明确归入特定类别的能力。例如，区域指标需要将企业或其活动分配到一个区域的能力。基层单位的数据很容易被分配到单一区域，但企业可以同时活跃在几个区域，这就需要用空间插补法来在区域间划分活动。

11.20 与只有加总指标相比，低水平加总的指标可以提供对政策或理解更有价值的详细信息。例如，按产业划分的拥有产品创新的企业比例指标，与把所有产业合并在一起时的指标相比，将提供更多有用的信息。

表 11.2 构建创新指标的描述性统计和方法

	一般的举例	有关创新的举例
指标类型		
对频率的统计度量	计数、条件计数	产品创新者的计数
位置、顺序或排序的度量	按百分位或四分位排序	创新支出分布前 10% 的企业
集中趋势的度量	平均数、中位数、众数	进行服务创新的企业份额、来自产品创新收入 / 营业额的比例的中位数
离散程度的度量	四分位差、方差、标准差、变异系数	误差范围的变化系数、创新支出的标准差
多维数据相关程度的指标		
相关程度的统计度量	交叉表、相关性或协方差	不同创新类型同时发生的杰卡德度量
可视化的相关性	散点图、热度图和相关的可视化图	用热度图来显示用两个维度来定义的群组之间创新的倾向
指标的数据调整		
基于数据转换的指标	取对数、取逆	创新支出取对数
加权	构建综合指标时，以主要变量相应指标的重要性等为权重进行加权	按照企业规模加权或按产业结构调整的指标
标准化	比例，按规模、营业额等缩放	为创新型企业工作的员工百分比等
降维技术		
简单的集中趋势法	标准化指标的均值	综合创新指数

续表

	一般的举例	有关创新的举例
其他指标方法	指标的最大值或最小值	从多种类型的创新中至少引入一种的企业
统计降维和分类方法	主成分分析、多维标度、聚类	创新模式的研究，如 Frenz and Lambert（2012）

指标的降维

11.21　调查经常收集多种相关因素的信息，如不同的知识来源、创新目标或创新活动类型。这可能提供一组难以解释的复杂数据集。一种常见的方法是在保持信息内容的情况下减少变量的数量（维度降低）。从简单加总到因子分析的许多统计程序都可以用于这个目的。

11.22　许多指标是由一系列变量的平均值、总和或最大值计算而来（表 11.2）。这些方法对总结创新调查中常见的相关定类变量、定序变量或分类变量是有用的。例如，一个报告了 8 种创新类型（2 种产品创新和 6 种商业流程创新）中至少 1 种创新类型的企业被定义为一个创新型企业。该衍生出来的变量可用来对产业中创新型企业的平均份额构建加总指标。这是一个指标要为正值只需要多个变量中只有一个变量为正值的指标例子。相反的情形是，当一个企业对所有相关变量都有肯定回答时，指标才是正值。

11.23　综合指标是降低维度的另一种方法。它们基于潜在的概念模型将多个指标合并为一个单一指数（OECD / JRC，2008）。综合指标可以将相同维度的指标（如不同创新活动类型的总支出）或在多个维度衡量的指标（如框架条件、创新投资、创新活动和创新影响的指标）整合在一起。

11.24　通过聚类分析和主成分分析等统计方法，也可以降低维度的数量。一些研究已经将这些技术应用于微观数据，以识别创新行为的类型，并评估不同行为类型能够预测创新结果的程度（de Jong et al.，2006；Frenz et al.，2012；OECD，2013）。

11.3.2 国际比较的指标发展和展示

11.25 创新指标的选择反映了不同创新信息类型的优先次序。从微观数据中构建指标的能力为指标的构建提供了更多的机会，但对于无法获得微观数据的专家或组织来说，这几乎不是一个选择。另一种方法是从加总数据中构建指标，通常这些数据是在国家、部门或区域层面。

11.26 使用多种创新指标进行国际比较的报告往往会有许多共同的特征（Arundel et al.，2008；Hollanders et al.，2013）。例如：

①在国家、部门或区域层面上特定创新指标的选择通常是由创新系统理论指导的；

②这个选择也会部分根据概念上的和名义效度上的考虑来进行，尽管这受到数据可得性的限制；

③指标是按照主题领域来展示的，这些主题在一定层次结构中分组，如创新投入、能力和产出；

④提供不同水平的有关政策制定的背景和定性信息，以及方法论的信息。

11.27 国家统计系统（NSS）的组织和大多数国际组织倾向于通过基于官方统计的报告或一览表，并通常关注主要指标，来实现用户进行国际比较的需求。报告和一览表的优点是，它们提供了一个关于可用信息相当客观和详细的概述。然而，由于提供的数据量较大，所以很难确定关键问题。综合创新指数解决了一览表的局限性，该指数在对国家或地区绩效进行排序的记分牌中呈现。综合创新指数主要由咨询机构、研究机构、智库和政策机构构建，这些机构无法获得微观数据，只能通过加总现有指标来构建综合指数。

11.28 与一览表中使用的简单指标相比，综合创新指数的构建需要两个额外的步骤：

①对多个指标进行标准化，即将不同规模的数值（定类值、统计数、百分比、支出等）在同一规模下度量。标准化可以基于标准差、最小最大值法或其他方法。

②将标准化的指标加总成为一个或多个综合指数。加总可以赋予所有标准化的指标相同的权重或不同的权重。权重决定了各指标对综合指数的相对贡献。

11.29 与简单指标相比，综合指数具有一些优势，但也面临挑战（OECD / JRC，2008）。综合指数的主要优点是减少了指标的数量且具备简洁性，这两者都是有助于进行更广泛用户（如政策制定者、媒体和公民）交流的理想属性。综合指数的缺点如下：

①除了少数例外，综合指数的理论基础是有限的。这可能会产生有问题的指标组合，如投入和产出的指标。

②如果使用的话，只有基础指标的总协方差可用于构建综合指标。

③不同指标的相对重要性或权重往往依赖于构建综合指数的人的主观见解。对创新有微小贡献的因素可能被赋予和主要因素一样的权重。

④除了基本的标准化，在计算综合绩效指标时，很少考虑国家间的结构差异。

⑤加总导致细节丢失，这可能会隐藏潜在的弱点，并增加确定补救措施的难度。

11.30 由于存在这些缺点，所以需要同时提供如何对综合指标进行解释的指导。否则，会误导读者支持用简单的方法解决复杂的政策问题。

11.31 各种目前可获得的创新一览表、记分牌和综合指数处于不断的变化之中。专栏 11.2 提供了定期发布的示例。

专栏 11.2 创新记分牌和创新指数的示例

经济合作与发展组织（OECD）科学、技术和创新（STI）记分牌

OECD 的 STI 统计数据记分牌（www.oecd.org/sti/scoreboard.htm）是 OECD 科学、技术和创新理事会每两年发布一次的旗舰出版物。尽管名字是记分牌，但它更像是一览表。它提供了大量的指标，包括基于创新调查数据的指标，但不包括基于创新主题的综合指数的排名。综合指标只用于狭义上定义的概念，如用权重得到的科学论文发表或专利质量，这个权重是用与概念相关的辅助数据构建的。

欧洲创新记分牌（EIS）

EIS由欧盟委员会（EC）发布，并由咨询人员利用多种欧盟委员会的服务投入来构建。其目的是作为一个绩效记分牌（参见：http：//ec.europa.eu/growth/industry/innovation/facts-figures/scoreboards_en）。EIS构建了一个分层的综合指数（综合创新指数），将国家分成4个绩效组（创新领先国家、创新强势国家、中等创新国家、一般创新国家）。该指数利用了一系列数据来源，包括创新调查指标。欧盟委员会还发布了相关的《区域创新记分牌》。

全球创新指数（GII）

《全球创新指数》（www.globalinnovationindex.org）由康奈尔大学、欧洲工商管理学院和世界知识产权组织（WIPO）联合发布。全球创新指数是一个分层的综合指数，考虑了与创新各方面相关的投入和产出维度。全球创新指数旨在尽可能多地覆盖中等收入和低收入经济体。它使用研究与试验发展（R&D）和教育统计数据、管理性数据（如知识产权统计数据），以及一些世界经济论坛汇总的专家对于一些主题（如创新联系）的主观意见的指标。全球创新指数目前未使用来自创新调查的指标。

11.32 许多国家缺乏创新数据及对创新调查数据可比性的担忧，意味着许多创新排名依赖于广泛可用的指标，而这些指标只涵盖了一小部分创新活动，如研发支出或知识产权注册，却没有考虑其他相关维度。

11.3.3 企业层面的创新排名

11.33 许多研究机构和咨询机构以选定的创新活动为基础，利用公开数据构建综合指标，产生各个企业的排名，这些公开数据通常来自具有特定报告义务的公司（如在公开证券交易所上市的公司）的年度报告或管理性数据。研究机构和咨询企业根据构建的指标体系发布一些个体企业的排名。尽管进行了数据处理工作，但这些数据通常既不完整，也不完全具有大样本下企业之间的可比性。私营企业不需要报告某些类型的管理性数据，而除非信息披露支持企业的战略利益或公共关系目标，商业敏感的创新数据不太可能被包括在年度报告中（Hill，2013）。因此，可公开获取的企业创新数据可能存在很强的自选择偏差。此外，报告的数据可能具有误导性。例如，创意性的媒体内容开发活动或其他与技术相关的活动可能被报告为 R&D，但这不符合 OECD 对 R&D 的定义（OECD，2015）。

11.34 尽管存在这些自选择偏差（见第 9 章），但如果数据满足预期分析目的的基本质量要求，年报或网站上公开可得的企业层面的数据就为构建新的试验性创新指标提供了机会。

11.4　企业创新指标的蓝图

11.35 本节提供了关于创新指标类型的指南，这些指标可以由能够获得创新微观数据的国家统计机构和其他组织构建。其中很多指标应用广泛，并且是依照本手册以前版本收集的数据为基础的。此外，本节还为第 3 章至第 8 章中讨论的新的数据类型提出了指标建议。为了回应用户需求的变化或在新数据可用时，也可以构建其他类型的指标。

11.36 创新指标的生产者可以通过回答以下问题来进行指标的构建和展示：
①用户想知道什么？为什么？相关的概念是什么？
②当展示一个感兴趣的概念时，什么样的指标是最合适的？
③用哪种可获得的数据构建指标是恰当的？
④用户对一个解释指标需要知道什么？

11.37 一组给定指标的相关性取决于用户需求及使用这些指标的方式（OECD，2010）。指标有助于识别不同类别（如产业或企业规模）创新活动的差异，或追踪一段时间内的创新绩效。相反，不应该用指标来识别因果关系，如影响创新绩效的因素。这需要分析方法，如下文第 11.5 节所述。

11.4.1　创新指标的选择

11.38 第 3 章至第 8 章涵盖了能够指导构建创新指标的主题领域。表 11.3 总结了主要的主题领域、本手册中讨论每个主题的相关章节及构建指标的主要数据来源。如第 10 章所讨论的，许多主题领域的指标也可以使用客体法建立，但这些指标将只限于特定的创新类型。

表 11.3 企业创新指标的主题领域

主题领域	主要数据来源	相关章节
创新的发生率及其特点（如类型、新颖性）	创新调查、管理性或商业数据（如产品数据库）	3
创新活动与投资（活动类型和每项活动的资源）	创新调查、管理性数据、知识产权数据（专利、商标等）	4
企业内部的创新能力①	创新调查、管理性数据	5
创新联系和知识流动	创新调查、管理性数据、双边国际统计（贸易等）、技术联盟数据	6
影响创新的外部因素（包括公共政策）及企业创新的框架条件（包括知识基础设施）①	创新调查、管理性数据、专家评估、民意调查等	6、7
创新活动产出	创新调查、管理性数据	6、8
企业创新的经济和社会结果	创新调查、管理性数据	8

①本版本手册（OM4）的新主题领域。

11.39 表 11.4 提供了衡量创新发生率的建议指标，如第 3 章所述，这些指标大部分可以利用创新调查的名义数据构建。这些指标描述了企业的创新状况和创新特征。

表 11.4 创新发生率及创新特征指标

常见主题	指标	计算说明
产品创新	有一种或多种产品创新类型的企业份额	基于产品创新类型列表，可按产品（商品或服务）类别分解
市场新（NTM）的产品创新	有一种或多种市场新（NTM）的产品创新的企业份额 [也可以关注世界新（new-to-world）的产品创新]	根据目的，可以计算占所有企业的比例，或者仅计算占创新型企业的比例

续表

常见主题	指标	计算说明
开发产品创新的方法	有一种或多种通过模仿、改进、协作或完全由企业内部开发的产品创新的企业份额	基于第 6 章的指导。创新发展方式的类别必须是互斥的 * 只与创新型企业相关
其他产品创新的特征	根据问题项，指标可以捕捉产品创新的属性（功能、设计、体验等的变化）	* 并非与所有企业相关
商业流程创新	有一种或多种商业流程创新的企业份额	基于商业流程创新类型的列表，可以按商业流程类型分解
市场新（NTM）的商业流程创新	有一种或多种市场新（NTM）的商业流程创新的企业份额	根据目的，可以计算占所有企业的比例，或者仅计算占创新型企业的比例
开发商业流程创新的方法	有一种或多种通过模仿、改进、协作或完全由企业内部开发的商业流程创新的企业份额	基于第 6 章。创新发展方式的类别必须是互斥的 * 只适用于商业流程创新的企业
产品和商业流程创新	同时有产品创新和商业流程创新的企业份额	特定创新类型并存
创新型企业	有至少一种创新类型的企业份额	有产品创新或商业流程创新的企业总数
正在进行 / 放弃的创新活动	正在进行的创新活动或放弃 / 搁置创新活动的企业份额	局限于那些正在进行 / 放弃活动但没有创新的企业
创新活跃型企业	有一种或多种创新活动类型的企业份额	有已经完成、正在进行或放弃创新活动的企业 * 适用于所有企业

注：各项指标均指调查观测期内的活动。创新率的指标也可以用就业或营业额的份额来计算，如为创新型企业工作的总雇员的份额，或创新型企业获得的总销售额的份额。除非在计算说明前面加上“*”，否则所有指标都可以用所有企业、仅创新活跃型企业或仅创新型企业作为分母来计算。有关企业类型的定义，请参见第 3.5 节。

11.40 表 11.5 列出了第 4 章所讨论的知识型活动的建议指标。除了少数例外，这些指标中的大多数可以应用于所有企业，而不管它们的创新状况如何（见第 3 章）。

表 11.5　知识型资本 / 创新活动指标

常见主题	指标	计算说明
知识型资本（KBC）活动	报告可能与创新有关的知识型资本（KBC）活动的企业份额	报告至少进行一项 KBC 活动的企业份额（表 4.1 第 2 列） * 仅用于用所有企业计算
为创新而开展的知识型资本（KBC）活动	报告为创新而开展的知识型资本（KBC）活动的企业份额	报告至少一项为创新开展的 KBC 活动的企业份额（表 4.1 第 2 列或第 3 列） 可分别计算内部（列 2）及外部（列 3）投资
知识型资本（KBC）支出	可能与创新有关的知识型资本（KBC）活动的总支出	KBC 的总支出（表 4.2 第 2 列）占总营业额（或当量）的份额
为创新而开展的知识型资本（KBC）支出	为创新而开展的知识型资本（KBC）活动的总支出	创新支出总额（表 4.2 第 3 列）占总营业额（或当量）的份额
每一类活动的创新支出份额	7 类创新活动中每一类活动的创新支出份额	每类创新活动的总支出（表 4.2 第 2 列和第 3 列）占总创新支出的份额 * 不适用于用所有企业计算
按会计类别划分的创新支出	按会计类别划分的创新活动的总支出	5 个会计类别中每个类别的总支出（表 4.3 第 3 列）占总营业额（或当量）的份额
创新项目	创新项目的数量	每个企业创新项目数量的中位数或平均数（见第 4.5.2 小节） * 不适用于用所有企业计算
后续创新活动	有正在进行的后续创新活动的企业份额	3 个后续活动中的任何一个（见第 4.5.3 小节） * 仅用创新型企业计算
创新计划	计划在（当前）下一个时期增加（减少）创新支出的企业份额	见第 4.5.4 小节

注：来源于表 4.1 的指标涉及的是调查观测期。来源于表 4.2 和表 4.3 的支出指标仅涉及调查参考期。除非在计算说明前面加上“*”，否则所有指标都可以用所有企业、仅创新活跃型企业或仅创新型企业作为分母来计算。有关企业类型的定义，请参见第 3.5 节。

11.41　表 11.6 根据第 5 章列出了企业创新能力的可能指标。无论企业的创新状况如何，所有的创新能力指标都是与所有企业相关的。微观数据还可以用来生成关于企业创新倾向的综合指数。

表 11.6　潜在或实际创新能力指标

常见主题	指标	计算说明
创新管理	采用先进的一般和创新管理实践的企业份额	根据实践列表（见第 5.3.2 及 5.3.4 小节）
知识产权战略	使用不同类型知识产权权利的企业份额	见第 5.3.5 小节
劳动力技能	雇用高素质人员的企业份额，按照受教育程度或教育领域划分	高素质人员比例的平均数或中位数
先进技术的使用	使用先进、使能或新兴技术的企业份额	这可能只与特定部门有关（见第 5.5.1 小节）
技术发展	发展先进、使能或新兴技术的企业份额	这可能只与特定部门有关（见第 5.5.1 小节）
设计能力	拥有设计技能职工的企业份额	见第 5.5.2 小节
设计中心	具有不同战略重要性程度的设计活动的企业份额（设计阶梯）	见第 5.5.2 小节
设计思维	使用设计思维工具和实践的企业份额	见第 5.5.2 小节
数字能力	使用先进数字工具和方法的企业份额	见第 5.5.3 小节
数字平台	使用数字平台销售或购买商品或服务的企业份额，提供数字平台服务的企业份额	见第 5.5.3 及 7.4.4 小节

注：各项指标均指调查观测期内活动的指标。所有的指标都可以用所有企业、仅创新活跃型企业或仅创新型企业作为分母来计算。有关企业类型的定义，请参见第 3.5 节。

11.42　根据第 6 章关于知识流入和流出的指导，表 11.7 提供了创新知识流动的指标。除少数例外，大多数指标都与所有企业有关。

表 11.7 知识流动和创新的指标

常见主题	指标	计算说明
协作	与其他各方协作开展创新活动的企业份额（按合作伙伴的类型或地理位置划分）	见表 6.5 * 不适用于用所有企业计算
主要合作伙伴	表明最重要合作伙伴类型的企业份额	见表 6.5 和第 10 章 * 不适用于用所有企业计算
知识来源	使用广泛信息来源的企业份额	见表 6.6
对外许可	有对外许可活动的企业份额	见表 6.4
知识服务提供者	签订合同为其他企业或组织开发产品或商业流程的企业份额	见表 6.4
知识披露	为其他企业或组织的产品或商业流程创新披露有用信息的企业份额	见表 6.4
与高等教育机构（HEIs）和公共研究机构（PRIs）的知识交流	与高等教育机构（HEIs）和公共研究机构（PRIs）进行特定知识交流活动的企业份额	见表 6.6
知识交流面临的挑战	报告在知识生产与交流过程中与其他各方互动时存在障碍的企业份额	见表 6.8

注：所有指标均指调查观测期内的活动。关于其他各方在企业创新中作用的指标见上文中的表 11.4。除非在计算说明前面加上“*”，所有的指标都可以用所有企业、仅创新活跃型企业或仅创新型企业作为分母来计算。有关企业类型的定义，请参见第 3.5 节。

11.43 表 11.8 列出了第 7 章所讨论的可能影响创新的外部因素的指标。除了创新驱动因素，其他指标的计算都适用于所有企业。

表 11.8 影响创新的外部因素指标

常见主题	指标	计算说明
客户类型	向特定类型客户（其他企业、政府、消费者）销售产品的企业份额	见第 7.4.1 小节
地域市场	在国际市场销售产品的企业份额	见第 7.4.1 小节
竞争的性质	报告有影响创新的特定竞争条件的企业份额	见表 7.2

续表

常见主题	指标	计算说明
标准	参与标准制定活动的企业份额	见第 7.4.2 小节
创新的社会环境	报告有多个可能利于创新的社会特征的企业份额	可以计算不同项目的得分（表 7.7）
公众对创新的支持	获得公众对开发或利用创新的支持（按支持类型划分）的企业份额	见第 7.5.2 小节
创新驱动因素	报告有所选项目作为创新驱动因素的企业份额	见表 7.8 * 不适用于用所有企业计算
公共基础设施	报告有与创新活动高度相关的基础设施类型的企业份额	见表 7.6
创新障碍因素	报告有所选项目作为创新障碍因素的企业份额	见表 7.8

注：各项指标均指调查观测期内的活动。除非在计算说明前面加上“*”，否则所有指标都可以用所有企业、仅创新活跃型企业或仅创新型企业作为分母来计算。有关企业类型的定义，请参见第 3.5 节。

11.44　根据第 8 章提出的定类或定序调查问题，表 11.9 列出了简单的结果（或目标）指标。其中，目标适用于所有创新活跃型企业，而关于结果的问题只与创新型企业有关。

表 11.9　创新目标和结果的指标

常见主题	指标	计算说明
总体商业目标	报告所选项目作为总体目标的企业份额①	见表 8.1 和表 8.2
创新目标	报告所选项目作为创新活动目标的企业份额①	见表 8.1 和表 8.2 * 不适用于用所有企业计算
创新结果	通过创新活动达到既定目标的企业份额①	见表 8.1 和表 8.2 * 不适用于用所有企业计算
新产品销售额	产品创新和市场新（NTM）产品创新的营业额份额	见第 8.3.1 小节
产品创新数量	新产品数量（中位数和平均数）	见第 8.3.1 小节，最好按产品线总数量进行标准化

续表

常见主题	指标	计算说明
单位销售成本变化	报告商业流程创新中不同层次的单位成本变化的企业份额	见第 8.3.2 小节 * 仅适用于商业流程创新的企业
创新成功	报告创新达到预期的企业份额	见第 8.3 节 * 只适用于创新型企业

注：各项指标均指调查观测期内的活动。除非在计算说明前面加上“*”，否则所有指标都可以用所有企业、仅创新活跃型企业或仅创新型企业作为分母来计算。有关企业类型的定义，请参见第 3.5 节。

①这些指标可以按主题领域（如生产效率、市场、环境等）来计算。

11.4.2 细分类别、规模和类型

11.45 根据用户要求，可以根据几个细分特征提供指标。根据第 9 章提供的指导，可以通过调查或将调查与其他来源（如商业登记和管理性数据）联系起来收集每个特征的数据。感兴趣的细分特征包括：

①企业规模，按照雇用人数或其他规模度量（如销售额或资产）划分。

②根据符合国际标准分类的主要经济活动的产业（见第 9 章）。全部经济活动的国际标准产业分类（ISIC）中代码为 2 ～ 3 位数的产业组合可以为政策相关的企业集团（如信息和通信技术产业的企业）提供结果。

③行政区域。

④集团隶属和所有权。例如，企业是否是独立的，是否是国内企业集团的一部分，或者是跨国企业的一部分。 跨国公司的细分对于研究创新活动的全球化具有重要价值。

⑤年龄，以企业创建后经过的时间计算。 按年龄细分将有助于区分老年企业和最近成立的企业。这对研究商业活力和企业家精神很有价值（见第 5 章）。

⑥研究与试验发展（R&D）状况。例如，企业是否进行内部 R&D，是否为其他单位 R&D 提供资金，或者是否不从事任何 R&D 活动（见第 4 章）。企业的创新活动因其 R&D 状况而有很大差异。

11.46 这些不同维度的加总水平取决于数据代表什么，如何收集它们及它

们的预期用途。数据收集中的分层决策（见第 9 章）将决定可报告的最高水平。

11.47　为了避免规模效应，许多创新投入、产出、强度和支出变量可以通过每个企业的规模测度来标准化，如总支出、总投资、总销售额或雇用人员总数。

11.48　一个经常使用的创新投入强度指标是总创新支出占总营业额（销售额）的百分比。其他的投入强度测度包括每个工人的创新支出（Crespi et al.，2010）及致力于创新的人力资源（按人头数）占总劳动力的比重。

11.49　对于产出指标，经常使用产品创新的总销售收入份额。原则上，由于产品过时率不同，还应为特定产业提供此类指标。按产业划分的数据可用于识别与创新投资相比产品创新率低和创新效率低的产业。

11.50　知识产权注册数量或科学产出测度（发明披露、出版物等）的标准化指标也应按照产业划分来展示，因为这些活动的相关性差异很大。基于知识产权的指标，如专利发明，可以作为知识占有战略的测度（见第 5 章）。它们的使用取决于如产业和可保护知识类型等因素（OECD，2009a）。出版物等商业企业部门的科学产出测度主要与科学产业有关（OECD et al.，2016）。此外，根据企业所属产业和战略，公司的科学和技术产出与其决定披露的内容之间可能存在巨大差距。

11.51　创新强度指标（加总所有创新支出并除以总支出）可以在产业、地区和国家层面计算。强度指标避免了通过测度企业规模来实现标准化的需要。

创新型／创新活跃型企业的类型

11.52　上面提供的许多指标的一个主要缺点是它们没有提供实现产品或商业流程创新的努力程度的测度。按照不同的努力程度或创新能力来识别企业的能力对于创新政策分析和设计具有重要价值（Bloch et al.，2009）。这可以通过将选定的名义指标与创新活动测度（表 11.5）和可能的创新结果测度（表 11.9）相结合来实现。一些研究已经根据企业创新的努力程度，结合多个指标来为企业不同的“概况”“模式”或分类构建了复杂的指标（Tether，2001；Arundel et al.，2005；Frenz et al.，2012）。

11.53 构建创新努力或能力指标的关键优先事项包括纳入创新的新颖性程度（对谁而言创新是新的）、企业利用自身资源开发创新中使用的概念的程度，以及企业创新和创新努力的经济意义等数据。

11.4.3 创新指标中统计数据的选择

11.54 构建创新指标的数据选择必须取决于指标的目的和数据质量要求。

官方与非官方来源

11.55 在可能的情况下，指标构建应使用符合基本质量要求的官方来源的数据。这包括调查和管理性数据。对于这两种类型的数据，确定是否包括所有相关类型的企业、记录是否涵盖所有相关数据及在不同管辖区内保存的记录是否一致非常重要（如果要进行比较）。对于定期构建的指标，信息也应该在任何一段序列上可用，这样可以进行修正（在可能的情况下）以保持时间上的可比性。

11.56 同样的标准适用于商业数据或来自其他来源的数据，如一次性学术研究。商业数据来源通常不提供样本选择方法或调查应答率的全部细节。商业数据和其他来源数据缺乏充分的方法论信息，而且需要数据访问许可费，这通常限制了国家统计系统（NSS）组织对这些数据的使用。如果数据提供商意在获得相较于其竞争对手的商业优势，那么 NSS 组织使用商业数据也会产生问题。

构建统计指标的创新调查数据的适用性

11.57 调查数据由受访者自行报告。一些创新数据的潜在用户反对创新调查，因为他们认为自我报告会产生主观结果。这种批评将自我报告与主观性混为一谈。调查受访者能够对许多事实问题提供客观的回答，如他们的企业是否实施了商业流程创新或与大学合作。这与用于确定失业率的家户调查的事实问题相类似。如果主观评估涉及事实行为，那么它们很少会出现问题。

11.58 创新数据用户一个合理的担忧是创新的可变性。由于创新是从企业的角度定义的，因此不同创新之间存在巨大差异，这意味着一个简单的指标，如一个国家内创新型企业的比例，具有非常低的区分价值。解决方案不是拒绝创新指标，而是建立可以区分不同能力或创新投资水平的企业的指标，并通过不同的细分类别提供这些指标，如不同产业或企业规模类别。如上所述，概况可以显著提高指标的区分和解释价值。

11.59 另一个常见的担忧是对许多定类或定序变量与连续变量之间的区分能力较弱。因为受访者无法提供准确的答案，后者的数据往往无法获得。在这些情况下，建议确定哪些非连续变量与目标指标的构建相关，并使用来自多个变量的信息来估计构建指标。

改变与当前能力

11.60 关于创新发生率的主要指标（表 11.4）涵盖了企业源自变化或导致变化的活动。但是，如果一个企业在特定时期内引入了创新而另一个企业没有，在长期里前者不一定比后者更具创新性。后者可能在几年前就引入了相同的创新，在当前具有类似的创新能力。能力指标，如企业内部的知识资本存量，可以使用行政来源或调查数据来构建，这些数据可以捕捉企业在特定领域的就绪度或能力水平（表 11.6）。最重要创新的信息（见第 10 章）对于测度当前能力也是有用的。

11.5　利用创新数据分析创新绩效、政策及其影响

11.61 全面理解影响创新体系绩效的因素有助于制定政策和企业决策。创新指标提供了有关体系当前状态的有用信息，包括瓶颈、缺陷和弱点，并可帮助跟踪一段时间内的变化。然而这还不够，决策者还需要了解体系某个部分的条件如何影响其他部分，以及体系如何运作以产生想要的结果，包括政策干预的效果。

11.62 本节探讨了如何使用创新数据来评估创新、能力培养活动和关注的结果之间的联系（Mairesse et al.，2010）。相关研究广泛涵盖了生产力（Hall，2011；Harrison et al.，2014）、管理（Bloom et al.，2007）、就业效应（Griffith et al.，2006）、知识来源（Laursen et al.，2006）、盈利能力（Geroski et al.，1993）、市场份额和市场价值（Blundell et al.，1999）、竞争（Aghion et al.，2005）及政策影响（Czarnitzki et al.，2011）。

11.5.1 对依存性和关联性进行建模

11.63 可以通过描述性和探索性分析来识别创新体系中元素之间的关联性。多元回归为探索两个变量的共变关系提供了有用的工具，如基于企业规模、年限和主要经济活动的产业等其他特征的创新产出和投入。回归是创新分析师常用的工具，回归结果是创新研究论文中常出现的特征。

11.64 合适的多元方法取决于数据类型，特别是因变量类型。创新调查主要产生定类或定序变量，只有少数连续变量。有序回归模型适用于关于技术使用或商业实践的新颖性程度或复杂水平的序数因变量（Galindo-Rueda et al.，2015）。当管理者可以在 3 个或更多互斥状态（如在不同的知识源或协作伙伴）之间进行选择时，可以使用多项选择模型。

11.65 机器学习技术还开辟了与分类、模式识别和回归有关的新的分析领域。它们在创新统计中的使用可能会随着时间的推移而增加。

11.5.2 创新分析中因果效应的推断

11.66 如果没有其他依据，两个变量（如创新的投入和绩效产出）之间的统计关联并不意味着因果关系，这些依据有投入和产出之间合理的时间间隔、多个研究的重复出现及控制所有混淆变量的能力等。除非满足这些条件（这在探索性分析中很少见），否则一项研究不应该假设因果关系。

11.67 对政策干预的研究还必须处理自选择和合理的反事实：在没有政策

干预的情况下会发生什么？理想情况下，应使用实验方法（如随机试验）确定政策干预的效果，但是，虽然近年来创新政策的实验范围有所扩大（Nesta，2016），但仍然十分有限，因此，经常使用其他方法。

影响分析和评估术语

11.68 创新文献通常从投入（一项活动的资源）、活动、产出（由活动产生的）和结果（产出的影响）开始，区分创新过程的不同阶段。在政策背景下，逻辑模型提供了资源、活动、产出和结果之间的简化线性关系。图 11.1 展示了创新过程的一个通用逻辑模型。对模型的改进包括多个反馈回路。

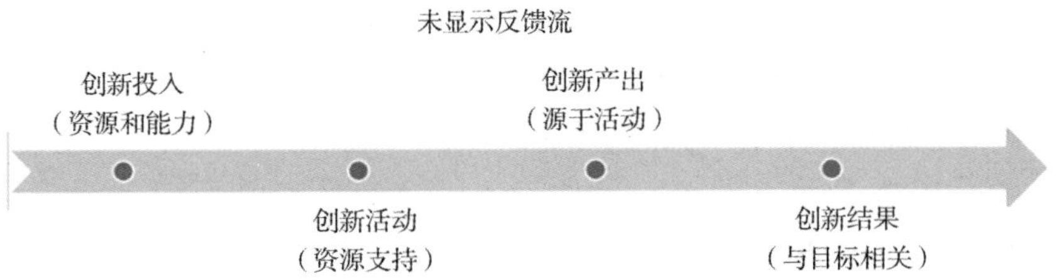

图 11.1　应用于创新评价文献中的逻辑模型

资料来源：改编自 McLaughlin and Jordan（1999），“Logic models：A tool for telling your program's performance story”。

11.69 产出包括特定类型的创新，而结果是创新对企业业绩（销售、利润、市场份额等）的影响或创新对企业外部条件（环境、市场结构等）的影响。影响指的是观察到的和未观察到的反事实处理的可能结果之间的差异。如果用于创新的资源用于其他目的，如密集的营销活动，那么企业的销售额就是反事实结果的一个例子。在没有实验数据的情况下，不能直接观察到影响，就必须通过其他方式对影响进行推断。

11.70 在创新政策设计中，图 11.1 描述的创新逻辑模型是一种用于确定实现预期结果可能必需的内容的有用工具。测度可以获得作为创新过程可能的投入和产出代理变量的事件、条件和行为的证据。结果可以被直接或间接测度。下面讨论使用创新数据评估创新政策。

结果的直接和间接测度

11.71 直接测度要求受访者确定事件是否是一项或多项活动的结果（至少部分）。例如，可以询问受访者商业流程创新是否降低了其单位成本，如果是，则估算成本降低的百分比。直接测度会产生严重的有效性问题。例如，受访者可能在一定准确度上确定业务流程创新"是"或"否"降低成本。然而，多个因素对流程成本的影响可能使受访者很难估计可归因于创新的成本降低的百分比（尽管他们可能能够对其最重要的商业流程创新进行估算）。此外，受访者会发现识别、报告实际事件比推测原因、匹配原因与结果更容易，反之亦然。企业经理可能会使用启发式方法来回答在概念上需要反事实的关于影响的问题。

11.72 非实验性、间接的测度收集投入和结果的数据，并在控制潜在的混杂变量后使用统计分析来评估它们之间的相关性。然而，使用间接方法评估影响创新成果的因素也存在一些挑战。

间接测度结果的挑战

11.73 创新投入、产出和结果通过非线性的转化和发展过程相关联。分析必须确定合适的因变量和自变量，以及通过其他路径带来相同结果的潜在的混杂变量。

11.74 在存在自变量的随机测度误差的情况下，自变量和因变量关系的分析将受到衰减偏差的影响，因此它们的关系看起来比实际上弱。此外，内生性是一个严重的问题，可能是由于未能控制混杂因素，或者因变量影响一个或多个自变量（反向因果关系）。需要仔细分析以避免这两种可能的内生性原因。

11.75 其他条件会增加识别因果关系的难度。在知识流动的研究中，行为者之间的联系和有意或无意的知识传播的重要性会对识别具体知识来源对结果的影响产生挑战。也可能存在没有数据的重要渠道。如第 6 章所述，知识流动分析将受益于企业的社会网络图，以帮助识别最相关的渠道。高度关联的创新系统的统计意义在于观察值不是独立分布的：竞争和协作在影响估计结果的企业之间产生结果依赖性。

11.76　此外，动态效应需要时间序列数据和创新系统中合适的演化关系模型，如在给定时期 t 中的投入和时期 t+1 中的产出之间。在某些产业，经济结果只有在经过几年的创新投资后才能获得。动态分析还可能需要有关创新系统中参与者变化的数据，如合并和收购。企业的消亡会带来很强的选择效应，只有幸存的企业可用于分析。

匹配估计量

11.77　作为回归分析的补充，匹配是一种用于估计企业创新决策和政策干预的平均影响的方法（见下面第 11.5.3 小节）。匹配不对数据施加任何函数形式的规范，但假设存在一组观测到的特征，使得结果独立于以这些特征为条件的处理（Todd，2010）。在这一假设下，创新活动对目标结果的影响可以通过将创新者的绩效与非创新者绩效的加权平均值进行比较来估算。权重需要复制样本中创新者可观测的特征。在某些情况下，可以使用离散分析（基于创新倾向得分的匹配）从预测的创新概率估计权重。

11.78　在许多情况下，即使是以可观测变量为条件，处理组和未处理组的结果之间仍可能存在系统性差异，这将导致违反匹配所需的识别条件。独立性假设对于随时间变化的目标变量可能更为有效。当纵向数据可用时，可以使用“双重差分”方法。一个例子是对参考期内引入创新的企业与未引入创新的企业进行生产率增长的比较分析。通过使用过去创新和经济绩效的信息，可以进一步减少偏差。

11.79　匹配估计量和相关回归分析对于简化形式的因果关系模型分析特别有用。简化形式模型比结构模型具有更少的要求，但在阐明支撑不同变量之间关系的机制方面，它提供的信息量较少。

创新数据的结构分析：CDM 模型

11.80　该模型由 Crépon、Duguet 和 Mairesse（1998）建立（因此命名为 CDM），以 Griliches（1990）的知识生产函数路径图为基础，广泛用于创新和生产率的实证研究（Lööf et al.，2016）。CDM 框架适用于通过遵循本手册建议而获得的创新调查横截面数据，包括不一定为创建指标而收集的数据。它提供了一个结构模型，通过创新产出解释生产率，并纠正调查数据中固有的选择性和内生性。它包括以下子模型（Criscuolo，2009）。

①所有企业都倾向于进行创新：这一关键步骤要求具有关于所有企业的高质量信息。根据第 4 章和第 5 章的建议，这一要求提供了收集所有公司数据的动力，无论其创新状况如何。

②创新活跃型企业的创新努力强度：该模型认识到每个企业都存在潜在的创新努力程度，只有那些从事创新活动的企业才能被观测到。因此，该模型控制了样本的选择性。

③创新产出规模：仅有创新型企业的创新产出规模可以被观测到。该模型使用模型②中确定的创新努力的预测水平，并控制了样本的自选性。

④劳动生产率与创新努力之间的关系：通过纳入有关创新结果变量驱动因素（使用其预测值）和样本选择性的信息来估计。

11.81 政策变量可以被纳入 CDM 模型中，只要它们在样本中显示出足够的可变性并满足识别所需的独立性假设（包括没有自选择偏差）。

11.82 CDM 框架已经进一步发展，可用于重复的横截面和面板数据，在微观层面上提高了一致的纵向数据的价值。在 CDM 和 CDM 相关框架可以完全解决几个目标问题（例如，研发与非研发类型的创新活动的竞争角色，或创新活动与一般能力和能力发展活动的相对重要性或互补性）之前，数据和建模方法需要进一步发展。非 R&D 活动和能力变量的数据质量的改进将有助于推动扩展的 CDM 模型的使用。

11.5.3 分析公共创新政策的影响

11.83 了解公共创新政策的影响是用户创新统计和分析的主要目标之一。本节关注了分析师和从业者需要考虑的一些基本程序和要求。

政策评估问题

11.84 图 11.2 说明了在确定政策的因果影响时缺少的反事实数据问题。这是通过一个例子来说明的，其政策“处理”是对创新活动的支持，如支持开发和推出新产品的拨款。一些企业获得支持，而其他企业则没有。支持的真正影响可能因企业而异。支持效应的评估问题是缺失信息之一。对于受支持的企业，研究人员无法观测到它们未得到支持情况下的表现。这同样适用于未受到支持的企业。图中 4 个象限的左下角和右上角表示通过测度无法直接观测到的内容。箭头表示比较及它们与测度影响的关系。

11.85　构建有效反事实的主要挑战是政策支持的潜在影响可能与向某些企业而不是其他企业提供支持时所做的选择有关。例如，一些项目经理可能有动机去选择即使在没有支持的情况下依然表现良好的企业，企业自己也有动机在考虑潜在成本后根据他们从政策支持中获益的潜力进行申请。

11.86　图 11.2 中的斜箭头显示哪些实证比较是可能的，以及当处理组和对照组在与结果相关的方式上有差异时（即不能控制混淆变量），这些比较为何不一定代表因果效应或影响。

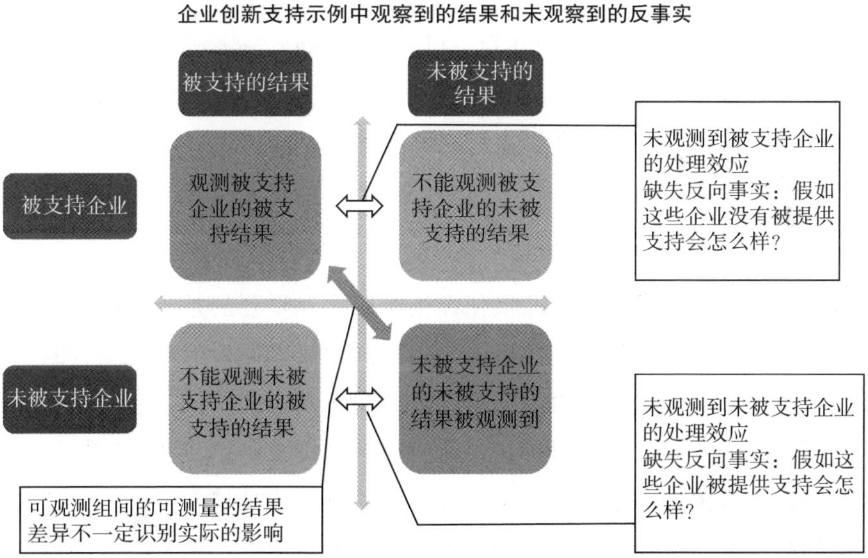

图 11.2　识别因果效应的创新政策评估问题

资料来源：Rubin（1974），“Estimating causal effects of treatments inrandomized and nonrandomized studies”。

数据要求和随机化

11.87 政策评估要求将企业创新绩效数据与企业获得政策对待的数据联系起来。创新调查为此目的而收集的企业使用创新政策的信息通常是不充分的。另一种方法（见第 7 章）是将企业层面的创新调查数据与管理性数据（如政府采购和监管数据库等）或既未申请也未获得政策支持的企业数据联系起来。这同样适用于关于企业是否受特定监管制度约束的数据。所得到的微观数据的质量将取决于政策覆盖的数据的完整性（例如，数据是否仅适用于某些类型的政策支持而非其他类型？）及匹配方法的准确性。

11.88 将参与者随机分配到处理组或对照组的实验提供了关于创新政策影响的最准确和可靠的信息（Nesta，2016）。通过比较两组的行为和结果，使用从专门调查或其他来源收集的结果数据来估计政策影响（Edovald et al.，2016）。

11.89 随机化消除了选择偏误，因此两组都具有可比性，它们之间的任何差异都是干预的结果。随机试验有时被视为在政治上不可行，因为潜在的受益者被排除在处理之外，至少是暂时是这样的。然而，当不确定性最大时，随机化通常可以根据其政策学习潜力来调整。此外，当存在预算资源约束阻碍所有企业从创新支持中受益时，我们需要选择程序。

非随机化的政策评估

11.90 在事前或事后的非随机化评估实践中，重要的是要考虑到政策处理和创新绩效之间观测到的相关性可能是由于同时影响两者的未观测到的因素的混淆。对于企业必须申请以得到支持的自主决定政策的评估，这可能是一个严重的问题。这需要双重选择过程，企业自行选择提交申请，然后计划管理者决定是否为申请人提供资金。第二个选择可能受支持成功概率最高的申请人的政策标准的影响，这可能会产生有利于先前成功的申请人的偏差。这两种选择都为准确识别创新的公共支持的增益带来了挑战。为了解决选择问题，有必要收集有关申请但未获得资助、申请并获得资助的商业企业的潜在资格及非申请人的控制组的信息。

11.91　关于目标政策及其实施方式的综合数据对评估也很有用。这包括每个申请的评估等级信息，这可用于评估申请质量变化对结果的影响。跨时间和跨企业的资格要求的变化提供了潜在有用的外生变动的来源。

11.92　政策使用的可用微观数据通常仅限于参与政府计划的企业。在这种情况下，有必要使用其他数据源构建一个非申请人的控制组。创新调查数据还可以帮助识别反事实。管理性数据可用于识别申请并最终从不同类型的支持创新和其他活动的政府计划中受益的企业（见第 7.5.2 小节）。上面讨论的回归、匹配和结构估计方法都可以应用于该政策分析和评估环境中。

程序

11.93　除了少数例外，国家统计机构很少有权进行政策评估。但是，人们普遍认为，他们的基础设施可以在不违反对为统计目的报告数据的企业的保密义务的条件下，极大地促进这种工作。评估通常留给具有因果分析经验及对公共政策问题独立进行批评性评论的学者、研究人员或咨询人员。这要求在足够安全的条件下为研究人员提供微观数据（见第 9.8.2 小节）。在尽可能降低安全访问微观数据以进行分析的相关负担方面，已经取得了相当大的进展。值得注意的是，许多国际组织，如美洲开发银行，通过以充分和可获得的微观数据的发展为条件资助创新（或相关的）调查，为比较分析做出了贡献。

11.94　委托使用创新和其他相关调查数据进行政策评估的政府机构需要评估方法的基本能力，以便仔细审查和评估承办者或研究人员使用的方法，并解释和交流结果。可复制性是确保质量的重要要求，因此，用于统计分析的编程代码应作为评估的可交付成果之一。为公共资助的评估研究创建的关联数据库也应被安全地存储，并在合理的时间间隔后提供给其他研究人员，只要它们不包含机密数据即可。

11.5.4 各国创新微观数据的协调分析

11.95 当在国家层面实施非自主决定政策时,很难确定适当的控制组。例如,一个国家内的所有企业都遵守相同的竞争规章。解决方案是使用有不同政策环境的各国的创新数据。

11.96 跨国政策评估的主要制约因素是获取包含在分析中的所有国家的微观数据。微观数据访问对于解释大量的企业相关特征及测试反事实来说至关重要。微观数据可以与宏观层面的数据相结合，以控制国家差异。

用合并的微观数据进行分析

11.97 最佳解决方案是在单个数据库中包含来自多个国家的微观数据。这可以最小化数据处理的差异，并为研究人员提供完整样本。这是估计兼有微观和国家层面效应的多层次模型的必要条件。一个例子是将创新绩效作为企业特征和国家政策的函数进行分析的模型。

11.98 包含来自多个国家的微观数据的单一数据库的构建受到数据收集和访问规章的限制。保护机密的国家立法可能会阻止非国民获取数据或在国外使用数据。但是，当就协调国际分析的重要性达成共识时，就找到了符合法律要求的解决方案。一个例子是欧盟委员会的立法安排: 为了一致同意的研究项目，允许被批准的研究人员获取欧盟统计局安全中心的 CIS 微观数据。尽管目前无法将安全中心的 CIS 数据与其他数据联系起来，但是来自不同国家的合并数据这一资源为国际比较分析做出了重大贡献。

分布式多国微观数据分析

11.99 当出于保密或其他原因无法远程访问或在单个数据库中合并微观数据时，可以通过关注非保密的输出信息来使用其他方法。微观数据分析的分布式方法首先涉及个体访问其国家微观数据的常用数据分析编程代码的设计和执行。该代码旨在返回非保密的输出信息，如在各国之间尽可能相似的描述性指标或来自多变量分析的系数。然后，可以由参与项目的个人集体或授权的第三方比较和进一步分析数据。

11.100　用于创新分析的分布式方法始于研究人员主导的涉及有限的一组国家的倡议（Griffith et al.，2006）。从那时起，OECD 等国际组织就越来越多地采用分布式方法进行比较分析（OECD，2009b）。此外，国家小组可以采用类似于定量元分析中使用的工具，生成参数估计值用于进一步的比较分析（Criscuolo，2009）。

11.101　微观数据分析的分布式方法的一种可能应用是构建一个多国微矩数据库（MMD），其中包括一组统计指标，这些指标来自国家微观数据，并体现了每个国家内变量的联合分布属性。该数据库包括对应于不同多变量统计的 M 个 m 矩，其中对每个国家内的每个企业组 g 的组合（如规模和产业）及每个时段 t 都对矩阵进行了估计。参与的国家组的合并 MMD 数据库不仅可以制定指标表，还可以在添加其他政策和其他变量后进行中观和宏观层面的分析。建立 MMD 的能力取决于基础数据的可比性及用于构建国家 MMD 组件的同一个协议的使用（Bartelsman et al.，2017）。

11.6　建议总结

11.102　本章回顾了与使用创新数据构建指标及统计和计量经济分析有关的一些问题。本章中的建议不仅针对那些以官方身份构建指标的人，也针对其他感兴趣的创新数据用户。本章旨在指导参与创新指标设计、构建和使用的人员的工作。它还有助于满足更广泛的、仅靠指标无法满足的用户的证据需求。因此，本章介绍了分析创新数据的方法，重点关注对创新影响的评价和政府创新政策的实证评估。它旨在指导现有的数据收集和分析，并推动在未来的实验中提高创新调查所得数据和指标的质量、可见性和有用性，这是本手册的一个关键目标。

参考文献

Aghion, P. et al. (2005), "Competition and innovation: An inverted-U relationship", *The Quarterly Journal of Economics*, Vol.120/2, pp.701-728.

Arundel, A. and H. Hollanders (2008), "Innovation scoreboards: Indicators and policy use" in *Innovation Policy in Europe: Measurement and Strategy*, Edward Elgar, Cheltenham, pp.29-52.

Arundel, A. and H. Hollanders (2005), "EXIS: An Exploratory Approach to Innovation Scoreboards", European Trend Chart on Innovation, DG Enterprise, European Commission, Brussels, http://digitalarchive.maastrichtuniversity.nl/fedora/get/guid:25cbd28f-efcf-4850-a43c-ab25393fcca7/ASSET1 (accessed on 9 August 2018).

Bartelsman, E.J., E.Hagsten and M.Polder (2017), "Micro Moments Database for cross-country analysis of ICT, innovation, and economic outcomes", *Tinbergen Institute Discussion Papers*, No.2017-003/VI, http://dx.doi.org/10.2139/ssrn.2898860.

Bloch, C.and V.López-Bassols (2009), "Innovation indicators", in Innovation in Firms: A Microeconomic Perspective, OECD Publishing, Paris, https://doi.org/10.1787/9789264056213-en.

Bloom, N.and J.Van Reenen (2007), "Measuring and explaining management practices across countries", *The Quarterly Journal of Economics*, Vol.122/4, pp.1351-1408.

Blundell, R., R.Griffithand J.Van Reenen (1999), "Market share, market value and innovation in a panel of British manufacturing firms", The Review of Economic Studies, Vol.66/3, pp.529-554.

Crépon, B., E.Duguet and J.Mairesse (1998), "Research, innovation and productivity: An econometric analysis at the firm level", *Economics of Innovation and New Technology*, Vol.7/2, pp.115-158.

Crespi, G.and P.Zuñiga (2010), "Innovation and productivity: Evidence from six Latin American countries", *IDB Working Papers*, No.IDB-WP-218,

Inter-American Development Bank, Washington DC.

Criscuolo, C. (2009), "Innovation and productivity: Estimating the core model across 18 countries", in Innovation in Firms: A Microeconomic Perspective, OECD Publishing, Paris, https: //doi.org/10.1787/9789264056213-en.

Czarnitzki, D., P.Hanel and J.M.Rosa (2011), "Evaluating the impact of R&D tax credits on innovation: A microeconometric study on Canadian firms", Research Policy, Vol.40/2, pp.217-229.

de Jong, J.P.J.and O.Marsili (2006), "The fruit flies of innovations: A taxonomy of innovative small firms", *Research Policy*, Vol.35/2, pp.213-229.

EC (2010), *Elements for the Setting-up of Headline Indicators for Innovation in Support of the Europe 2020 Strategy*, Report of the High Level Panel on the Measurement of Innovation, DG Research and Innovation, European Commission, Brussels.

Edovald, T.and T.Firpo (2016), "Running randomised controlled trials in innovation, entrepreneurship and growth: An introductory guide", Innovation Growth Lab, Nesta, London, https: //media.nesta.org.uk/documents/a_guide_to_rcts_-_igl_09aKzWa.pdf (accessed on 9 August 2018).

Eurostat (2014), *Glossary of Statistical Terms*, http: //ec.europa.eu/eurostat/statistics-explained/index.php/Glossary: Statistical_indicator (accessed on 9 August 2018).

Frenz, M.and R.Lambert (2012), "Mixed modes of innovation: An empiric approach to capturing firms' innovation behaviour", *OECD Science, Technology and Industry Working Papers*, No.2012/06, OECD Publishing, Paris, https: //doi.org/10.1787/5k8x6l0bp3bp-en.

Galindo-Rueda, F.and V.Millot (2015), "Measuring design and its role in innovation", *OECD Science, Technology and Industry Working Papers*, No.2015/01, OECD Publishing, Paris, https: //doi.org/10.1787/5js7p6lj6zq6-en.

Gault, F. (ed.) (2013), *Handbook of Innovation Indicators and Measurement*, Edward Elgar, Cheltenham.

Geroski, P., S.Machin and J.Van Reenen (1993), "The profitability of innovating firms", *The RAND Journal of Economics*, Vol.24/2, pp.198-211.

Griffith, R.et al. (2006), "Innovation and productivity across four European countries", *Oxford Review of Economic Policy*, Vol.22/4, pp.483-498.

Griliches, Z. (1990), "Patent statistics as economic indicators: A survey", *Journal of Economic Literature*, Vol.28/4, pp.1661-1707.

Hall, B.H. (2011), "Innovation and productivity", *NBER Working Papers*, No.17178, National Bureau of Economic Research (NBER), Cambridge, MA, www.nber.org/papers/w17178.

Harrison, R.et al. (2014), "Does innovation stimulate employment? A firm-level analysis using comparable micro-data from four European countries", *International Journal of Industrial Organization*, Vol.35, pp.29-43.

Hill, C.T. (2013), "US innovation strategy and policy: An indicators perspective", in *Handbook of Innovation Indicators and Measurement*, Edward Elgar, Cheltenham, pp.333-346.

Hollanders, H.and N.Janz (2013), "Scoreboards and indicator reports", in *Handbook of Innovation Indicators and Measurement*, Edward Elgar, Cheltenham, pp.279-297.

Laursen, K, and A.Salter (2006), "Open for innovation: the role of openness in explaining innovation performance among UK manufacturing firms", Strategic Management Journal, Vol.27/2, pp.131-150.

Lööf, H., J.Mairesse and P.Mohnen (2016), "CDM 20 years after", *CESIS Electronic Working Papers*, No.442, Centre of Excellence for Science and Innovation Studies (CESIS), KTH Royal Institute of Technology, Stockholm, https://static.sys.kth.se/itm/wp/cesis/cesiswp442.pdf.

Mairesse, J.and P.Mohnen (2010), "Using innovation surveys for econometric analysis", in *Handbook of the Economics of Innovation*, Vol.2, Elsevier.

McLaughlin, J.A.and G.B.Jordan (1999), "Logic models: A tool for telling your program's performance story", *Evaluation and Program Planning*,

Vol.22/1，pp.65-72.

National Research Council（2014），*Capturing Change in Science, Technology, and Innovation: Improving Indicators to Inform Policy*, National Academies Press, Washington, DC, https://doi.org/10.17226/18606.

Nesta（2016），"Experimental innovation and growth policy: Why do we need it？"，Innovation Growth Lab, Nesta, London, https://media.nesta.org.uk/documents/experimental_innovation_and_growth_policy_why_do_we_need_it.pdf（accessed on 9 August 2018）.

OECD（2015），*Frascati Manual 2015: Guidelines for Collecting and Reporting Data on Research and Experimental Development*, The Measurement of Scientific, Technological and Innovation Activities, OECD Publishing, Paris, http://oe.cd/frascati.

OECD（2013），"Knowledge networks and markets"，*OECD Science, Technology and Industry Policy Papers*, No.7, OECD Publishing, Paris, https://doi.org/10.1787/5k44wzw9q5zv-en.

OECD（2010），*Measuring Innovation: A New Perspective, OECD Publishing*, Paris, https://doi.org/10.1787/9789264059474-en.

OECD（2009a），*OECD Patent Statistics Manual*, OECD Publishing, Paris, https://doi.org/10.1787/9789264056442-en.

OECD（2009b），Innovation in Firms: A Microeconomic Perspective, OECD Publishing, Paris, https://doi.org/10.1787/9789264056213-en.

OECD/JRC（2008），*Handbook on Constructing Composite Indicators-Methodology and User Guide*, OECD Publishing, Paris, www.oecd.org/sdd/42495745.pdf.

OECD and SCImago Research Group（CSIC）（2016），*Compendium of Bibliometric Science Indicators*, OECD, Paris, www.oecd.org/sti/inno/Bibliometrics-Compendium.pdf.

Rubin, D.B.（1974），"Estimating causal effects of treatments in randomized and nonrandomized studies"，*Journal of Educational Psychology*, Vol.66/5, pp.688-701.

Tether, B.（2001），"Identifying innovation, innovators, and innovation behaviours: A critical assessment of the Community Innovation Survey（CIS）"，*CRIC Discussion Papers*, No.48, Centre for Research on Innovation and Competition, University of Manchester, Manchester.

Todd, P.E.（2010），"Matching estimators"，in *Microeconometrics*, The New Palgrave Economics Collection, Palgrave Macmillan, London, pp.108-121.

UN（2004），*Implementation of the Fundamental Principles of Official Statistics; Report of the Secretary-General*, E/CN.3/2004/21, UN Statistical Commission, New York, https://unstats.un.org/unsd/statcom/doc04/2004-21e.pdf.

UNECE（2000），"Terminology on statistical metadata"，*Statistical Standards and Studies*, No.53, Conference of European Statisticians, UN Statistical Commission and UN Economic Commission for Europe, Geneva, www.unece.org/fileadmin/DAM/stats/publications/53metadaterminology.pdf.

Wilhelmsen, L.（2012），"A question of context: Assessing the impact of a separate innovation survey and of response rate on the measurement of innovation activity in Norway"，*Documents*, No.51/2012, Statistics Norway, Oslo, www.ssb.no/a/english/publikasjoner/pdf/doc_201251_en/doc_201251_en.pdf.

术语表

取得或租赁有形资产的相关活动（Activities Relating to the Acquisition or Lease of Tangible Assets）

包括通过购买、租赁或收购的方式获得房屋、机器、设备或自行生产此类商品以供自用。取得或租赁有形资产本身可以是创新活动，如当公司购买与其商业流程中在用设备具有显著不同特征的设备时便是如此。如果取得有形资产是用于替换或扩大资本投资而未发生变化，或与公司现存有形资产存量相比只有微小变化，则通常不能称作创新活动。如果有形资产用于产品开发或商业流程创新，则租赁该有形资产是一项创新活动。

管理性数据（Administrative Data）

管理性数据是从诸如商业登记或税务文件等管理源得到的单位集和数据集。

附属公司（Affiliated Firm）

附属公司包括位于国内或国外的控股公司、子公司或联营公司。另可参见企业集团（Enterprise Group）。

人工智能（Artificial Intelligence，AI）

人工智能（AI）是指开发能模拟人类思维过程、推理和行为的计算机系统的活动及其成果。

资产（Asset）

资产是价值存储的体现，它表示经济所有者在一段时间内通过持有或使用资产能获得的一种或一系列利益。金融资产和非金融资产都与创新有关。固定资产是生产活动的产物，并能在生产过程中重复或连续使用期限超过一年。

大数据（Big Data）

传统数据处理工具和技术无法处理的太大或太复杂的数据。

品牌资产活动（Brand Equity Activities）

参见营销和品牌资产活动（Marketing and Brand Equity Activities）。

商业能力（Business Capabilities）

商业能力指企业以往所积累的和在追求目标时积累的知识、能力和资源。企业员工的技术和能力是创新相关商业能力极其关键的部分。

商业企业部门（Business Enterprise Sector）

商业企业部门包括：

①所有常住公司，包括合法注册的企业，而不考虑股东常住地，也包括准公司，即能为所有者带来利润或其他经济收益的单位，法律将其认定为独立于其所有者的法人实体，设立的目的是以具有经济效益的价格参与市场生产。

②非常住企业的非法人分支机构，因其长期从事经济领域的生产活动，也可被视为常住企业，并且看作该部门的一部分。

③为市场提供商品、劳务或为企业提供服务的所有常住非营利机构。

企业创新（Business Innovation）[①]

企业创新是企业创造一种全新的或改进的、与以前显著不同的产品或商业流程（或其组合），并且已将其引入市场或由企业使用。

企业创新活动（Business Innovation Activities）

见创新活动（企业）[Innovation Activities（Business）]。

① 译者注：不同于将 business enterprise sector 中的 business 译为“商业”，本书将 business innovation 译为“企业创新”，该表达更符合中文语境下的使用习惯，中文中的“企业”通常指 OECD 所用的商业企业（business enterprise）。

商业模式创新（Business Model Innovation）

商业模式创新主要指公司核心商业流程的变化，及其当前或未来销售的主要产品的变化。

商业流程创新（Business Process Innovation）

商业流程创新是针对一个或多个业务功能开发的全新或改进的、与企业以前的流程显著不同的商业流程，并且已由企业使用。无论在企业外部还是内部，改进后的业务功能特征包括效能更高、资源效率更高、可靠性更高、弹性更好、可承受性更强、更便利，也更具有实用性。商业流程创新在企业内部或对外业务中实施。商业流程创新包括以下功能范畴：

①生产产品，提供服务；

②分销和物流；

③营销和销售；

④信息交流系统；

⑤经营管理；

⑥产品和商业流程开发。

商业战略（Business Strategy）

商业战略包括制定目标和确定实现这些目标的政策。战略目标涵盖中期和长期的预期结果（不包括所有企业共享的盈利目标）。战略政策或计划包括企业如何创造竞争性优势或“独特的销售方案”。

资本性支出（Capital Expenditures）

资本性支出是指年度内购买固定资产支出和内部开发固定资产成本的总和。包括用于土地、建筑、机器、仪器、运输设备和其他设备，以及知识产权产品的总支出。另可参见经常性支出（Current Expenditures）。

CDM 模型（CDM Model）

CDM 模型（根据 3 位作者 Crépon、Duguet 和 Mairesse 的名字首字母命名）是一种计量经济学模型，广泛用于创新和生产力的实证研究。CDM 框架提供了一个结构模型，通过创新产出解释生产率，并能修正调查数据中固有的选择性和内生性。

云计算（Cloud Computing）

云系统和应用程序是通过互联网按需远程提供的数字存储和计算资源。

认知测试（Cognitive Testing）

认知测试是由心理学家和调查研究人员开发的一种方法，用于收集调查反馈的言语信息。它用于评估一个问题（或一组问题）按照研究者意图进行度量的能力，以及受访者是否可以提供合理准确的答案。

协同创新（Co-Innovation）

两个或多个合作伙伴之间的协作带来创新时，就会出现协同创新或“耦合开放式创新”。

协作（Collaboration）

协作需要多方的协调活动，运用所有人的贡献解决共同明确的问题。协作需要明确共同目标，且可能需要对投入、风险和潜在利益的分配达成一致。协作可以创造新知识，但未必带来创新。另可参见合作（Co-Operation）。

欧洲共同体创新调查（Community Innovation Survey，CIS）

欧洲共同体创新调查（CIS）是经欧盟统计局协调，对企业创新所做的统一调查，目前每两年在欧盟成员国和欧洲统计体系（ESS）若干成员国间开展一次。

综合指标（Composite Indicator）

基于能反映所测度现象维度或结构的基本概念模型，将多个指标汇编成单个指数。另可参见指标（Indicator）。

计算机辅助面访调查（Computer-Assisted Personal Interviewing，CAPI）

计算机辅助面访调查（CAPI）是一种数据收集方法，在面对面访谈中，采访者使用计算机展示问题并接收反馈。

计算机辅助电话访问（Computer-Assisted Telephone Interviewing，CATI）

计算机辅助电话访问（CATI）是一种通过电话收集数据的方法，问题显示在计算机上，并把回应直接录入计算机。

合作（Co-Operation）

当双方或多方参与者同意对一项或多项任务承担责任并且双方共享信息以促成共识时，便会产生合作。另可参见协作（Collaboration）。

公司（Corporations）

国民账户体系（SNA）中的公司部门由主要生产商品、提供服务的公司组成。本手册沿用将该部门称为商业企业部门的惯例，与 OECD《弗拉斯卡蒂手册》中采用的术语保持一致。

反事实（Counterfactual）

在影响评估中，反事实是指在没有干预的情况下潜在受益人的表现。该影响可以通过比较观察到的结果和未观察到的反事实处理下潜在结果之间的差异估计出来。例如，创新支持政策"实施"效果的影响估计。研究者不能直接观察到以下反事实：对于受到支持的企业，如果没有得到支持，他们的表现会怎样；没有受到支持的公司与此类似。

截面调查（Cross-Sectional Survey）

截面调查指收集数据，以对特定时间点的总体（或子集）做出推断。

经常性支出（Current Expenditures）

经常性支出是指生产过程中使用期限不足一年的劳动力、材料、服务及其他投入的成本之和，包括固定资产的租赁成本。另可参见资本性支出（Capital Expenditures）。

设计（Design）

设计可称作一项创新活动，旨在为新产品和商业流程规划设计程序、技术规范及其他用户和功能特征。设计活动比较广泛，包括对商品、服务和流程（包括企业自身使用的商业流程）具体功能、形式或外观的开发活动与改进活动。大多数设计（和其他创造性工作）都是创新活动，但不符合创新要求的微小设计变更除外，如用一种新颜色重新生产现有产品。设计能力包括：①工程设计；②产品设计；③设计思维。

设计阶梯（Design Ladder）

设计阶梯是丹麦设计中心开发的一种工具，用于说明和评估公司的设计用途。设计阶梯基于的假设是高收益、在开发前期阶段更加重视设计方法，以及使设计在公司整体商业战略中拥有更具战略性的地位之间，存在正相关关系。4 个步骤是：①无设计；②将设计看作赋形过程；③将设计当作流程；④将设计作为战略。

设计思维（Design Thinking）

设计思维是设计过程中的系统方法，运用设计方法来识别需求、确定问题、产生想法、开发原型和测试解决方案。它可用于系统、商品和服务的设计。收集设计思维的数据对制定政策很重要，因为该方法可以支持服务业企业和制造业企业开展创新活动，从而提高竞争力，获得经济效益。

扩散（创新）[Diffusion（Innovation）]

创新扩散既包括支持产品和商业流程创新的思想传播过程（创新知识扩散），也包括其他企业对此类新产品和商业流程的使用（创新产出扩散）。

数字化创新（Digital-Based Innovations）

数字化创新包括包含信息通信技术的产品或商业流程创新，以及在很大程度上依赖信息通信技术进行开发或实施的创新。

数字平台（Digital Platforms）

数字平台是在线连接、集成生产者和用户的信息通信技术机制。通常会形成一个生态系统，在这个系统中，用户对商品和服务提出需求，生产者进行开发、销售，数据得以产生和交换。

数字化（Digitalisation）

数字化指组织、行业、国家等运用或增加使用数字技术。它涉及数字化如何影响经济或社会。另可参见数码化（Digitisation）。

数码化（Digitisation）

数码化是将传递信息（如声音、图像、印刷文本）的模拟信号转换为二进制。另可参见数字化（Digitalisation）。

动态管理能力（Dynamic Managerial Capabilities）

动态管理能力是指管理者有效应对内外部挑战的能力。动态管理能力主要包括以下 3 个方面：①管理认知；②管理社会资本；③管理人力资本。

员工培训活动（Employee Training Activities）

员工培训包括公司为特定职业职位的员工培训知识、技能而进行支付或补贴的所有活动。员工培训包括在职培训及在教育培训机构接受与工作相关的教育。培训作为创新活动的例子包括培训员工使用创新成果，如新的软件物流系统或新设备，还有与实施创新相关的培训，如指导营销人员或客户了解产品创新的特征。

工程、设计和其他创造性活动（Engineering，Design and Other Creative Work Activities）

工程、设计和其他创造性活动涵盖一些可能与研究与试验发展（R&D）密切相关的实验和创造性活动，但这些活动并不完全满足 R&D 的 5 个标准，包括 R&D 的后续或辅助活动，或独立于 R&D 的活动。工程活动包括生产和质量控制程序、方法和标准。设计活动比较广泛，包括对商品、服务和流程（包括企业自身使用的商业流程）具体功能、形式或外观的开发活动及改进活动。其他创造性活动包括获取新知识或以新方式应用知识的所有活动，但这些活动不符合 R&D 的特定新颖性和不确定性（也与非显而易见性相关）要求。大多数设计和其他创造性活动都是创新活动，但不符合创新要求的微小设计变更除外。而许多工程活动不是创新活动，如现有流程下的日常生产和质量控制程序。

企业（Enterprise）

企业是具有财务和投资决策自主权的最小法定单位，有为生产商品和提供服务分配资源的权力和责任。企业一词可以指公司、准公司、非营利机构或者非法人企业。在本手册中，它专门用于指商业企业。另可参见商业企业部门（Business Enterprise Sector）。

企业集团（Enterprise Group）

由集团负责人控制的一些企业，不受任何其他法定单位直接或间接控制的母公司法定单位。另可参见企业（Enterprise）。

基层单位（Establishment）

基层单位指一家企业或企业的一部分，位于单一的地点，只进行单一的生产活动，或者其主要的生产活动占增加值的大部分。另可参见企业（Enterprise）。

外部创新支出（Extramural Innovation Expenditure）

由第三方代表企业用于创新活动的支出，包括外部 R&D 支出。

外部 R&D（Extramural R&D）

外部 R&D 是在报告信息的统计单位之外进行的 R&D 活动。外部 R&D 和内部 R&D 都属于创新活动。另可参见内部 R&D（Intramural R&D）。

企业（Firm）

本手册中使用的非正式术语，指商业企业。另可参见企业（Enterprise）。

过滤（Filters）

根据对过滤性问题的答案，过滤和跳过指令指导受访者回答问卷的不同部分。过滤有助于减轻反馈负担，尤其是在复杂的问卷中，但它们也会带来“满意即可”行为。

焦点创新（Focal Innovation）

使用客体法收集数据，可以专注于企业的单一“焦点”创新。基于某些可测度标准（例如，创新对企业绩效做出的实际或预期贡献，占用最多经费的创新，对销售贡献最大的创新），焦点创新通常可称作企业最重要的创新，但也可以是企业最近的创新。

后续活动（Follow-on Activities）

后续活动是在实施创新活动后但在观测期内，企业为创新的使用者所做的努力。包括营销活动、员工培训和售后服务。这些后续活动对创新的成功至关重要，但并不属于创新活动范畴。

框架条件（Framework Conditions）

与促进或阻碍某国商业活动的外部环境相关的、更广泛的背景因素。这些通常包括监管环境、税收、竞争、产品和劳动力市场、组织机构、人力资本、基础设施、准则等。

全时当量（Full-Time Equivalent，FTE）

全时当量（FTE）是指在特定参考期内（通常是一个日历年）实际花在某项活动上的工作小时数与同一时期内通常工作总小时数的比例。

广义政府（部门）[General Government（Sector）]

广义政府由机构单位组成，这些机构单位除了履行其政治和监管职责外，还主要以非市场的方式重新分配收入和财富，并提供服务、生产商品以供个人或集体消费。广义政府部门还包括由政府控制的非营利机构。

全球价值链（Global Value Chains）

涉及国际贸易和资金流动的生产组织模式，其中生产过程的不同阶段位于不同国家。

商品（Goods）

商品是因为有需求而存在的有形的、生产出来的物品，人们可以拥有所有权，所有权可以通过市场交易从一个组织单位转移到另一个组织单位。另可参见产品（Products）。

政府支持计划（Government Support Programmes）

政府支持计划代表政府将资源直接或间接转移给企业，可以是金融支持，也可以是实物补贴。这种支持可以直接来自政府当局，也可以是间接的，如消费者获得补贴去购买特定产品。与创新有关的活动和成果是政府支持的常见目标。

家户（Households）

家户是由一人或多人组成的机构单位。在国民账户体系中，个人必须只属于一个家户。家户的主要职能是提供劳动力，进行最终消费，如果作为企业家，则要生产商品、提供服务。

实施（Implementation）

实施指的是一种全新的或经改进的产品或商业流程首次投入使用的时间点。就产品创新来说，指的是产品进入市场；而对商业流程创新来说，则指其在企业内的首次使用。

插补（Imputation）

插补是调查完成后处理项目无应答的调整方法，为缺失或不可用的特定数据项指定替换值。可以用多种方法进行插补，包括均值法、热/冷卡法、最近填充技术和回归法。另可参见项目无应答（Item Non-Response）。

非正规部门（或非正规经济）[Informal Sector（or Economy）]

广义上来讲，非正规部门主要包括生产商品或提供服务的单位，主要目标是为有关人员提供就业机会，带来收入。这些单位通常以较低的组织水平运作，规模较小，而且作为生产要素的劳动力和资本之间很少有分工或根本没有分工。

指标（Indicator）

指标是旨在体现不同单位在某个维度上的表现的变量。它的价值是由一个过程产生的，该过程将复杂现象的原始数据进行简化，以便在不同时间、不同地点比较类似的分析单位，另可参见创新指标（Innovation Indicator）。

产业（Industry）

一个产业由一组从事相同或类似活动的基层单位组成。另可参见国际标准产业分类（ISIC）。

创新（Innovation）

创新是一种新的或改进的产品或流程（或其组合），它与该单元以前的产品或流程明显不同，并且已经提供给潜在用户，或流程已在该单位投入使用。

创新活跃型企业（Innovation-Active Firm）

在观测期内的某个时间，创新活跃型企业为预期用途参与一种或多种活动，以开发新产品或将改进的产品或商业流程投入使用。无论是创新型企业还是非创新型企业，都可以在观测期内成为创新活跃型企业。另可参见创新状态（Innovation Status）。

创新活动（Innovation Activities）

机构单位可以采取一系列行动开展创新。这可能需要专用资源，并参与具体活动，包括政策、流程和程序。另可参见创新活动（企业）[Innovation Activities（Business）]。

创新活动（企业）[Innovation Activities（Business）]

企业创新活动包括企业从事的能带来创新的所有开发性、金融性和商业性活动。包括：

①研究与试验发展（R&D）活动；

②工程、设计和其他创造性活动；

③营销与品牌资产活动；

④知识产权（IP）相关活动；

⑤员工培训活动；

⑥软件开发与数据库活动；

⑦取得或租赁有形资产的相关活动；

⑧创新管理活动。

创新活动可以带来创新，使创新得以继续，但也可能推迟或终止创新。

创新障碍与驱动因素（Innovation Barriers and Drivers）

阻碍或激励企业创新活动的内部或外部因素。根据不同环境，外部因素可以激励创新，也可能阻碍创新。

创新支出（企业）[Innovation Expenditure（Business）]

企业或企业集团所进行的创新活动的经济成本。支出可以是内部的（内部活动）或是外部的（由第三方代表企业进行）。另可参见创新活动（企业）[Innovation Activities（Business）]。

创新指标（Innovation Indicator）

创新指标是指在特定时间或地点，对在总体或样本中观察到的创新现象（活动、产出、支出等）做出的统计汇总度量。为使得具有不同规模或其他特征的单位能够进行比较，通常对指标进行校正（或标准化）。另可参见指标（Indicator）。

创新管理（Innovation Management）

创新管理包括计划、管理和控制用于创新的内外部资源的所有系统性活动。包括创新资源的分配方式，员工之间责任的划分、决策的执行，与外部合伙人的合作管理，企业创新活动与外部投入的整合，以及监测创新结果和支持从经验中学习的活动。

创新目标（Innovation Objectives）

创新目标包括企业显而易见的目标，这些目标反映了企业的动机及为取得创新成果制定的基本策略。目标可包括创新本身的特征，如技术规范，或者市场和经济目标。

创新成果（Innovation Outcomes）

创新成果是可观察到的创新成效，包括企业目标的实现程度，以及创新对其他组织、经济、社会和环境的更广泛影响，还可以包括不属于公司初始目标的未预期到的效果（例如，溢出和其他外部性）。

创新项目（Innovation Project）

创新项目是为特定目的组织与管理的一些活动，它们有目标、资源和预期结果。关于创新项目的信息可以作为对创新活动其他定性、定量数据的补充。

创新销售份额（Innovation Sales Share）

创新销售份额指标是指在基准年，企业因产品创新带来的销售额占销售总额的份额。在创新型企业层面上，它是体现产品创新经济效益的指标。

创新状况（Innovation Status）

企业创新状况是在企业数据收集的观测期内，根据参与的创新活动及引入的一项或多项创新来判定。另可参见创新型企业（Innovative Firm）和创新活跃型企业（Innovation-Active Firm）。

创新型企业（Innovative Firm）

创新型企业在观测期内报告一项或多项创新。这同样适用于单独或共同负责创新的企业。“创新”一词仅在本手册本语境下使用。另可参见创新状况（Innovation Status）。

机构单位（Institutional Unit）

在国民账户体系中，机构单位的定义是“能够以自己的权利拥有资产、承担负债，与其他实体进行经济活动和交易的经济实体”。机构单位可以采取一系列行动开展创新。

无形资产（Intangible Assets）

可参见知识型资本（Knowledge-Based Capital）。

知识产权（Intellectual Property，IP）

知识产权（IP）是指发明，文学艺术作品，商业用符号、名称和图像等智力的创造。另可参见知识产权（Intellectual Property Rights）。

知识产权（IP）相关活动 [Intellectual Property（IP）Related Activities]

知识产权（IP）相关活动包括对知识的保护或开发，通常通过 R&D、软件开发，以及工程、设计和其他创造性活动来实现。知识产权活动包括申请、登记、记录、管理、交易、许可、营销和执行企业自主知识产权（IPRs）的所有行政和法律工作，所有从其他组织获得知识产权的活动（如通过许可获得或直接购买获得知识产权），以及向第三方出售知识产权的活动。在观测期间获得观点、发明和新的或改进的产品或商业流程的知识产权活动都属于创新活动。另可参见知识产权（Intellectual Property and Intellectual Property Rights）。

知识产权产品（Intellectual Property Products，IPPs）

知识产权产品（IPPs）是能产生知识的研究、开发、调查或创新的结果，开发者基于自身利益可以出售或在生产中供自己使用，因为知识的使用受到法律或其他保护手段的限制。包括：

①研究与试验发展（R&D）；

②矿产勘查与评估；

③计算机软件和数据库；

④娱乐、文学和艺术原著，以及其他知识产权产品。

知识产权权利（Intellectual Property Rights，IPRs）

知识产权权利是指知识产权的合法权利。另可参见知识产权（Intellectual Property）。

全部经济活动的国际标准产业分类（International Standard Industrial Classification of All Economic Activities，ISIC）

基于国际认可的概念、定义、原则和分类规则，国际标准产业分类（ISIC）包括连贯一致的经济活动的分类结构。它提供了一个综合框架，在此框架内，可以收集和报告经济数据，用于经济分析、做出决策、制定政策。一般来说，ISIC 的范围包括生产性活动，即在国民账户体系（SNA）生产范围内的经济活动。根据主要参与的经济活动，可对统计单位进行划分，如可分为基层单位或企业。最新版是国际标准产业分类第 4 次修订版。

内部 R&D（Intramural R&D）

内部 R&D 支出是指在统计单位内发生的用于 R&D 的所有经常性支出额与固定资本支出总额。内部 R&D 与外部 R&D 都属于创新活动。另可参见外部 R&D（Extramural R&D）。

ISO 50500

关于创新管理基本原则和词汇的国际标准化组织（ISO）标准由 ISO/TC 279 技术委员会制定。《奥斯陆手册》中关于创新和创新管理的定义与 ISO 所使用的定义一致。

项目无应答（Item Non-Response）

样本单位对问卷做出的回答不完整。

活动类型单位（Kind-of-Activity Unit，KAU）

活动类型单位是指仅从事一种生产性活动或主要生产性活动占增加值大部分的企业或企业的一部分。另可参见企业（Enterprise）。

知识（Knowledge）

知识是指对信息的理解及将信息应用于不同用途的能力。

知识型资本（Knowledge-Based Capital，KBC）

知识型资本（KBC）包括可创造未来收益的无形资产，如软件和数据库、知识产权产品和经济竞争力（包括品牌资产、企业专用人力资本、组织资本）。目前，国民账户体系确认软件、数据库和知识产权产品是生产资产。另可参见知识产权产品（Intellectual Property Products）。

知识获取产品（Knowledge-Capturing Products）

知识获取产品与信息、建议、娱乐活动的提供、存储、交流和传播有关，可以使消费单位能够重复地获取知识。

知识流动（Knowledge Flows）

知识流动是指通过市场交易及非市场手段进行的知识的流入和流出。知识流动包括主动的知识传播和偶然的知识传播。

知识管理（Knowledge Management）

知识管理是某个组织为引导、控制、获取、使用和分享其范围内外的知识而对所有活动进行的统筹协调。

知识网络（Knowledge Network）

知识网络由一组企业和其他行为主体共享的知识交互或联系组成，包括可以搜索、传递和创造知识的知识元素、知识库和媒介，它们彼此因一些关系而互相联系，这些关系能促成、塑造或限制知识的获取、传递和创造。知识网络包括两个主要组成部分：知识类型及接收、提供或交换知识的行为主体。

逻辑模型（Logic Model）

逻辑模型是计划资助者、管理者和评估者使用的一种工具，用来表示影响的顺序，以及评估计划的有效性。

纵向调查（Longitudinal Survey）

纵向调查收集同一单位（面板）在多个时间段内的数据。

综合管理能力（Management Capabilities）

综合管理能力可以影响企业进行创新活动、引入创新和产生创新成果的能力。为了创新，需要考虑两个关键方面：①公司的竞争战略；②实施这一战略所需要的组织能力和管理能力。另可参见管理能力（Managerial capabilities）。

管理能力（Managerial Capabilities）

管理能力包括公司为实现战略目标而能够用来调动、控制和利用资源的所有内部能力、才能和技能。这些能力通常与管理员工，无形资产、有形资产和金融资产，以及知识有关。这种能力既体现在内部业务管理上，又体现在外部关系管理上。管理能力是与管理者组织变革的能力相关的组织能力的特定子集。另可参见综合管理能力（Management Capabilities）。

营销和品牌资产活动（Marketing and Brand Equity Activities）

营销和品牌资产活动包括市场调研、市场测试、定价方法、产品布局和产品促销、产品广告、在交易会和展览会促销产品及营销战略的制定。只有当营销实践本身是一种创新时，既有产品的营销活动才能称作创新活动。

营销创新（Marketing Innovation）

本手册前一版中使用的创新类型，目前营销创新主要归入商业流程创新，而产品设计创新归于产品创新中。

元数据（Metadata）

元数据是定义和描述其他数据的数据。包括数据收集程序、抽样方法、处理无应答项目程序和质量指标的信息。

矩（统计学）[Moments（Statistical）]

提供关于数据库分布情况信息的统计指标，如均值和方差。

跨国公司（Multinational Enterprise，MNE）

跨国公司（MNE）是指母公司位于一国，而控股子公司（即境外受控子公司）位于国外。跨国公司也可称为全球企业集团。另可参见企业集团（Enterprise Group）。

本企业新（NTF）创新 [New-to-Firm（NTF）Innovation]

在新颖性方面，创新的最低门槛是指企业首次使用或实施。本企业新（NTF）创新也可以是市场新（NTM）（或世界）创新，反之，则不成立。如果一项创新属于企业新创新而不是市场新创新（例如，采用已经存在的产品或商业流程时，虽然很少或没有对其进行改变，但却与企业以前提供或使用的产品或商业流程明显不同），则可称为“本企业新（NTF）创新”。另可参见市场新创新（New-to-Market Innovation）。

市场新（NTM）创新 [New-to-Market（NTM）Innovation]

创新由企业提供，但还未进入市场的创新。就新颖性而言，市场新创新比企业新创新具有更高的创新门槛。另可参见本企业新创新（New-to-Firm Innovation）。

定类变量（Nominal Variable）

无固定排序的分类变量。另可参见定序变量（Ordinal Variable）。

非创新型企业（Non-Innovative Firm）

非创新型企业是在观测期内未报告创新的企业。如果一个非创新型企业有一项或多项正在进行的、停滞的、放弃的或已完成的创新活动，但在观测期内没有带来创新，那它仍可能是创新活跃的。另可参见创新型企业（Innovative Firm）。

非营利机构（Non-Profit Institution，NPI）

非营利机构是为生产商品、提供服务而设立的法律或社会实体，但其性质不允许其成为建立、控制或资助非营利机构的单位获得收入、利润或其他财务收益的来源。非营利机构可以参与市场或非市场生产。

为家户服务的非营利机构（Non-Profit Institutions Serving Households，NPISHs）

一般来说，为家户服务的非营利机构（NPISHs）是主要为家户或社区提供非市场服务的法律实体，主要资源来自自愿捐款。如果由政府控制，则是政府部门的一部分；如果由企业控制，则属于商业企业部门。另可参见非营利机构（Non-profit institution）。

无应答调查（Non-Response Survey）

无应答调查旨在识别应答单位与无应答单位之间可能存在的显著差异，并获得无应答单位不回答原因的相关信息。另可参见单位无应答（Unit Non-Response）。

新颖性（Novelty）

新颖性是用于评估一项产品或商业流程是否与以前有显著不同的维度，如果是，则可以将其视为创新。确定企业创新新颖性的第一种也是使用最广泛的方法是将这些创新与公司所在的市场或行业中的现有技术进行比较。第二种方法是评估某项创新转化（或创造）市场的潜力，这可以为激进创新或颠覆性创新的发生提供可能的指标。评估产品创新的最后一个方法是测度观测期内观察到的销售额变化，或者直接询问这些创新对竞争力影响的未来预期。

客体法（Object-Based Approach）

衡量创新的客体法主要收集单一的焦点创新（研究的客体）的数据。另可参见主体法（Subject-Based Approach）

观测期（Observation Period）

观测期是一项调查中某个问题所涵盖的时间长度。另可参见基准期（Reference Period）。

开放式创新（Open Innovation）

开放式创新是指创新类知识跨越各组织边界的流动。这种“开放”的概念并不意味着知识是免费的或使用时无限制。

定序变量（Ordinal Variable）

定序变量是对值进行排序的分类变量。另可参见定类变量（Nominal Variable）。

组织能力（Organisational Capabilities）

可参见管理能力（Managerial Capabilities）

组织创新（Organisational Innovation）

本手册前一版使用的创新类型，目前归入商业流程创新中。

面板（Panel）

面板是在两次或多次重复的纵向调查中反复采样的单位子集。另可参见纵向调查（Longitudinal Survey）。

辅助数据（Paradata）

辅助数据指的是关于填写调查过程的数据。对辅助数据进行分析可以确定使不良应答行为（如过早终止或“满意即可”行为）最小化的最优方法，从而对未来重复使用的调查工具进行改进。

产品（Product）

产品是生产过程中产生的商品或服务（包括知识获取产品及商品和服务的组合）。另可参见商品（Goods）和服务（Services）。

产品创新（Product Innovation）

产品创新是一种全新的或改进的商品或服务，与企业以前的商品或服务显著不同，并且已经引入市场。产品创新必须在一种或多种特性或性能规范上做出显著的改进。另可参见产品（Product）。

生产过程（Production Processes）

国民账户体系对生产过程（或生产活动）的定义是：在机构单位的控制下，投入劳动力、资本、商品和服务来生产商品和提供服务的所有活动。这些活动是创新分析的重点。

公共部门（Public Sector）

公共部门包括政府控制的所有机构，包括公共商业企业。后者不应与公开上市（和交易）的公司混淆。公共部门是一个比广义政府部门更宽泛的概念。

公共基础设施（Public Infrastructure）

公共基础设施由政府所有或由政府直接管制。公共基础设施的技术和经济水平极大地影响着经济的功效、发展和绩效，因此，将公共基础设施纳入影响创新的外部因素中。公共基础设施包括运输、能源、信息通信技术、废物处理、供水、知识基础设施和卫生等领域。

公共研究机构（Public Research Institution，PRI）

虽然对公共研究机构（PRI）没有正式的定义（有时也称为公共研究组织），但它必须满足两个标准：①把研究与试验发展作为主要的经济活动（研究）；②由政府控制。因此，私人非营利研究机构被排除在外。

基准期（Reference Period）

基准期是整个调查观测期的最后一年，是收集间隔数据项（如支出或雇用人数）的有效观测期。另可参见观测期（Observation Period）。

规章（Regulation）

规章是指公共机构和政府部门实施的规章制度，影响着市场活动和私营部门的经济行为。各种各样的规章制度可以影响企业、产业和经济的创新活动。

报告单位（Reporting Unit）

报告单位指的是提供所需调查数据的企业“层级”。报告单位可以不同于所需的统计单位。

研究与试验发展（Research and Experimental Development，R&D）

研究与试验发展（R&D）是指为增加知识存量（包括有关人类、文化和社会的知识）及设计已有知识的新应用而进行的创造性、系统性工作。

抽样比例（Sampling Fraction）

抽样比例是调查样本与总体数量的比值。

满意即可（Satisficing）

满意即可是指被调查者减少完成在线问卷或纸质问卷所需的时间和精力的行为。其中包括在调查完成前放弃（过早终止）、跳过问题、无差异化回答（被调查者对问题中的所有子问题给出相同的回答，如对问题中的所有子问题回答“稍微重要”）和快速完成问卷调查。

服务（Services）

服务是一种生产活动的结果，可以改变消费单位的条件，或者促进产品或金融资产的交换。服务的交易不能与生产活动相分离开。服务还可以包括一些知识获取产品。另可参见产品（Products）。

社会创新（Social Innovation）

以提高个人或社区福利为（社会的）目标的创新。

软件开发与数据库活动（Software Development and Database Activities）

软件开发与数据库活动包括：

①内部开发和购买计算机软件、程序简介及用于系统和应用软件的辅助材料（包括标准软件包、定制软件解决方案和可嵌入产品或设备中的软件）。

②获取、内部开发、分析计算机数据库和其他计算机化信息，包括收集和分析专有计算机数据库中的数据和从公开的报告或互联网中获得的数据。

③升级或扩展信息技术系统（包括计算机程序和数据库）功能的活动，包